论津问津

天津创新发展战略研究

Lunjin Wenjin

Tianjin Chuangxin Fazhan Zhanlüe Yanjiu

唐家龙◎著

天津大学出版社
TIANJIN UNIVERSITY PRESS

图书在版编目(CIP)数据

论津问津：天津创新发展战略研究 / 唐家龙著. --
天津：天津大学出版社，2024.5
ISBN 978-7-5618-7714-2

Ⅰ. ①论… Ⅱ. ①唐… Ⅲ. ①区域发展战略－研究－
天津 Ⅳ. ①F127.21

中国国家版本馆CIP数据核字(2024)第088195号

出版发行 天津大学出版社
地　　址 天津市卫津路92号天津大学内（邮编:300072）
电　　话 发行部:022-27403647
网　　址 www.tjupress.com.cn
印　　刷 北京虎彩文化传播有限公司
经　　销 全国各地新华书店
开　　本 710mm×1010mm　1/16
印　　张 17.5
字　　数 260千
版　　次 2024年5月第1版
印　　次 2024年5月第1次
定　　价 78.00元

构建以人为本的创新生态系统（代序）

这是继2018年《论津问津：天津发展的战略思考与对策》之后，笔者专门讨论天津科技创新的第二本书。上一本书集成了笔者近20年的战略研究与决策咨询研究成果，关注了天津的经济发展、京津冀与天津、产业体系、科技创新、人才开发5个方面。本书是2019年至2023年的战略研究与资政成果，主要关注天津创新发展问题，在内容上聚焦天津的创新体系、创新创业和产业发展。

其实，内容的本质还是天津发展的经济学：科技领域和创新创业领域生产什么、如何生产的传统话题。全书分两大部分，第1部分为天津科技创新战略研究，包括天津市区域创新体系建设的战略研究、天津市创业活跃度的演变与提升对策、新阶段制造业立市的产业创新方向与对策等3章；第2部分由一系列与创新发展有关的资政报告组成。战略研究和资政报告除个别地方小有修订外，几乎均以原标题和原文形式呈现，未更新数据和最新情况，以便读者还原战略研究和资政建议时的背景。每一章正文前对写作时间、背景或成果应用情况等进行了说明。另外，在战略研究章节和资政报告中，由于讨论议题相同或相近，个别内容有重复或相近之处。

下文主要对人与创新体系做一些探讨，代之为序供读者参阅。

一、从创新体系到创新系统

创新系统，英文是Innovation System，在国内大多译为创新体系，包括笔者自己在内的很多人也长期这样用它。不过，在本书出版之际，还是决定称之为创新系统，这源于笔者对国内多年来使用创新体系这一概念的一些粗浅感受。

在"十一五"期间，创新体系这个概念开始在国内时兴起来。《国家中长期科学和技术发展规划纲要（2006—2020年）》中更是明确提出了国家创新体系的概念，从官方角度将创新体系划分为技术创新体系、知识创新体系、国防科技创新体系、区域创新体系、科技中介服务体系。应该说，十多年来，五大创新体系得到了长足的发展。但是五大体系之分在一定程度上割裂了体系之间的联系，在很大程度上也将体系之外的因素隔绝开来。对各个部分而言，“从此音尘各悄然，春山如黛草如烟”。然而，试想一下，企业、高校、院所、国防、科技中介组织之间岂无瓜葛？以中介组织为例，需要在其前面冠以“科技”二字吗？再如，作为科技要进入经济主战场，能与产业部门、教育部门、人力资源和社会保障部门等脱离开来吗？尽管各个部门之间甚至更高一级组织会有协调和磋商，但是科技工作在实际推动时却呈现出部门化的特点，要实现“产学官”的三螺旋架构、科技教育经济的融通，委实不是一件易事，也不是一朝一夕之功。不品人间酒，谁知其中醉。好在功不唐捐，通过各个分支的建设，洒扫庭除，也算取得了巨大的进展，目前正朝着更好的方向前进。

2021 年 5 月 28 日，习近平总书记出席两院院士大会、中国科协第十次全国代表大会时指出，“我国科技实力正在从量的积累迈向质的飞跃、从点的突破迈向系统能力提升”。这既是对过去多年国家创新体系建设成效的肯定，也饱含着习近平总书记对科技实现自立自强路径选择的期待——系统能力提升。由此可见，创新系统的译法更能赋予“Innovation System”一词一种系统观、全局观和大局观，而不是一种人为阉割带来的自我阻断。更重要的是，要将创新体系这一概念从冷冰冰没有生气的组织升级到具有生命力的一个有机系统，既强调传统体系各个部分“1+1>2”的总体效应，更强调原有的各个组织和体系与整个社会经济系统之间千丝万缕、割舍不断的联系。按照黑格尔的观点，如果将创新的主体和客体作为统一的实体，那么机械的划分将导致主体和客体的异化。事实上，创新活动依存于更为有机的一个系统，包括对创新文化的依存，环境和文化没有形成，创新之毛将焉附？创新之矛岂可利乎？创新之盾岂可久哉？求马唐肆不果时可能需要抬望眼，跨越五大体系踽踽而行的类别鸿沟，在交叉融合中寻求新的进阶之道。因此，克服这种主体间的关系异化无疑有助于向着一个有机的创新生态系统演进。

因此，从系统论视角翻译 Innovation System 为创新系统，能够超越体系论的分割感,超越翻译之人为偏颇所带来的创新局限,具有哲学维度的俯视感,也许应该是一个更好的选择。尽管如此,笔者在正文中仍然沿用了创新体系的习惯称谓。

二、从创新系统到创新生态系统

生态系统是生态学领域的基本概念。英国植物学家、心理学家阿瑟·乔治·坦斯利爵士在1935年率先提出了生态系统的概念。坦斯利批评了一些术语的不当使用,创造性地提出了生态系统的概念。他认为,生物和栖息地共同构成了一个物理系统,不能将生物与生存的特殊环境分开。简单地理解,由大气、水、土壤等物理环境和生物体一起,共同构成了生态系统,生态圈内的各个物种、群落和物理环境相互依存和相互影响。很奇怪的是,国内的翻译很少将生态系统翻译为生态体系。

将创新这种社会行为借用自然界的生态系统概念进行描述,提出创新生态体系或创新生态系统无疑是一种创见,也是对过去将科技创新视为孤立、线性活动的一种反思。当然,这一概念和创新系统一样,仍然是一个舶来品。国内学者在20多年前就开始提到这个概念,但创新生态系统概念的真正盛行大约在10年前。越来越多的学者认识到,创新的实践走在了创新理论的前面,从实践回归到理论引致了创新理论的升华,以创新生态系统概念为基础得到广泛采纳的创新3.0理论,跨过封闭式创新、开放式创新的门槛,步入网络式创新的新阶段,成为创新理论与实践的新航标。笔者相信,在新一代信息技术的驱动下,二维视角下的创新理论将继续升华,并向着立体三维创新的视角进化,将原子化、组织化和生态化三个层次更加有机地融合起来,造就一个多维向量的创新空间,为人类的科技进步、经济发展和社会发展提供更加无限的前景。

值得一提的是,创新生态系统概念中也隐含了创新过程中蕴藏的社会达尔文主义和丛林法则——只可惜少有学者对后者予以高度的重视和深入的探讨。熊彼特的经济周期理论植根于创造性毁灭带来的经济波动,新时期的创新系统中孕育着无数的成功和失败,这些成功和失败在不同的时空中分布。本质上说,失败是永恒的。或者用凯恩斯的话说,长期我们都死了。在科学、技术和创新活动中,短期失败是经常的，没有常胜的将军。当失败长期占据主导时，经济的波动就更加剧烈，就会造成群体性的效率损失和福利损失。但任何一次成功或失败，无论时间长短都会在创新系统中留下历史的印记。人们的普遍期望是让成功来得更多更猛烈些吧。政府对创新的支持既源于创新的不确定性，也源于人类自身的美好愿望。

三、实现从重“物化成果”到重“价值”的转变

2021 年中国全社会研发投入达到 2.79 万亿元，同比增长 14.2%，研发投入强度（即研发投入占国内生产总值比重）达到 2.44%，国家创新能力综合排名上升至世界第 12 位，标志着我国创新型国家建设取得了新的进展，研发强度指标已经与部分发达国家相当。到 2022 年，我国的研发投入指标及在全球的创新能力排名还在继续刷新。财政部于 2023 年 3 月发布的《2022 年中国财政政策执行情况报告》数据显示，我国研发投入强度已经上升到 2.55%，研发经费投入达 3.09 万亿元，首次突破 3 万亿元大关，比上年增长 10.75%。在世界知识产权组织发布的国家创新能力排名中，我国上升到第 11 位。

需要回头看的是，在上一轮中长期科技规划实施期间，相对于对人的重视，更加重视科研的物质、物理投入和物理实体的形成。如果阅读早年讨论科技创新的论文或报告就会发现，在创新过程中重研发、重论文、重立项、重投入、重获奖、重头衔但轻应用、轻转化、轻产出、轻价值、轻实效等现象比比皆是，由此也造成了一些低价值甚至无价值的论文、专利的出现，甚至出现了大量为了立项或结项造假的丑闻事件。真理是时间的孩子，创新的真理性也是如此。

考察科技创新的成果，能看见科技论文的飙升，看到专利数量的飙升，看到实验仪器的堆积。这一方面表明我国科技创新能力从过去的个别领域较好、总体水平不高得到了飞速的发展，也表明科技创新效率和质量需要更进一步的提升。重视物化进程的缺点在于，以一种静态和割裂的姿态阻碍了科学发现与技术创造的客体和新的需求主体之间的熟悉与亲近，造成了科研投入价值的沉淀，不利于科研价值向商业价值的转换。这与过去研发活动的组织方式、考核模式有着密切的关系。所幸，从党中央到各个省市地方均已认识到原有模式的弊端。习近平总书记在2021年特别强调指出,要改革重大科技项目立项和组织管理方式,实行“揭榜挂帅”“赛马”等制度。习近平总书记还强调,要研究真问题,真研究问题。因此,需要看到科技创新的本质和初心,只有真问题才有真价值,只有真研究问题,才能真解决问题。

过去多年的努力已经初步解决了我国在经济上有没有、科技上有没有的问题,现在进入经济上强不强、科技上强不强的新阶段。如果还沿袭简单物化的创新体系建设路径,那么就不利于解决我们面临的紧迫问题。习近平总书记讲,“实践反复告诉我们关键核心技术是要不来、买不来、讨不来的”。科技创新是国之利器,是实现竞争“价值”的根本保证。在迈向中华民族伟大复兴的路上,科技创新的价值不仅体现为商业价值,还体现为战略价值,在捍卫国防安全、产业安全、国家安全上发挥着重要的作用。

四、构建以人为本的价值创新创造系统

三四十年前,“造原子弹的不如卖茶叶蛋的”,是关于科学家与物质激励二者关系的生动阐释,确实是唐突西子了。三四十年后,人在科技创新中的作用更加凸显。“发展是第一要务,创新是第一动力,人才是第一资源”已经成为官方话语体系的常用词汇,也成为国家和区域竞争地位得以获取、维持、巩固、增强的根本手段。2016年11月,中办国办印发《关于实行以增加知识价值为导向分配政策的若干意见》,提出“加快实施创新驱动发展战略,实行以增加知识价值为导向的分配政策,充分发挥收入分配政策的激励导向作用,激发广大科研人员的积极性、主动性和创造性,鼓励多出成果、快出成果、出好成果,推动科技成果加快向现实生产力转化”。

党的二十大报告重申,要“充分发挥市场在资源配置中的决定性作用,更好发挥政府作用”。增加知识价值的提法与实践无疑是中国特色社会主义制度的政策实践,是知识价值向市场价值的回归。曼昆在《经济学原理》中提出了经济学的十大原理,其中第四大原理就是人们会对激励做出反应。增加知识价值就是提供一种刺激,从而充分发挥市场在人才资源尤其是科技人才资源配置中的决定性作用,也是更好发挥政府作用的直接体现。正如霍布斯所提出的那样,理性人会在斯密的"无形之手"下,受到政策的诱导,建立以知识价值为导向的分配体系,将有利于开启大众创业万众创新的全新局面,为中国的创新创业创造开启新的篇章。

科技立则民族立,科技强则国家强。习近平总书记讲,千秋伟业,人才为先。科技创新活动尤其如是。在当今百年未有之大变局的新时期,以美国为首的西方国家发起了贸易战、科技战等,企图遏制中国的崛起。科技创新的利器必须掌握在自己手中,以人为本的价值驱动将为中华崛起赋予内在的驱动力量。

当然,必须赋予价值以多重含义。在《红与黑》中,于连多次说,我不在乎钱。在《西游记》中,孙行者看见妖怪时的常用语是"俺就是五百年前大闹天宫的齐天大圣孙悟空"。世俗中人,悟空殊非易事,不免受名利之累,且行且珍惜。在创新系统建设中必须正视金钱和名誉对于人才的正面激励作用。尤其是创业者、企业家,如果不能确保成本与收益的持平乃至盈利,最终必将导致经营的不可持续。因此,给予创新创业者以合理的价值回报,是一件事关现代治理和长远发展的大事,需要予以高度的重视。

同时,价值驱动的根离不开文化的内在作用。在过去的创新体系框架下,将企业、高校院所、服务机构等作为主体,一定程度上忽略了环境的影响和文化的价值,割裂了科技、教育、人才、创新和经济增长乃至生态环境之间的关系,需要回过头来将文化在创新生态中的作用根植起来,谋求科技创新的唐虞之治。有了文化的承载,将人的价值孕育于城市发展和创新创业过程之中,创新和创业才能无风而动,从而形成没有"有形之手"的幡动。

目　录

第 1 部分

天津科技创新战略研究

第1章　天津市区域创新体系建设的战略研究

本章内容主要来源于2019年10月—2020年9月，笔者主执笔承担了天津市科技局科技战略规划研究项目《面向2035、2025年的科技创新体系建设规划思路研究》（项目编号：19ZLGHZF00030）。研究报告完成于2020年8月。天津工业大学胡玉莹副教授等课题组成员对部分内容有贡献。

本研究主要根据天津市科技局专业处室要求，围绕处室分管重点工作进行了研究。研究过程中，笔者发现天津市创新体系的效能不佳，尤其是国家级大学科技园建设发展远弱于北京、上海、江苏等地，与天津市丰富的高校资源不匹配，因此萌生了后文天津科技决策咨询专题中关于《重构天津创新体系的建议》（2020年3月）和《关于全面推进天津市大学科技园建设的建议》（2020年9月）两份决策咨询建议。相关建议得到了市委、市政府多位领导的肯定性批示。

党的十八大以来，习近平总书记四次视察天津，对天津创新发展寄予厚望。贯彻落实习近平总书记对天津工作"三个着力"的重要指示和"打造自主创新的重要源头和原始创新的主要策源地"的要求，天津科技创新需要重装出发。市委、市政府明确提出了打造全国领先的创新型城市和具有国际影响力的产业创新中心的目标。当前，天津已经进入必须依靠科技创新驱动新旧动能转换、新经济增长点培育的关键阶段。科技创新体系包括了高校院所、大中小型企业、国防科技力量和社会服务组织以及政策环境等各维要素，容纳了创新主体、创新能力、创新活力等概念，事关天津引育新动能、实现高质量发展大计，必须加紧谋划、重点布局。

1.1 科技创新体系建设的基础与优势

"十三五"以来,天津紧紧围绕科技与经济深度融合,进一步加强科技与经济在规划、政策等方面的相互衔接,围绕产业链部署创新链,围绕创新链完善资金链,持续推进基础研究、技术研发和产业发展,加大科技创新机构、平台建设,助力创新机构载体提质增效,取得了突出成绩。2018 年,科技部发布的《中国区域科技创新评价报告 2018》显示,天津综合科技创新水平指数达到 80.75%,已连续 16 年位居全国第 3 位。世界知识产权组织发布的《全球创新指数报告 2019》显示,天津进入"全球创新集群百强榜"前 60 名;《自然》杂志发布的"2018 自然指数—科研城市"显示,天津进入全球科研城市 50 强第 35 名。全社会研发投入达到 492.4 亿元,占 GDP 的 2.62%,在全国省区市位居前列,投入比重较 2017 年提高了 0.15%;其中,全市研发人员和研发经费投入的 77%以上来自企业,企业为主体建设创新平台占比达到近 70%,企业作用越来越突出。

1.1.1 科教优势位居全国前列

天津作为四大直辖市之一,拥有丰富的科教资源。目前,天津市有高校 56 所,教学科研人员数量 4.18 万人,拥有 R&D(研究与开发, Research and Development)研发机构 342 家,科技活动经费内部支出 49.39 亿元,其中 R&D 课题经费支出 36.80 亿元。在校大学生和研究生数量超过 60 万人,大学数量和在校大学生数量位居全国第 7 位和第 6 位。天津汇聚了包括南开大学、天津大学在内的部属和市属本科类高校 30 所,专科学校 26 所,拥有包括化学工程与技术、光学工程、仪器科学与技术、材料科学与工程等领域共 25 个国家级重点学科,天津大学、南开大学、天津医科大学等 5 所高校跻身"双一流"建设,"双一流"学科建设高校数量位居全国第 7 位。当前,与中国核工业集团公司共建的中国核工业大学正在投资建设,预计将于 2021 年建成。①

① 时间进入 2023 年下半年,目前仍然未见披露建设竣工信息以及招生相关信息。

1.1.2　基本建成体系健全的科技创新体系

根据 2019 年天津科技统计年鉴数据，截至 2017 年年底全市共有国家级重点实验室 13 家（天津市学科国家重点实验室 7 个，企业国家重点实验室 4 个，省部共建国家重点实验室 2 家），国家部委级重点实验室 48 家，国家级工程技术研究中心 12 家，国家级企业技术中心 59 家，国家级火炬计划平台和农业科技园区 17 个，国家级科技企业孵化器 35 个，国家级试点产业技术创新战略联盟 5 个。

天津市重点实验室 141 家，天津市企业重点实验室 159 家，天津市级工程技术中心（含筹建期）220 家，天津企业技术中心 609 家，天津市级科技企业孵化器 34 个，天津市产业技术创新战略联盟 92 个（2018 年备案数）。目前，国家级院所和国内较高水平研发机构已经超过 170 家，天津市大型仪器共享开放平台建设有序推进，与京津冀等地逐步形成共建共享新机制。

科技服务体系建设取得明显进展。支持推动工程设计与总包、工业设计、石油开采与油田服务、检验检测、软件和信息技术服务等优势领域加快发展，国家级技术先进型服务企业总数达 36 家，全市科技服务业规上营业收入超过 2 800 亿元。

在大科学装置和科技创新基建方面，天津市目前已经在大科学装置和科学研究基础设施领域取得突破，2018 年，天津市获批建设国家大型地震工程模拟研究设施，预计 2020 年 9 月将完成一期工程。2019 年，由中国科学院工业生物技术研究院牵头组建的国家合成生物技术创新中心已经获准批建。

面向国家技术创新中心建设实施方案，天津市首批次高标准批复组建了合成生物、新药临床研究、智能安防、锂离子电池四家市级综合性技术创新中心，并创造性地发挥天津市智能制造专项资金作用支持中心研发能力建设。以“一中心一方案”的开放型思路，多模式探索天津市科技创新平台的建设，推动中国科学院工生所成功申报国家级中心、组建智能安防领域平台性科研公司，推动成立锂离子电池上下游重组产业链集团化企业，打造新药临床研究院的全国科技领军创新平台。

1.1.3 大学科技园建设工作取得新突破

大学科技园区建设迎来新的阶段。截至目前，天津市仅有天津大学科技园一家国家级大学科技园，河北工业大学国家大学科技园北辰分园坐落天津市。天津大学科技园于 1999 年建园，2001 年 3 月投资 4 700 万元注册成立“天大科技园有限公司”，2007 年成立校资产经营公司，将科技园公司纳入资产经营公司统一管理。当前，天津大学打造了“一中心（卫津路主校区）、两园区（临港、青岛）、五基地”的天大科技园总体格局，建立了“研发中试、检验检测、信息数据、专业咨询和培训”5 个增值服务平台。截至 2019 年年底，临港园区、青岛园区中各基地共有科研人员 442 人，培养学生 1 103 人，孵化公司 70 个，2019 年实现产值 2.3 亿元，实现纳税 1 011 万元。

河北工业大学国家大学科技园充分利用学校隶属河北、坐落天津的地域特点，实施“一园多区”“多点办园”，目前建有天津北辰园区与河北沧州园区、邢台园区，拥有 1 个国家级科技企业孵化器、2 个省级孵化器、1 个纳入国家序列的众创空间。截至 2019 年 12 月底，科技园可自主支配场地面积 2.41 万平方米，提供给孵化企业使用的场地面积为 1.6 万平方米，占自主支配场地的 66.4%，在孵企业 63 家，师生创业企业 23 家，培育国家高新企业 6 家。

同时，天津市当前正积极申报国家大学科技园认定。天津中医药大学和天津科技大学制定了大学科技园建设规划，积极申报国家大学科技园认定。

1.1.4 优化众创空间建设取得新进展

进一步优化众创空间建设布局，提升创业服务质量和水平。贯彻落实《国务院关于推动创新创业高质量发展打造“双创”升级版的意见》（国发〔2018〕32 号）文件要求，会同市发展改革委牵头协调 30 余个市有关部门制定天津市贯彻落实实施意见，推动创新创业高质量发展，打造“双创”升级版。2019 年，全市新推荐申报国家级孵化器和众创空间 15 家，新认定备案市级孵化器和众创空间超过 30 家。天津市众创空间聚集创新创业团队 6 600 多个，孵化器在孵企业超 4 400 家。开展孵化器和众创空间绩效评估、火炬统计、免税申报等工作，推荐 30 余家孵化器、众创空间申报免税政策，减免税超过 500 万元。举办专业培训、互学互看、研讨交流等创业孵化大讲堂系列活动近 20 场。

1.1.5 新型研发组织建设取得重要进展

2018 年，天津出台《天津市人民政府办公厅关于加快产业技术研究院建设发展的若干意见》（津政办发〔2018〕24 号）及配套的认定考核管理办法，积极探索完善产业技术研究院的认定工作体系。2019 年，天津市建立了科研院所、新型研发机构、预征集设立储备库、正式认定产研院的递进式工作模式，采取了逐一走访、统计分析、政策宣讲、"产•研•汇"对接平台、行业组织与产研院互访、"金融机构院所行"服务体系、组织参加政府常务会听取市领导指示思路、配合国务院第六次大督查等系列服务招法，完成新认定 8 家产研院，总量达到 15 家。天津市实现了引入千名高端人才，推动引进各类创新平台 20 项、共建研发机构 30 个，新增自主知识产权 553 项，开发新技术 383 项，实现"四技"收入超 2 亿元，已衍生、孵化科技企业 300 家。通过产研院内部创业和裂变发展，支持衍生孵化一批具有增长潜力的科技型企业，初步呈现"能够下金蛋的金凤凰"职能。有关工作得到市领导批示认可。

1.1.6 京津冀区域协同创新取得明显成效

深入贯彻落实习近平总书记最新批示要求，围绕打造自主创新的重要源头和原始创新的主要策源地，强化"一盘棋"思想，积极深化多领域合作，将京津冀协同发展国家战略推向深入，加快形成京津冀区域协同创新体系。深化部市会商机制，围绕在津布局国家重大项目、重大创新平台等方面积极争取科技部支持。2019 年，围绕京津冀协同创新，提出三地协同创新议题，推动在津召开三地分管副省市长座谈会，与京冀召开部门对接会，组织河北行、中关村对接会共 4 场，建立三地协同创新合作新机制。实施京津冀协同创新专项，共征集 143 项，积极引导天津市科技资源服务京冀，支持凯发电气、绿茵景观在京建设研发中心，支持天津大学等单位与京冀有关方面开展联合攻关，为雄安新区公共安全、生态修复等提供科技支撑。下大力气吸引中国科学院院所在津设立分支机构或产业化基地，成功引入中国科学院北京国家技术转移中心天津中心，成立天津创新园运营公司；积极对接走访动物所、光电所、煤化所等院所 20 余次。举办科研院所津门行、中国科学院技术专场对接会等 7 次，促成合作意向 10 项，全年成功引进中国科学院北京国家技术转移中心天津中心、中国科学院微电子所分所等院所 20 家，同时引进 20 家科技企业，超额完成全年工作指标任务。

1.2 科技创新体系建设面临的问题

总体上看，自 2006 年天津市中长期科技规划纲要颁布实施以来，全市创新体系建设取得了显著的成效，为国家和天津市科技事业发展，支撑引领经济社会发展发挥了重要作用。但与习近平总书记的期望和中央的最新要求相比，与天津市最新定位相比，与天津实现高质量发展的要求相比，与兄弟省市科技创新体系建设的进展与成效、未来谋划相比，天津市科技创新体系建设仍然任重道远。

当前，主要的问题表现在：科技创新体系的整体质量欠优，没有形成高质量的创新策源能力、科技供给能力、新兴企业孵化能力，缺乏一批具有引领性的领军型机构、示范性的技术供给主体、新经济的孵化主体，在促进形成学科、产业、人才、项目、创业的多维循环中处于相对孤立的状态，在科技创新体系的发展尤其是高校院所的发展和与产业发展的融合上存在着明显的隔阂。

1.2.1 科技创新体系布局不合理

科技创新平台建设缺少系统设计，在领域分布上、产业衔接上、区域服务上，没有发挥出科技创新平台的人力集聚载体功能、科技成果创造功能、创业孵化驱动功能，缺少创新平台的天津旗舰或者“科技地标”。在平台建设过程中，还拘泥于有什么评什么、支持什么、建设什么，在平台建设支撑和引领发展中没有形成系统思维，造成平台建设与产业发展结合不紧密，与产业功能区的市场主体贴得不近不紧，与市场需求贴得不紧密，偏学科而远离市场，科学研究支撑产业发展远离了国人最紧迫最直接最现实也是最广泛和最大市场容量的终端消费需求。主要的机构、实验室缺乏面向居民消费等持久旺盛需求的科学研究和技术开发、产品设计能力。

调研发现，天津市的优势学科与天津市人工智能、生物医药、新能源新材料的重点产业布局不够匹配，导致天津市缺少北京中关村互联网、上海张江集成电路、武汉光电子产业等发展快、带动强的"新经济名片"；缺乏核心技术，如天津市人工智能在类脑智能计算、跨媒体感知等基础研究原创不足，智能优化算法、虚拟现实技术等关键共性技术存在短板，在高端芯片、高精度传感器等关键部件上存在差距，高端制造业领域的数控系统、高档工业控制软件等依赖进口。25 个国家重点学科和 13 个国家重点实验室与产业结合不紧密，与新兴学科、新经济领域联系不紧密，没有产生具有影响力的科学家、企业或知名企业家。

1.2.2　对国家战略需求支撑不足

顶尖机构较少、原始创新能力和策源能力不足。在国家重大战略、进口替代中发挥作用不充分，没有形成在国家层面具有重大影响力的产业创新成果，在国之重器的天津贡献上支撑不足，表现在国家层面领跑、并跑的支撑不足。天津市虽然科教资源丰富，高校 56 所、国家级和高水平科研院所 170 多家，获批建设了地震大装置，实现了重大科技基础设施零的突破，但与上海 14 个、北京 20 个重大科技基础设施相比，差距巨大，在综合性科学中心建设、全国科创中心建设等全面而重大的国家战略中失位，不利于提升天津科技创新综合能力。

当前，国家从区域层面推动了全球影响力的科技创新中心建设，批准北京、上海、合肥等开展了综合性科学中心建设，推动了国家实验室、国家重点实验室、国家技术创新中心、国家制造业创新中心等新的创新载体平台建设，天津都未能入围，在重点支持发展的领域上布局落子寥寥，缺位效应突出。此外，2017 年教育部公布的 A+学科中，天津仅有 A+学科 2 个，远低于北京（89 个）、上海（24 个）、南京（19 个）。在获得国家科技奖励和何梁何利奖等国内有影响力的奖项方面,天津与长三角、珠三角及中部先进城市存在着明显的差距。2012—2017 年天津获得国家科技奖数量在 12~19 项之间,2018 年仅获得 8 项。2019 年,天津无人当选两院院士,同年公布的何梁何利奖获得者天津缺席,仅两位入选者与天津大学存在校友关系。

1.2.3 对产业转型升级支撑不足

对产业转型升级支撑不足具体体现为对新经济孵育壮大引领支撑不足,没有孵化出新技术、新业态、新模式;对传统产业转型升级引领支撑不力,产业结构偏大偏重,而没有推陈出新,在消费升级、竞争升级的过程中,没有实现技术升级和产品升级;在培育新兴产业集群上引领支撑不足,没有发挥出创新体系的创业辐射带动能力,在创业群体的孵化,创业集群的打造上进展远远不及珠三角、长三角区域。我们的重点实验室、工程技术研究中心等机构以及高校院所在技术开发中缺乏与企业主体的直接对接,导致科技供给停留在纸面供给,不是有效供给,导致科研人员在研发、培养人才时脱离了现实的经济社会发展需求,使得科研人员、高校老师培养的人才不愿创业并且难以成功创业,从而使得科研投资转换成知识和技术、知识和技术转换为价值流的双向良性循环渠道不能有效畅通,造成天津在国内的科研和产业竞争中失利,出现了科研能力、价值创造和增值能力上失位的现象。

例如,从大学科技园建设来看,目前北京拥有大学科技园区 29 家,其中 15 家为国家级, 14 家为北京市级,与天津当前状况形成鲜明对比。北京涌现出中关村这一世界级创新活跃载体,上海拥有张江,武汉拥有光谷,学科、人才、科技创新成果与本地产业的融合度和城市的创新创业活跃度显著高于天津。

1.2.4 对高端创新资源集聚不足

缺乏在国内国际具有竞争力的科研机构品牌,国家和市级重点实验室、企业技术中心等作为重要的创新载体,在聚集院士、杰出青年基金获得者等国家级创新创业人才方面,在承揽国家重点研发计划项目上,没有发挥出应有的作用。例如,天津拥有国家重点实验室 13 家，占全国的 2.59%；拥有国家工程技术研究中心 12 家，占全国的 3.47%，与先进省市相比，在数量上存在明显差距。

反观深圳，从知识创新领域的新地发展，到目前已经拥有国家重点实验室 14 家，中国科学院深圳先进技术研究院（两家实验室）、清华大学深圳研究生院、北京大学深圳研究生院、香港理工大学深圳研究院等依托载体为深圳集聚资源和创新发展提供了强大的智力支撑，赢得国家赋予的科技创新中心、综合性科学中心、国家实验室、国家研究中心等重大创新载体布局，获准建设一批大科学装置和科研基础设施、制造业创新中心、技术创新中心等国家层面核心技术和能力建设的“国之重器”。

这些机构对于承揽国家重大专项、吸引世界级科研人才，打造学科、产业优势，培育持续的竞争力，具有深远的影响。在这方面的失位，其负向马太效应将日益扩大，形成自我惩罚的恶性循环。

1.3 科技创新体系建设力度不足的成因分析

1.3.1 认识不深

对科技创新平台功能和作用的认识不够，在推进平台和机构建设中思想观念偏于保守，致使创新工作出现“上热中温下凉”的情况。主要表现在对科技创新特别是原始创新驱动发展的重要性认识不够深刻，对科学技术的理解往往局限在应用层面。在推动创新和创业过程中，偏重“法无授权不可为”“法无明令不可为”，一定程度上在制度层面制约创新欲望的激发，抑制了创新积极性、主动性的发挥，从而使天津多年来未能在新兴的学科、产业领域涌现重大创新性人才、创新性成果、创新性平台。在新一代信息技术、新能源、新材料等战略性新兴领域，缺乏具有引领性的科技创新平台、领军型企业，对区域新动能引育、旧动能转换的支撑引领作用不突出。

1.3.2 统筹不够

市委、市政府高度重视科技创新工作，但目前存在着“上热中温下凉”的状况，创新涉及产业界、学术界和科研界、政府多维主体的联动，但当前仍然存在着政产学研割裂的现象；还存在着市直部门之间、行政区之间协同不够，高校院所之间协同不够，大中小企业之间协同不够，产学研之间深度融合不够等问题，没能形成创新链、产业链、价值链的正反馈价值循环。高校院所、科研机构等主体开展科研活动，重研发轻应用、轻长远、轻基础、轻前沿，研发活动脱离社会现实，人才培养方向与产业发展人才需求方向不匹配，直接导致科技创新体系与产业发展、社会发展双轨并行而非同轨同行，使得科研方向与企业需求有较大偏差，企业自身研发能力不足，承接成果转化能力较弱，科教资源优势没有得到充分发挥。

1.3.3 政策环境不优

这两年，天津围绕增加知识价值、促进成果转化、增加科研人员获得感出台了一系列政策，在国内产生较大影响，但仍然没能培育出一批具有国际影响力和在国内具有重要影响力的创新主体，高校院所、科研机构等的发展仍然自行其是，出现了学科、产业发展偏差，在前瞻性、引领性、竞争性领域不具有相对的先发优势或并跑优势。同时，面对国内外产城融合发展趋势，天津市基础设施如地铁、公交向郊区和工业园区的延展性较差，与北京、上海、成都等地的基础设施建设存在着明显差距，给吸引企业和人才、留住企业和人才工作造成极大的不利影响。在过去 10 多年的调研中，近郊和远郊企业的交通、差旅面临的困难一直为企业所诟病。天津科技创新体系建设面临的这些问题，需要从战略规划的高度进行创新体系建设的顶层设计，从机构的体制机制入手，从资金、人才、项目等扶持方面着力予以引导，突出围绕国际一流的基础研究和国际一流的产业创新，使得学科建设、人才培养、技术研发面向国家需求、面向天津需要，实现科技创新与产业融合发展、共生发展。

1.4　2035、2025 年天津市科技创新体系建设规划思路

1.4.1　形势需求

我国已经处于世界政治、经济、科技发展格局面临巨大变迁和不确定性交汇的重大历史关头。习近平总书记指出:“当今世界正经历百年未有之大变局,国际形势复杂多变,改革发展稳定、内政外交国防、治党治国治军各方面任务之繁重前所未有,我们面临的风险挑战之严峻前所未有。”新冠疫情发生以来,各国纷纷认识到制造能力和产业链条完整的重要性,世界各国都将面临产业链重构和重组问题,这尤其值得关注。

天津正处在爬坡上坎、滚石上山的战略性调整阶段,要坚决贯彻落实习近平总书记对天津工作“三个着力”的重要指示和“打造自主创新的重要源头和原始创新的主要策源地”的最新要求,充分发挥当前优势和正视严峻的发展局面,立足国家对天津“一基地三区”和天津建设全国领先的创新型城市、具有国际影响力的产业创新中心的定位要求,突出发挥天津“科教+”和“制造+”的双重“天津优势”,打造科创+产业融合发展的“天津特色”科技创新体系,谋划新平台、引育新动能、实现新发展,为世界科技强国的国家目标、“五个现代化天津”做出科技创新的“天津贡献”。

1.4.2　总体思路

以“三个着力”的重要指示和“打造自主创新的重要源头和原始创新的主要策源地”的最新要求为指引,按照市委历次全会精神要求,紧紧抓住深化实施京津冀协同发展国家战略的重大机遇,聚焦市委、市政府引育新动能、实现高质量发展的战略部署,以体制机制改革和政策创新为动力,面向国家战略需求和天津实际,坚持长板做长、优势做优、特点做强的理念,突出发挥天津学科优势、人才优势、产业优势,以重构

形成功能层次和结构分明、科学高效的区域创新体系新格局为先导，着力推进产业公地平台体系建设，着力推进领军企业平台化发展，着力构筑全域创业生态体系，着力建设制度引领的创新高地，努力将天津建设成为全国领先的创新型城市和具有国际竞争力的产业创新中心，为实现“五个现代化天津”建设提供强大的创新策源原动力。

1.4.3 战略目标

到2025年，天津市要成为全国领先的创新型城市，有效建成具有全球影响力的产业创新中心，形成具有天津特点的创新生态系统，成为国际型的创新节点，在全球创新网络中发挥重要作用，有效增强天津科技创新体系在响应国家战略需求和天津发展需求中的系统能力和国内国际竞争力。

（1）体系更完备。基本建成以企业为主体，产学研用相结合的科技基础设施体系和产业创新公共服务平台体系。

（2）效能更突出。初步形成“实力强劲、能力突出、活力迸发、效力卓著”的科技创新体系。

（3）生态更优越。在打造新动能新引擎、战略科技力量、优势创新集群、制度引领创新发展等方面形成具有全国示范效应的天津经验，基本形成政策体系更加完善、创新要素配置更加合理、知识产权得到更有效保护、全社会创新创业活力充分迸发的创新生态。

到2030年，跻身世界创新型城市行列，全面建成具有国际影响力的产业创新中心。基本建成“实力强劲、能力突出、活力迸发、效力卓著”的科技创新体系。研究与试验发展经费支出占地区生产总值的比重达到3.5%，聚集一批具有世界水平的高端人才，拥有一批世界知名的领军企业、高等院校和科研机构。

到2035年，成为全国领先的高水平创新型城市，成为全球创新网络中的枢纽城市，成为国内领先、世界知名的产业创新中心。全面建成“实力强劲、能力突出、活力迸发、效力卓著”的科技创新体系，研究与试验发展经费支出占地区生产总值的比重达到 4.0%，聚集一批具有世界水平的高端人才，拥有一批在全球产业、科研、学术中具有突出影响力的世界级企业、科研机构和高校院所。

1.4.4 基本原则

1）坚持产业导向

要着力针对天津当前企业主体少、技术创业密度低、产业发展质量不高的现实问题，着力加强科技创新体系与市场的衔接、融合，打造全域创业城市和科技创新+产业融合城市。

2）坚持需求导向

坚持发挥市场在科技创新资源配置中的决定作用，面向当前和未来中国消费升级中市场容量大、需求面广的居民消费市场和国内外竞争中的创新链、价值链的中高端，打造衔接科研与市场、产值与价值之间的先进制造研发机构与平台，为全国先进制造研发基地做贡献。

3）坚持数字赋能

要着力针对天津市新兴技术、产品、模式和创业不活跃的现状，加大数字技术、智能技术的应用场景开发，推进应用导向、数字为基的科技研发和产品设计，着力提升数字赋能能力，缩短科技研发与产业应用的距离，提升创新的效率、质量、效益。

4）坚持协同导向

以创业引领、创新支撑为科技创新体系建设的宗旨，建设优化科技创新体系中的大学、传统院所、服务型机构、新型研发组织、众创空间、孵化器等支撑力量，形成集成化、一体化的创业创新支撑体系。

5）突出改革驱动

针对制约天津科技创新的体制机制障碍因素，坚持在“法无禁止即可为”的理念下，解除市场失灵、机构失灵、政府失灵对高校院所和企业主体科技创新活力的束缚，推动学科—产业融合互馈发展，实现新经济涌现、传统产业升级壮大，将天津打造成为中国北方的创新、创造、创业的活力之城。

1.5 面向2025年重点创新载体和机构建设任务

1.5.1 梯次培育,加快大学科技园建设

1)现状与问题

天津目前仅有一所大学科技园——天津大学国家大学科技园,另有河北工业大学科技园北辰分园坐落于天津。自2020年下半年以来,全市更加重视大学科技园工作。2020年9月,天津市教委、市科技局专程赴上海调研了上海大学科技园建设发展的最新情况,随后启动了天津市恢复推动大学科技园规划建设的新征程。

当前,各区高度重视发挥大学科技园建设,积极对接谋划将科教资源优势转变为区域产业发展的动力。滨海新区重点推动天津科技大学建设天津科技大学科技园;西青区已初步形成了“一园三院”的大学科技园建设发展基础,将打造面积超过20万平方米的大学科技园区;东丽华明高新区计划以清华高端院为基础,打造逾6.7万平方米的大学科技园区,以民航大学为基础,计划未来打造逾33万平方米产业化的高科技园区;津南海教园计划打造以海棠众创大街、南开大学津南研究院、天津大学津南创新院等为代表的特色园区,覆盖面积超过66万 平方米;静海计划以天津中医药大学为主体,发展大健康产业。从最新进展来看,中国民航大学科技园已经成立了全资子公司——天津航大中天科技发展有限公司,具体负责园区运营,目前设置了创新创业部、转移转化部、产业部、综合部、财务部等30余人的运营队伍。

但目前全市还没有出台对大学科技园建设发展的总体规划、扶持政策等,存在着全市层面顶层设计缺失、统筹规划不足的问题,各区域和各高校总体看来还存在着对大学科技园建设认识高度、深度不够,建设和发展大学科技园的目标、思路、举措不够清晰等问题,迫切需要全市统筹、区校联动,为大学科技园的建设发展提供规划建设、载体空间布局、产业功能定位、服务链条建设等方面的全方位指导和支持。

2）建设格局：形成梯次发展格局

重点依托天津市“双一流”建设高校和高水平大学建设项目，按照国家级、市级和培育级三个层次，构筑天津市大学科技园梯次发展新格局，为天津市内生增长提供持久的动力机制和引擎。

初步来看，天津市可在未来3~5年内打造如下建设格局。

（1）力争做大做强天津大学国家大学科技园，实现南开大学恢复建设国家大学科技园。

（2）争取从当前积极性较高、基础条件较好的天津科技大学、中国民航大学、中医药大学等已经谋划筹建大学科技园的高校中，遴选3~5家率先建成市级大学科技园，并积极向国家级大学科技园的标准靠拢，激发建设国家大学科技园的潜在力量。

（3）争取从天津工业大学、天津理工大学和其他市属普通高校和高职院校中遴选10~15家，启动大学科技园规划建设，将其作为市级大学科技园培育对象进行指导，推动发展。

3）建设模式和区位布局

发挥高校院所的学科、人才、成果、平台等科教资源优势，围绕智能科技产业、生物医药、新能源、新材料、航空航天、高端装备、汽车、石油石化（“1+3+4”产业体系），在南开区、津南区、滨海新区、静海区、西青区等行政区，采取“一校一园”“一校多园”和“多校一园”等建设模式，深入推进大学校区、科技园区、城市社区三区联动，培育建设一批大学科技园。

（1）建设环天南大老校区“天津智谷”。抢抓京津冀协同发展、非首都功能疏解和国家为应对疫情启动“新基建”项目的历史性机遇，利用天南大老校区功能及空间用途亟待优化整合、周边天津中医药大学及部分科研院所迁址后原使用空间有待出让或调整改变用途以及域内存在大量在建待建空间的基础和条件，建议依托该地区的区位、资源、人才、空间等优势，以天南大老校区周边5.7平方千米为核心区（东至卫津路、西至红旗南路、南至复康路、北至西湖道)，西部西营门附近9.8平方千米为拓展区，适时启动环天南大老校区“天津智谷”建设，搭建支撑天津创新发展的高水平科技创新平台，为天南大和市属高等院校、科研院所创新发展营造空间和氛围，为承接非首都核心功能尤其是科技创新资源的疏解搭建新平台，为天津转型发展提供新的动能和支撑。

(2)打造津南区大学科技园集聚区。围绕天津大学、南开大学新校区及海河教育园区各高校，建设津南区大学科技园。南开大学、天津大学实行“一园多区、带动高职”的布局模式。

(3)打造西青区大学科技园“联合园区”。围绕天津工业大学、天津师范大学、天津理工大学，建设西青区大学科技园。“联合园区”是指联合西青经济技术开发区、滨海高新区华苑产业区等已有的高科技产业园区。

(4)打造静海区大学科技园集聚区。围绕天津医科大学、天津中医药大学、天津体育学院建设静海区大学科技园。“依托规划”是指依托天津市大健康产业园建设规划、智慧中医药谷建设规划等已有规划，加快建设。

(5)聚力建设滨海新区大学科技园。以天津科技大学为主体，依托“滨海—中关村科技园”建设滨海新区大学科技园。同时，充分调动部属高校天津大学、南开大学及中国民航大学和市属高校，对口滨海新区重点发展的智能科技、生物医药、新能源、新材料、航空航天、石油石化等产业，加大优势学科、院系对口建设支援力度，合力建设滨海新区大学科技园。

4)加大政策支持引导

建议出台《中央天津市委 天津市人民政府关于促进大学科技园建设的意见》《天津市大学科技园管理办法》，扫清当前市属高校建设大学科技园面临的体制机制障碍，切实将大学科技园建设的历史使命和高校自身的发展结合起来，全面增强高校人才、成果市场化发展的整体氛围。

(1)优化大学周边创新载体空间配置。将园区周边用地纳入天津市城市空间功能总体规划，支持大学建设国家大学科技园。探索变更用地性质，兴建一批具有较大企业密度的创新创业楼宇，为园区提供载体支撑。针对当前用地开发中面临的转性难、增容难、审批慢、成本高等问题，研究制定支持科技园区建设的规划土地政策，鼓励集约用地、多元复合用地，允许工业用地提高容积率、配套服务设施比例提高至15%。通过市区两级政府、高校院所联动，以购买、租赁（包括国企代购代租）、置换、新建、共建等方式，加强载体运营管理机制创新。支持周边科研院所原地新建、改造破旧楼宇，鼓励金融机构对楼宇运营主体进行资产收购、改造扩建等提供贷款支持，持续推进空置楼宇改造盘活。支持周边高校院所开发利用闲置土地，做好大学周边临街土地资源开发工作。

（2）加大科技园相关税收政策支持力度。落实国家级、省级大学科技园房产税、城镇土地使用税和增值税优惠政策。给予园区较高比例的税收留成、较高级别的审批权限（包括对投资额的审批、大额土地出让审批权限等）。引导和支持有条件的园内企业申报国家科技型中小企业、国家级高新技术企业。对于从职务科技成果转化收入中给予科技人员的现金奖励，符合规定条件的，可减按 50%计入科技人员当月"工资、薪金所得"，依法缴纳个人所得税；对给予科技人员的股权奖励，在取得时暂免征收个人所得税，在科技人员获得分红或者转让股权时，按相关规定缴纳个人所得税。

（3）细化落实成果转化政策。落实国家科技成果转化法及相关政策措施，建立健全成果转化处置和收益分配政策。鼓励探索成果转化机制创新，明确尽职免责条款，激发高校师生从创业的灰色地带迈入双创的黄金年代。鼓励试点开展赋予科研人员职务科技成果所有权或长期使用权。支持建立对高校发明人、技术转移机构、技术经纪人（技术经理人）的成果转化服务激励机制。推动科技成果、专利等无形资产价值市场化评估评价。

（4）出台高校师生创新创业政策。高校院所要明确，只要能完成教学和（或）科研考核任务，支持科研人员创办企业，鼓励校领导、杰出人才领办企业，不限制科研人员到校外兼职，甚至让他们离开学校创办公司或者在公司里担任要职。支持高校将科研人员在科技成果转化过程中取得的成绩和参与创业项目的情况作为职称评审、岗位竞聘、绩效考核、收入分配、续签合同等的重要依据。对于高校科技人员到企业兼职从事科技成果转化，或者离岗创业在国家规定时间内保留人事关系，与原单位其他在岗人员同等享有参加职称评聘、岗位等级晋升和社会保障等方面的权利。大学生参加创新创业等活动可折算学分、计入学绩，允许大学生用创业成果申请学位论文答辩。

1.5.2 持续优化，升华众创空间发展内涵

1）现状与问题

自 2015 年国家提出“大众创业、万众创新”以来，众创空间数量逐年增加。科技部统计数据显示，2018 年，我国众创空间数量为 6 959 家，众创空间收入为 183 亿元。2020 年 3 月 26 日，科技部火炬中心公布的截至 3 月 24 日火炬中心创业孵化机构复工复产监测上报数据显示，众创空间共有 5 512 家填报数据，复工率为 88.5%，鉴于众创空间的发展趋势，调整 1 个百分点，据此推算，2019 年，我国众创空间数量约为 7 874 家。

当前，众创空间发展已经进入了行业竞争加剧、胜者为王的新阶段。2019 年 12 月，科技部火炬中心公布了 2019 年度国家备案众创空间复核结果，1 949 家国家备案众创空间中，60 家被取消了国家备案资格。取消的 60 家机构分布在 22 个省/直辖市，其中北京数量最多，达到 10 个，上海 9 个，浙江 6 个。苏河汇、3 W 等知名品牌位列 60 家被取消名单中。天津市有 2 家被取消。国家备案众创空间名单的变动，映射出行业正经历洗牌、对众创空间提出更高要求的大背景。在 2020 年拟备案的 498 家国家众创空间中，天津市有 12 家。

如前所述，2019 年，天津市新推荐申报国家级孵化器和众创空间 15 家，新认定备案市级孵化器和众创空间超过 30 家。天津市众创空间聚集创新创业团队 6 600 多个，孵化器在孵企业超 4 400 家。全市开展孵化器和众创空间绩效评估、火炬统

计、免税申报等工作，推荐 30 余家孵化器、众创空间申报免税政策，减免税超过 500 万元；举办专业培训、互学互看、研讨交流等创业孵化大讲堂系列活动近 20 场。

天津市众创空间（也包括孵化器）建设虽然取得了较好的成绩，但依然存在着较为明显的短板和不足。例如，收入来源中房租收入占据了过高比重，专业服务能力明显不足，专业运营团队欠缺，大多数运营团队负责人没有高新技术领域工作的学科背景或技术背景、产业经验；与先进省市和海外优秀的众创空间和孵化器相比，存在着较大差距；孵化器生态体系建设仍需培育，与所在区和天津市属创新要素资源的联系不够紧密，存在孤立、分散、割裂现象，不能有效吸纳市内科教资源与众创空间共生发展、融通发展。

2）发展导向：实现众创空间由量向质转型发展

逐步构建起有梯度、有层次、优胜劣汰的众创空间培育体系，推动相关众创空间发展壮大，以运营模式、服务业绩和孵化成效引领示范全市众创空间发展。积极利用众包、众筹、众扶等多种形式，重点强化众创空间的服务功能，通过市场化机制、专业化服务、资本化途径、网络化支撑、集成化应用和国际化链接，不断提高服务质量和水平，构建可持续的商业化发展模式。推动龙头企业、高等院校、科研院所、中小微企业、创客等多方协同，建设产学研用紧密结合的众创空间，吸引更多科技人员投身科技型创新创业，促进人才、技术、资本等各类创新要素的高效配置和有效集成，实现产业链、创新链、资金链、服务链的深度融合，不断提升服务创新创业的能力和水平。到 2025 年，形成国家级众创空间引领、市级众创空间支撑、综合性和专业化众创空间竞相发展的总体格局。

3）主要任务：推动众创空间内涵式发展

（1）多模式建设专精型众创空间。总结推广投资促进型、媒体平台型、创客型、专业服务型等各型众创空间的发展模式和经验，借鉴学习国内车库咖啡、创新工场、36 氪等典型众创孵化模式，围绕主导产业发展需求，重点在智能科技和信创产业、生物医药、新能源、新材料等细分领域建设专业众创空间。

（2）支持有条件的企业建设众创空间。发挥平台型企业、龙头骨干企业资源链接作用，推动企业内部资源平台化，积极培育内部创客文化，激发员工创造力。鼓励大中型企业通过投资员工创业等形式，开拓新的业务领域，开发创新产品，提升市场适应能力和创新能力。推动创业主体协同聚集，优化技术、装备、资本、市场等创新资源配置，实现与中小微企业、高等院校、科研院所和各类创客群体的有机结合，有效发挥引领带动作用，形成以龙头骨干企业为核心、高等院校和科研院所积极参与、辐射带动中小微企业成长发展的产业创新生态群落，建成一批企业双创示范基地。

（3）支持新型研发机构（含产业技术研究院）、科研院所、高等院校围绕优势专业领域建设众创空间，支持大学科技园建设综合化和专业化众创空间。发挥科研设施、专业团队、技术积累等优势，充分利用大学科技园、工程（技术）研究中心、重点实验室、工程实验室、企业技术中心等创新载体，建设以科技人员为核心、以成果转移转化为主要内容的众创空间，通过聚集高端创新资源，增加源头技术创新有效供给，为科技型创新创业提供专业化服务，建成一批面向天津主导产业、结合科教优势的特色双创示范基地。

（4）提升众创空间服务能力。引导和推动创业孵化机构积极与高等院校、科研院所的技术成果转移相结合，完善技术支撑服务。加快发展企业管理、财务咨询、市场营销、人力资源、法律顾问、知识产权、检验检测、现代物流等第三方专业化服务，不断丰富和完善创新创业服务。继续通过创业券、创新券等方式对创业者和创新企业提供社会培训、管理咨询、检验检测、软件开发、研发设计等服务，建立和规范相关管理制度和运行机制，建立健全“众创空间—孵化器—加速器—园区”一体化科技创业孵化链条服务模式，逐步形成可复制、可推广的成熟经验。

4）加大政策支持引导

（1）实行奖励和补助政策。有条件的行政区可以运用无偿资助、业务奖励等方式，对众创空间的办公用房、用水、用能、网络等软硬件设施以及项目路演、股权融资、知识产权质押等给予补助。对新建或改扩建新增孵化面积以及运营成效优良的众创空间，在进行绩效评估后给予新增孵化面积补助和运营评价后补助。支持各类科技基础条件平台为符合条件的众创空间提供服务。符合条件的众创空间可以申报国家、市科技计划项目。发挥财政资金的杠杆作用，采用市场机制引导社会资金和金融资本进入技术创新领域，支持包括中国创新创业大赛优胜项目在内的创新创业项目和团队，推动众创空间发展。

（2）落实促进创新的税收政策。众创空间的研发仪器设备符合现行税法规定条件的，可享受加速折旧政策；进口科研仪器设备符合规定条件的，适用进口税收优惠政策。众创空间发生的研发费用，如企业和高校院所委托众创空间开展研发活动，小微企业受委托或自身开展研发活动发生的研发费用以及军工技术向民用转移中的二次开发费用，符合现行税法规定条件的，可享受研发费用税前加计扣除政策。大力推动众创空间等新型孵化机构纳入国家级科技企业孵化器管理服务体系，享受科技企业孵化器税收政策。

（3）引导金融资本支持。引导和鼓励各类天使投资、创业投资等与众创空间相结合，完善投融资模式。鼓励天使投资群体、创业投资基金入驻众创空间和双创基地开展业务。鼓励行政区、国家高新区、功能区设立天使投资基金，支持众创空间发展。支持符合条件的银行业金融机构，探索为众创空间内企业创新活动提供股权和债权相结合的融资服务，与创业投资、股权投资机构试点投贷联动。支持众创空间内科技创业企业通过资本市场进行融资。对众创空间内创业投资失败项目和对首贷出现坏账项目所产生的风险损失，探索建立按一定比例的补偿机制。

（4）支持科技人员到众创空间创新创业。高等院校、科研院所要按照《中华人民共和国促进科技成果转化法》《天津市促进科技成果转化条例》等规定，落实科技成果使用权、处置权和收益权政策。对本单位科研人员（包括大学科技园所属）带项目和成果到众创空间创新创业的，经原单位同意，可在 3 年内保留人事关系，与原单位其他在岗人员同等享有参加职称评聘、岗位等级晋升和社会保障等方面的权利。对高等院校、科研院所的创业项目知识产权申请、转化和运用，按照有关政策给予支持。

进一步改革科研项目和资金管理使用制度，激发广大科研人员的创造性和转化成果的积极性。

（5）加强众创空间用房和创新创业人才住房支持。各地制定的科技企业孵化器用地政策要覆盖到众创空间，充分利用“三旧改造”，淘汰落后产能，处置“僵尸企业”等形成的闲置厂房、空余仓库以及生产设施，改造建设众创空间。各区政府可根据实际情况采取贴息、补助等相关政策，引导社会资本或产业投资基金支持房地产企业将商品房改造为创新创业用房，将库存的工业、商业地产改造为众创空间。尽快出台多样化的创新创业人才住房支持政策，鼓励众创空间的运营机构购买或租用合适的商品房将其作为创新创业人才周转宿舍。

（6）支持企业参与建设众创空间。大力推动企业参与建设众创空间，采取贷款贴息等多种方式为企业建设众创空间提供扶持。企业建设众创空间产生的研发费用符合现行税法规定条件的，可享受研发费用加计扣除政策。国有企业对众创空间投入较大且符合有关规定的，可以适用有关科技创新考核政策。鼓励企业通过集众智、汇众力等方式开展开放式创新，吸纳科技人员创业，创造就业岗位，实现转型发展。

1.5.3 健全功能，切实提升孵化转化能力

前文已经对孵化器和众创空间的情况做了说明，这里主要谈一谈推进科技孵化器发展的思路和主要任务。

1）推动科技企业孵化器升级发展

深入实施创新驱动发展战略，引导天津市科技企业孵化器向专业化、市场化、国际化方向发展，持续优化创新创业生态，推动企业技术创新和科技成果转化，支撑全国领先的创新型城市和具有国际影响力的产业创新中心建设，服务经济社会高质量发展。聚焦高精尖产业垂直、细分领域，配备专业服务团队，主要为早期“硬科技”初创企业及创业团队提供培训、辅导、路演、投资以及技术、人才、供应链、市场渠道等各类资源对接服务的创业孵化服务机构。

2)优化孵化器建设的区域布局

鼓励具备条件的行政区、功能区按照区域功能定位和主导产业发展方向,加强人工智能、医药健康等细分产业领域内的专业孵化器布局。支持在高校院所内部及周边建设一批专业孵化器。支持市内孵化器加强与京冀和先进省市孵化器的业务合作,加强供应链等资源对接,不断拓展孵化服务链条。支持孵化器拓展海外业务渠道,开展项目"离岸"孵化,广泛吸引全球优质创业项目、技术成果和创业人才来津发展。

3)提高孵化器发展的专业化水平

重点面向天津市重点发展的智能科技和信创、生物医药、新能源、新材料及科技服务业等高精尖产业领域,加大为在孵企业提供专业平台服务、供应链服务、资源对接服务力度。

(1)提高公共服务能力。通过自建、共建、合作等方式,建设专业技术领域内开放式的公共服务平台,为在孵企业提供研发、设计、检验、测试等服务。建设创业导师营,为在孵企业提供技术、财务、市场、经营、管理、知识产权、商务等方面的培训和指导,为孵化器组织导师服务年均 50 人次以上。

(2)提高供应链服务能力。发挥供应链整合优势,为在孵企业提供原料采购、原型打样、批量试制、集成开发、仓储物流等服务。

(3)提高资源对接服务能力。广泛链接创新资源,为在孵企业提供产品设计、品牌策划、市场营销以及创业培训、融资对接、知识产权、技术转移、财务、法律、商务等服务。

(4)提高运营管理能力。逐步引入专业化、职业化的运营团队,聘请具有相关产业领域从业背景以及投融资、生产、销售、供应链管理等方面工作经验的团队负责人,逐步打造专业化运营管理团队,增强孵化器运营绩效。鼓励孵化器加强人才队伍建设,不断提升运营团队的专业化水平。广泛吸引具有国际视野、相关行业背景和创业经历的专业人才加入创业孵化行业,为初创企业及创业团队传授创业经验、提供创业指导、对接创业资源。

4)加强对孵化器发展的政策引导

加强对孵化器专业化发展的政策引导。组织专家定期对孵化器进行认定评审,对评定为天津市科技企业孵化器的,按照国家有关规定享受相应税收优惠。

5)加强对孵化器的动态管理

每年组织第三方机构对经认定的孵化器进行评估,综合评估孵化器运营管理、机制创新、孵化服务等方面的情况。经评估孵化模式、服务成效均较为突出,具有较强示范引领效应的孵化器可评定为年度标杆孵化器。

6)支持设立孵化接力基金

专注投资孵化器自有基金退出投资的优质项目,引导社会资本更多关注早期项目投资。

1.5.4 提质增效,实现产研院升级发展

1)现状与问题

如现状部分所述,目前天津市共完成新认定 8 家产研院,产业技术研究院总量达到 15 家。天津市新型研发机构依托单位主要是清华大学、北京大学、浙江大学、南开大学、天津大学、武汉大学、中国科学院等国家一流的高校和院所,实现了引入千名高端人才,推动引进各类创新平台 20 项,共建研发机构 30 个,新增自主知识产权 553 项,开发新技术 383 项,实现"四技"收入超 2 亿元,已衍生、孵化科技企业 300 家。部分机构的产品达到了国际国内一流水平,如军民融合研究院的麒麟芯片和飞腾 CPU,中科智能识别研究院研发的我国第一台远距离虹膜人脸识别系统等。拥有高水平人才 170 多人,许多都是国内外知名专家,研发成果丰硕。通过产研院内部创业和裂变发展,支持衍生孵化一批具有增长潜力的科技型企业,初步呈现"能够下金蛋的金凤凰"职能。

根据韩秀栋、李竞强、康苏媛(2020)的分析,当前天津市产业技术研究院主要面临三个方面的问题。

(1)机构整体实力薄弱,没有能够与深圳先进院、华大基因等媲美的龙头机构。

与广东、江苏等地相比，在机构规模、研发硬件、专利拥有量、成果转化收入等方面，存在明显差距。如广东每家机构从事研发的人员超过 140 人，而天津市仅为 40 余人。广东省 180 家机构共有发明专利 7 000 项，户均 38 项，选取调研的 18 家天津市机构共有 137 项，户均仅有 7.6 项发明专利。

（2）新型研发机构发展不均衡。如高端人才和研发投入主要集中在部分机构，占到了全部投入的 70% 以上，专利主要集中在天大工研院、南大津南院等机构，孵化衍生企业规模普遍较小，较大的主要集中在浙大滨海研究院、军民融合研究院等机构。

（3）自造血能力有待提高。天津市新型研发机构的研发投入比例整体较高，但整体创收能力不足，主要资金来源为各类项目支持。重点调研的 18 家新型研发机构，国家级项目资金支持占比 3.0%，省部级项目支持占比 8.89%，其他财政资金占比 88.1%。2018 年，认定通过的 7 家产研院，其中清华高端院、浙大滨海院等通过签订技术合同，自行实施或与他人联合转化科技成果以及在衍生企业占有股权等方式获得资金，有持续稳定的研发投入和造血能力。

2）总体思路和目标

紧紧围绕产研院关键共性技术研发、集成应用、成果转化、企业孵化“四位一体”的功能定位，面向全市主导产业发展，组织开展产业技术研究、集成攻关和推广应用，创新体制机制，着力先行先试，建成需求牵引、多元共建、体系开放、水平一流的新型研发组织。进一步推动现有存量机构的发展改革，构建形成政府引导、市场运作的内生造血机制，通过政府引导，建立多元化投入、企业化管理、市场化运作、开放式发展的运行机制，坚持技术创新的市场导向，实现研究开发与产业化同步发展的有机融合。对符合全市建设发展需求的新兴组织，按照统筹兼顾、分步实施的原则，兼顾天津市产业发展需要与未来前沿技术发展趋势，加强顶层设计、统筹部署、试点先行、协调发展，坚决按照市场化、专业化、团队化的组织建设原则，采取“成熟一个启动一个”的模式，分步实施，稳步推进。

到 2025 年，产研院全面完成基础设施、管理团队、运营机制建设工作，形成涵盖技术研发、成果转化、集成应用在内的全方位产业创新服务体系，认定形成 20 家左右的市级产业技术研究院，重点在机构运营管理、发展作用上下功夫，从数量规模化发展向质量效益型发展，形成一批具有较强实力和竞争力的后备产研院队伍，协同引进高层次创新创业人才 1 000 人，突出围绕“卡脖子”的关键技术、进口替代开展研发攻关，转化重大科技成果 100 项，孵化科技型企业 1 000 家，新增合同科研经费 100 亿元，直接和间接带动社会经济效益达到 1 000 亿元以上，打造在全国有影响、对天津有贡献的新型研发机构。

3）重点任务

（1）围绕重点产业建设综合性专业化产研院。发挥产研院创新源头作用，通过引进、共建、改建、调整建设等方式，围绕聚焦人工智能、生物医药、新能源新材料等重点产业领域，推进具有国内外重大影响力的综合性和专业化产研院建设，开展关键共性技术和前瞻性技术研究，突破一批制约产业发展的“卡脖子”技术瓶颈，取得一批具有自主知识产权的创新成果，开发一批拥有市场竞争力的高新技术产品，引领产业发展。

（2）健全创新创业孵化功能。加强与中国科学院等国家级大院大所和市属高校合作，围绕细分新兴领域，为初创型企业提供“研发+试制+产业+资本”的全要素孵化服务。争取与腾讯、360 等平台型企业合作建设产研院孵化基地，基于“孵化+投资”模式重点服务科研人员创新创业，吸引国内外先进技术和产业成果在基地转移转化，培育一批科技型衍生企业。

（3）引进培育创新人才队伍。通过合同聘任、柔性引进、技术入股等多种方式，吸引高层次创新创业人才团队来天津发展，重点引进清华大学创新人才携科技成果和创新创业项目在产研院孵化，吸引海归系、北漂系、众创系、高校系人才、机构、企业，入驻产研院或加强与产研院的合作。

（4）优化完善“合同科研+项目经理”机制。坚持课题来自市场需求，成果交由市场检验，绩效通过市场评估。实行合同科研项目经理负责和绩效奖励机制，赋予项目经理资源整合、技术决策、经费管理等充分自主权，产研院负责对项目进行实时监督、验收和绩效评估，根据合同科研绩效完成情况给予奖励支持。

4）加强政策引导

借鉴学习江苏省和南京市推动产业技术研究院建设经验，面向高校重点实验室或工程中心等知名教授团队，鼓励并支持创办产业技术研究院有限公司，并采用市场化机制，推动产研院企业化发展，要求产研院创业团队出资注册为企业法人，实际缴纳注册资本，形成独立核算、自主经营、担负经营风险的自我约束和激励机制。允许产研院通过技术转让、专利许可、技术服务、技术入股分红等方式获得收益。产研院及专业研究所转化职务科技成果并以股份或出资比例奖励个人，获奖人可暂不缴纳个人所得税，取得分红或股权转让取得收入时再按规定缴税。按以上原则，依规形成具体操作办法，经审批后试行。

（1）加强金融支撑。推动产研院与市内外天使投资基金合作，重点支持产研院科技成果项目孵化和衍生科技企业培育。探索利用产研院有形或无形资产进行资产化运作，通过技术转让、技术入股等多种形式，吸引各类投资基金和社会资本，共同孵化科技型企业，育成新兴产业。对于银行业金融机构为市产研院衍生企业提供科技贷款所产生的本金损失，市科技成果转化风险补偿专项资金将在原有基础上增加10%、总额不超过 200 万元的补偿。

（2）优化政务服务。针对产研院需求提供“个性化”工商税务服务，简化流程手续，对专业研究所实行“五证合一”登记、“一照一号”管理。确保各项税收优惠政策落实到位，产研院及专业院所可享受科教用品进口税收优惠政策。支持产研院参与国际科技交流合作，对产研院科研人员因公出国进行分类管理，优先安排。

（3）加强绩效考评。对已建、在建、新建产研院及相近载体，在企业化运作基础上，加强阶段性绩效评估，根据评估结果进行政策支持和后续投入。

1.5.5 高位发展，深化技术创新中心建设

1）现状与问题

2017 年 11 月，科技部制定了《国家技术创新中心建设工作指引》。文件明确，“十三五”期间，我国将布局建设 20 家左右的国家技术创新中心，中心将重点聚焦有望形成颠覆性创新，引领产业技术变革方向，影响产业未来发展态势，抢占未来产业制高点的领域。2020 年 3 月，科技部发布《关于推进国家技术创新中心建设的总体方案（暂行）》，方案提出，到 2025 年，布局建设若干国家技术创新中心，突破制约中国产业安全的关键技术瓶颈。不再强调数量，体现了当前国家创新体系建设中注重质量和能力建设的重要转变。国家技术创新中心分为综合类、领域类布局建设：综合类国家技术创新中心，围绕落实国家重大区域发展战略和推动重点区域创新发展，聚焦京津冀协同发展、长三角一体化发展、粤港澳大湾区建设等区域发展战略，把国家战略部署与区域产业企业创新需求有机结合起来，开展跨区域、跨领域、跨学科协同创新与开放合作；领域类国家技术创新中心，面向国家长远发展、影响产业安全、参与全球竞争的细分关键技术领域，落实国家科技创新重大战略任务部署，加强关键核心技术攻关，为行业内企业特别是科技型中小企业提供技术创新与成果转化服务，提升中国重点产业领域创新能力与核心竞争力。截至 2020 年 6 月，科技部批复建设的国家技术创新中心包括国家高速列车技术创新中心、国家新能源汽车技术创新中心和国家合成生物技术创新中心。

2018 年 8 月，天津市科委研究制定了《天津市技术创新中心建设实施方案》，提出技术创新中心以天津市产业前沿引领技术和关键共性技术研发与应用为核心，加强应用基础研究，协同推进现代工程技术和颠覆性技术创新，打造创新资源集聚、组织运行开放、治理结构多元的综合性产业技术创新平台。按功能分为综合性和专业性技术创新中心。

2019 年，天津市启动了首批综合性技术创新中心建设，包括 4 家单位：中国科学院天津工业生物技术研究所牵头的天津市合成生物技术创新中心、中电力神集团有

限公司牵头的天津市锂离子电池技术创新中心、天津凯莱英医药科技有限公司牵头的天津市新药临床研究技术创新中心、天地伟业技术有限公司牵头的天津市智能技术创新中心。同年，中国科学院天津工业生物所获批建设国家合成生物技术创新中心，成为截至目前天津市首家国家技术创新中心。

2020 年 6 月，天津市启动了第 2 批技术创新中心申报工作。申报主体要重点围绕人工智能、合成生物学等前沿技术领域和智能制造、生物医药、新能源新材料等战略性新兴产业领域布局进行申报。同时鼓励技术创新能力领先、产业辐射能力突出、运行业绩优秀的国家级和市级工程技术中心整合组建综合性技术创新中心。

从国家层面来看，根据李爽、童辉、陈静然等人（2020）的分析，当前国家技术创新中心面临着建设数量不及预期、已建机构进展缓慢、关键技术突破少且供给乏力、缺乏重大科技成果支撑的局面。

从天津市来看，在全国层面引领性的龙头企业或机构并不多，尤其是在产业领域占据领先地位的不多，如何整合市内外资源，培育壮大具有跨区域、跨领域、跨学科协同创新能力的骨干技术创新机构，或者能够形成对全市主导产业发展具有长远影响力、参与全国和全球竞争的细分关键技术领域的产业领军机构，仍然需要在顶层设计、资源整合、人才汇聚、资金投入、机制创新方面痛下功夫。

2）发展目标

结合《关于推进国家技术创新中心建设的总体方案（暂行）》的有关要求，结合天津市产业需求和创新体系建设实际，在深化建设好国家合成生物技术创新中心的同时，继续推动 2019 年入选市级综合性技术创新中心优化发展、优化机制。同时，面向信创产业/智能科技、生物医药、能源材料、装备制造等重点领域，继续推进建设一批综合类和领域类技术创新中心，着力攻克转化一批“卡脖子”的产业技术，培育一批具有影响力的行业领军企业。到 2025 年，全市布局建设 5 家综合性技术创新中心，面向重点产业领域布局建设 30 家专业性技术创新中心。

3)组建模式

拟申报国家技术创新中心的单位一般应为天津市技术创新中心批准组建单位。根据实际,可采取多种组建模式:

(1)在龙头企业优势地位突出、行业集中度高的领域,主要由龙头企业牵头建设,产业链有关企业、高等学校、科研院所等参与。

(2)在多家企业均衡竞争、行业集中度较低的领域,可以由多家行业骨干企业联合相关高等学校、科研院所,通过组建平台型公司或产业技术创新战略联盟等方式,共同投资建设。

(3)在主要由技术研发牵引推动、市场还未培育成熟的领域,可以由具有技术优势的高等学校、科研院所牵头,有关企业作为重要的主体参与建设。

具体方案按照《天津市技术创新中心建设实施方案》和国家最新政策动态予以推进落实。在建设和培育过程中,坚持高标准、高质量要求,"成熟一个,建设一个";对领域类技术创新中心主要通过对现有天津市工程技术中心评估考核,以撤并转方式建立。逐步积累经验,循序渐进新建一批领域类技术创新中心。

4)政策支持

响应国家技术创新中心建设要求,结合天津实际情况,建立天津市技术创新中心培育库,对入库单位实行动态管理,总数量控制在50家左右。研究制定技术创新中心绩效评价指标体系,对入库单位进行绩效考核,结果分为"优秀""合格""不合格"3个等次。结果为"优秀"的,在政策、资金、项目等方面给予支持;"合格"的继续进行培育和引导,给予适当的扶持;经评价和评审达到市级技术创新中心标准的,支持其建设天津市技术创新中心;结果为"不合格"的,移出培育库。

支持技术创新中心提升研发创新能力,鼓励综合性技术创新中心搭建检测实验室、购买研发仪器设备、开展关键共性技术研发。对综合性技术创新中心的研发创新能力建设项目给予不高于项目总投资30%的财政补助资金,每年不超过500万元,连续支持3年。专业性技术创新中心以3年为一个周期进行考核评估,评估为优秀的一次性给予 30 万元市财政资金奖励。

加强技术创新中心政策落实，围绕创新创业、创新资源聚集、创新人才引进等方面加大统筹协同力度，对于天津市出台的各类创新政策，优先安排在技术创新中心先行先试，优化技术创新中心发展政策环境。

1.6　面向 2035、2025 年科技创新体系建设的保障措施

1.6.1　加强系统谋划

坚持治理引路，将创新体系的治理和现代化作为科技创新工作的中心任务，强化面向天津定位的科技创新体系的顶层设计，优化全市科技创新载体、平台、机构、新型研发组织的布局。将科技创新摆在发展全局的核心位置，成为全市各个部门的主要工作、主要成绩，推动全市协同、部门协同、政府与高校协同、高校与产业协同。结合国家战略需求和天津发展需求，结合天津的学科优势和产业特点，明确在基础研究、应用研究、技术研发、成果转化和产业发展等各相关阶段及不同领域的建设目标和任务。要突破线性思维模式，加强具体创新平台和载体的建设模式研究，把握科技创新体系尤其是新型研发组织建设的典型经验和规律性，促进科技研发与产业发展的融合。

1.6.2　加强引育资源

要面向国家和全市需求，集聚创新机构资源、科技成果资源和创新人才资源。在集聚创新机构资源方面，要结合天津市产业发展，采取育引结合的方式，深化拓展部市、院市、央地，引进和培育一批背靠知名高校、国家级大院大所、面向经济主战场的科研院所和新型研发机构，力争在若干领域形成具有建设国家实验室潜力的后备梯队。做强学科长板，弥补基础性短板，形成对产业发展的支撑。在集聚科技成果资源方面，要围绕战略性新兴产业发展和优势传统产业转型升级需求，瞄准人工智能技术和智能制造、生物医药、新能源新材料等重点发展领域，充分利用滨海新区各功能区

的资源空间优势和已出台的一系列政策优势，加大宣传力度，面向全国高校、科研院所、央企、民企，加大招商引智力度，采取基金引导、空间帮扶（一定时间免租金）等方式吸引一批具有创新性的成果来津转化。在集聚科技创新人才资源方面，要通过进一步优化《海河英才行动计划》，提高引进人才针对性，按照基础学科、前沿学科、应用技术领域，瞄准生命科学、新一代信息技术等领域，面向国内外引进一批顶尖人才尤其是一流的创业人才。

1.6.3 加强科教投入

1）明确财政科技投入和财政教育支出的稳定增长机制

越是发展的困难时期，越要坚定依靠科技创新实现高质量发展的信心。市区两级政府要把科教投入作为公共财政支出的重点，在年初预算安排中予以重点保障。市级财政科技支出和教育支出要切实落到实处，并保证高于其他支出的增长速度和占财政支出较高的比例，保障基础研究和教育发展的投入额度和支出比例。

2）争取与国家部委成立联合基金

加强与国家自然科学基金委、中国科学院、中国工程院等的部市、院地共建工作，结合天津学科、产业特色，瞄准国际领跑、并跑和"卡脖子"环节，双方共同出资，共建"联合研究基金"，为国家战略需求和经济社会发展做出天津贡献。

3）继续优化科研基金体系

探索对天南大等部属高校和市属高校及高水平科研院所的"打包"支持模式，在市级科技计划和教育经费中设立高校院所联合基金，有关单位在核定额度内由单位内部自行组织项目申报、评审或采取后补助方式。鼓励高校院所自主设立普惠式科研基金，根据学科特点自主确定资助方式和额度，资助青年科技人才潜心研究。

4）引导企业加大科技创新平台建设的投入

鼓励不同规模、不同性质的企业，多层次加强与学研的结合，发挥高校院所在人才资源、科技条件资源、科技成果资源方面的优势，组建一批企业实验室、共建"联合实验室"，提升企业主体的创新能力。

1.6.4　加强统计监测

各区、各有关部门要高度重视创新体系建设。市科技局要加强对区域创新建设的宏观指导和工作协调，建立健全对大学科技园、众创空间、孵化器、产业技术研究院、技术创新中心等载体和机构发展情况的监测、统计和评价分析，实时掌握全市创新型载体和机构发展动态。根据市场具体需求，聚焦重点领域和关键环节，采取有针对性的政策措施，增强创新体系功能，发挥典型示范带动效应。

第 2 章　天津市创业活跃度的演变与提升对策

本章内容源于 2023 年 5 月—2023 年 12 月期间笔者承担的天津市统计科学研究项目重点项目《天津市创业活跃度的演变特征与提升对策研究》(项目编号: TJ2023KY01)。

市场主体尤其企业主体,是“经济增长的国王”。新创办的市场主体数量是反映一个地区或城市经济活力和创新能力的重要指标。从历史上看,天津市市场主体的数量并不少,创业活跃度并不高。但近年尤其是 2016 年以来,市场主体的表现与经济发展不尽如人意,传统产业发展后劲不足、新兴产业涌现不够、领军企业不多。主体数量与能力成为天津发展的“阿喀琉斯之踵”,未来需要持续在市场主体的“生”(创业数量)与“养”(创业质量、效益)上下功夫,下大功夫。

2.1　形势与背景

党的十八大以来,党中央、国务院高度重视大众创业、万众创新工作。习近平总书记指出,推进大众创业、万众创新,是培育和催生经济社会发展新动力的必然选择,是扩大就业、实现富民之道的根本举措,也是激发全社会创新潜能和创业活力的有效途径。国家和城市的繁荣离不开创业活动的繁荣,创业活动产生的市场主体规模很大程度上决定了经济发展的水平。

国家统计局于 2023 年 2 月底发布了《中华人民共和国 2022 年国民经济和社会发展统计公报》。公报指出, 2022 年全国新登记市场主体 2 908 万户,日均新登记企业 2.4 万户,年末市场主体总数近 1.7 亿户。全国国内生产总值达到 121.02 万亿元。

而《2022 年天津市国民经济和社会发展统计公报》表明，全年天津市新登记市场主体 26.71 万户，占全国的比重为 0.92%；日均新登记市场主体 732 户，仅为全国日均登记量的 3%；年末实有市场主体 164.81 万户，占全国的比重为 0.97%。全市地区生产总值 16 311.34 亿元，占全国的比重为 1.34%。相较于 2012 年，可以观察到这是一个巨大的变化。时任国家市场监管总局局长张工接受媒体采访时披露，2012 年全国市场主体总量为 5 500 万户。2022 年在此基础上增加了 2.07 倍。2012 年全国 GDP 总量 53.86 万亿元，2022 年增加了 1.25 倍。《2012 年天津市市场主体发展报告》显示，2012 年年末全市各类市场主体总量达到 48.39 万户，占当年全国的比重为 0.88%，2022 年增加了 2.41 倍。当年天津市地区生产总值突破 9 000 亿元，达到 9 043 亿元，2022 年增加了 80%，占全国的比重为 1.68%。2012—2022 年天津市地区生产总值变动如图 2-1 所示。

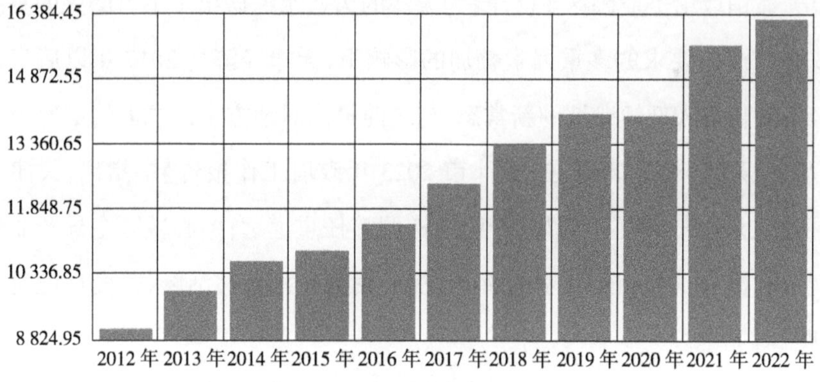

图 2-1　2012—2022 年天津市地区生产总值变动

图表来源：国家统计局官网。

市场主体的纵向发展历程及与全国数据的对比表明，过去 10 年天津的市场主体总量增加速度较快，但占全国的比重提高并不多，且市场主体的经济贡献下滑了 0.34 个百分点。这与天津市场主体的内部结构有关：企业主体数量所占的比重不高，个体工商户数量的比重较高，造成市场主体的平均质量和总体效益下滑。例如，2021 年北京市场主体达到 223.65 万家，其中企业 180.6 万家；上海市场主体 319.54 万家，其中企业 267.72 万家；重庆市场主体 320.37 万家，其中企业超过 100 万家；天津市场主体 151.23 万家，其中企业只有 37.65 万家（唐家龙 等，2023）。企业主体中高质量的主体不多，是天津近年来发展面临的突出问题。比如上市企业和行业龙头企业缺乏，缺乏类似深圳华为、腾讯和青岛海尔这样具有引领作用的领军型企业，国家级高新技术企业数量也不够多，质量仍然有待提升。高质量企业主体不多的另一个原因在于，创业企业的数量不多、存活率不高，长寿企业不多，创新发展的基数和底盘弱势较为明显。课题组前期研究显示，天津市 2000 年及以前开办且存活的企业数量仅为 1.2 万家，截至 2018 年存续期为近 5 年内创办的企业数量达到 178 398 家，占企业法人总量的 65.47%。

《天津市 2021 年政府工作报告》指出，过去一段时间，天津强力推进污染防治攻坚战，整治"散乱污"企业 2.2 万家，有效破解"钢铁围城""园区围城"，3 家钢铁企业有序退出，撤销取缔工业园区 132 个，为天津的天蓝水绿做出了不可磨灭的贡献。在环保、安全等严格要求的多重因素叠加的影响下，天津经济自 2017 年以后步入了慢车道，经济增长进入低轨爬坡的新常态，与之前最高时地方生产总值的增速 16%的历史水平相差极大。张工市长在《天津市 2023 年政府工作报告》中指出，天津存在着"创新驱动发展的成效还不明显；产业结构调整任重道远；中心城区主导产业聚集效应还不突出；港口战略资源优势发挥不充分；民营经济不够活跃；营商环境对标一流仍有差距"等问题。

这些因素最终都直接与市场主体规模问题相关联，直接或间接地与城市的创业活跃度紧密相关。2023 年 5 月 18 日，天津市隆重召开天开高教科创园开园暨发展大会，并紧接着出台了《关于支持天开高教科创园高质量发展的若干政策措施》等一系列扶持政策，拉开了天津创业引领高质量发展的时代序曲。企业家是经济增长的国王，创业活动是孕育国王的行为。在创业受到高度重视的今天，尤其是天津市委、市政府领导高度重视创业的今天，加强对天津市创业活跃度的历史分析、现状分析和特征描述，探究其中的各种表象及其潜在的诱因，同时扫描先进城市的创业发展特征,对于天津更好谋划创业、推进创业具有重要的现实意义。

2.2　创业活跃度的概念与数据来源说明

2.2.1　创业活跃度的概念与测量

熊彼特关于企业家精神的原创性文献引发了数量众多的创业研究。1998 年,全球创业观察(GEM)项目的启动为比较不同国家和地区的创业水平提供了一个较好的工具,并为国别创业活跃度的差异研究提供了微观和宏观层面的解释框架(Reynolds et al., 2005)。GEM 研究区分了生存型创业和机会型创业,引入了初期创业者数量和比例等对不同国家和地区创业活动影响程度的测量工具,对于后续文献的研究分野产生了较大影响。中国企业创新创业调查课题组搜集了 2018 年、2020 年、2021 年三期具有一定代表性的中小微企业调查数据库,对企业存续状态、创业者个体特征等进行了描述性分析(中国企业创新创业调查课题组, 2022)。

目前,文献中主要使用两种指标来衡量创业活跃度:一是绝对量指标,使用年度注册或者成立的企业数来衡量创业活跃度,如田毕飞和陈紫若(2016),王佳、刘美玲和谢子远(2021)则将全球创业观察中的相对量指标还原为绝对量指标进行分析;二是相对量指标,用劳动力市场就业人口作为标准化基数的劳动力市场法和使用城市当年企业数量作为标准化基数的生态法测度。由于使用生态法时城市企业规模异质性会带来偏误,研究中更多采用以人口数为基准的劳动力市场法,如杜运周、刘秋辰和程建青(2020),叶文平、李新春和陈强远(2018)。本研究以绝对量指标城市新创业企业、新创办的个体工商户作为创业活跃度的代理指标,分别表征机会型创业、生存型创业。

从国家统计局、国家市场监督管理总局印发《关于市场主体统计分类的划分规定》的通知来看,市场主体包括内资企业、港澳台投资企业、外商投资企业、农民专业合作社、个体工商户和其他市场主体。如果以参与市场活动的主体来分析创业活跃度，政府机关、事业单位、司法行政组织（如律所等）、社会团体、农业合作组织等，乃至外交机构、国际组织也是不可或缺的分析对象。例如，首都北京汇聚了众多的国家机关、外交机构、国际组织、社会团体，为北京提供了众多的活动主体，显然也为北京经济发展提供了产品和服务供给、市场需求的双向源泉。

其中，企业和个体工商户是数量规模最大的两类市场主体，属于基于 GEM 框架的机会型创业和生存型创业的主要代表。本研究中将对生存型创业（领办个体工商户）和机会型创业（创办企业）构成的两类创业活动进行综合分析和分项分析，对创业活跃度进行刻画。

2.2.2 数据来源与说明

本研究中所用数据源于马克数据网采集自全国企业信用信息公示系统截至 2023 年 9 月 21 日公布的最新企业工商注册数据和相关数据。数据集涵盖了中国大陆历年工商注册的企业、个体工商户、政府机关、事业单位等各类市场主体。数据库针对每年省级行政单位中各个城市提供了企业名称（实际包括非企业类的主体）、英文名称、统一社会信用代码、企业类型、经营状态、成立日期、核准日期、法定代表人、注册资本、实缴资本、参保人数、公司规模、经营范围、注册地址、营业期限、来源、纳税人识别号、工商注册号、组织机构代码、联系电话、邮箱、纳税人资质、曾用名、所属省份、所属城市、所属区县、网站链接、所属行业、一级行业分类、二级行业分类、三级行业分类、登记机关、经纬度等变量。

但数据集中部分省市变量存在遗漏，而且部分主体多个前述变量存在缺失值。鉴于此，结合本研究关注的企业、个体工商户信息，课题组重点使用数据库中的企业名称、统一社会信用代码、主体类型、经营状态、成立日期、核准日期、注册资本、所属区县、所属行业、经营范围等变量，提取其中重要信息生成主体的创办年份、存续状态、企业性质（指所有制性质）、所属区县、所属行业等信息。企业所有制性质系根据数据库中提供信息采用 STATA 软件的正则表达式提取有关汉字进行分类，得到的数据可能存在一定比例归类错误，但误差不高，不影响对整体分布的基本判断。为了保持数据的新颖性、全面性，课题组使用截至 2023 年 9 月 21 日的所有公示的市场主体的工商注册信息进行分析，阅读者一定要注意数据截止日期。

2.3　天津市创业活跃度的历史演变及其特征

2.3.1　天津市当前存续的市场主体分析

2.3.1.1　当前天津市存续的市场主体总体描述

截至 2023 年 9 月 21 日，天津市共有存续的市场主体 138.68 万家，其中企业主体 73.70 万家，个体工商户 62.89 万家，分别占到 53.1%和 45.3%；其余为司法行政、工会、机关事业群团单位、民政、村级集体经济组织等，占 1.6%，非本研究关注重点内容，不再赘述。

2.3.1.2　当前天津市存续市场主体的行政区域分布

从区域分布来看，16 个行政区中，滨海新区拥有的市场主体数量最大，达到了 19.51 万家，其次是武清区，达到了 14.14 万家，第三名是静海区，达到了 13.53 万家。第 4~6 名分别是西青区、南开区、东丽区，主体数量均超过了 9 万家，但不到 10 万家。第 7~11 名分别是津南区、北辰区、宝坻区、蓟州区、河西区，数量低于 9 万家，高于 7 万家，其中津南为 8.5 万家，其余均为 7 万余家。第 12~16 名分别为河东区、宁河区、河北区、和平区、红桥区，主体数量仅河东达到 6.18 万家，其余均在 6 万家以下，和平区和红桥区的主体数量不足 4 万家。16 个行政区平均的市场主体数量为 8.67 万家，仅滨海新区、武清区、静海区、西青区、南开区、东丽区等 6 个区超过了平均水平。详见表 2-1。

表 2-1　2023 年各行政区市场主体数量和比例分布

行政区	合计		企业		个体工商户	
	数量（家）	百分比（%）	数量（家）	百分比（%）	数量（家）	百分比（%）
滨海新区	195 111	14.1	123 581	16.8	69 484	11.0

续表

行政区	合计		企业		个体工商户	
	数量(家)	百分比(%)	数量(家)	百分比(%)	数量(家)	百分比(%)
和平区	38 723	2.8	21 413	2.9	16 500	2.6
河东区	61 818	4.5	32 609	4.4	28 588	4.5
河西区	72 644	5.2	41 131	5.6	30 666	4.9
南开区	96 459	7.0	51 587	7.0	43 928	7.0
河北区	53 966	3.9	26 320	3.6	27 204	4.3
红桥区	38 630	2.8	15 175	2.1	23 078	3.7
东丽区	90 257	6.5	48 881	6.6	40 785	6.5
西青区	97 329	7.0	48 410	6.6	47 895	7.6
津南区	85 325	6.2	47 192	6.4	37 395	5.9
北辰区	77 300	5.6	40 532	5.5	35 979	5.7
武清区	141 392	10.2	85 921	11.7	52 766	8.4
宝坻区	74 810	5.4	31 012	4.2	41 211	6.6
宁河区	54 017	3.9	17 152	2.3	35 079	5.6
静海区	135 279	9.8	86 321	11.7	46 363	7.4
蓟州区	73 764	5.3	19 738	2.7	51 994	8.3
N/A	2	0.0	2	0.0	0	0.0
合计	1 386 826	100	736 977	100.0	628 915	100
平均	86 677	6.25	46 061	6.25	39 307	6.25

数据来源:马克数据网,截至 2023 年 9 月 21 日。N/A 表示样本属性信息缺失。

从企业主体数量来看,滨海新区达到了 12.36 万家,占全市 16.8%。其次是静海区、武清区,分别达到 8.63 万家和 8.59 万家,占全市的比重均为 11.7%。第 4 名是南开区,企业数量达到 5.16 万家,占全市 7.0%。第 5、6 名为东丽区和西青区,分别达到 4.89 万家和 4.84 万家,占全市比重均为 6.6%。紧随其后的是津南区,达到 4.72 万家,占全市 6.4%。第 8、9 名为河西区和北辰区,企业数量超过了 4 万家,分别占全市 5.6% 和 5.5%。其余各区均在 4 万家以下,和平区刚刚突破 2 万家,蓟州区、宁河区则在 2 万家以下。红桥区数量最低,只有 1.52 万家,占全市 2.1%。16 个区平均的企业数量为 4.61 万家,仅滨海新区、静海区、武清区、南开区、东丽区、西青区等 6 个区超过了平均水平。

从个体工商户数量来看，滨海新区仍然位居全市第一，达到 6.95 万家，占全市 11.0%。武清、蓟州占全市比重均在 8%以上，分别达到 5.28 万家和 5.20 万家。西青、静海、南开均在 7%以上，分别达到 4.79 万家、4.64 万家、4.39 万家。河东、河北、红桥、和平的个体户数量较少，数量均不超过 3 万家，和平区最低，只有 1.65 万家。16 个区平均的个体工商户数量为 3.93 万家，仅滨海新区、武清区、蓟州区、静海区、西青区、南开区、宝坻区、东丽区等 8 个区超过了平均水平。

总体来看，滨海新区企业主体和个体工商户数量居全市之首，环城四区东丽、津南、西青、北辰和靠近北京的远郊区武清区以及静海区两类主体数量占全市比例均较高，市内六区除南开区、河西区外，其余几个区企业主体和个体工商户数量均低于全市平均水平。

2.3.1.3　当前天津市存续市场主体所属行业分布

一个地区的市场主体的行业分布体现了地区的产业结构和发展潜力。如果主体中新兴技术的应用越多、越快，意味着这个地区的产业越具有活力和增长潜力，能够引领未来产业发展方向的可能性也越大。这里，企业和个体工商户所属行业按照中华人民共和国国家标准《国民经济行业分类》（GB/T 4754—2017）对 97 个大类进行归类得到 20 个行业门类。表 2-2 是企业和个体工商户的行业分布情况，表中数据排序以企业主体数量降序排列。由于所属行业信息中有的市场主体没有公示相关行业信息，表 2-2 中的数据与表 2-1 存在较大的差异。数据显示，剔除行业门类信息缺失的样本后，存续的市场主体总量达到 130.85 万家，其中企业 70.65 万家，个体工商户 59.14 万家，相对于全样本数据，企业样本减少 3.05 万家，个体工商户样本减少 3.75 万家。

从市场主体总体角度来看，批发和零售业中存续的主体数量最多，达到了 29.06 万家，占到所有市场主体（指企业和个体工商户）的 22.2%。其次，制造业主体达到 21.59 万家，占总量的 16.5%。第 3 名是科学研究和技术服务业，达到了 12.79 万家，占 9.8%。第 4 名是租赁和商务服务业，有 11.75 万家主体，占比为 9.0%。紧随其后的是建筑业，数量达到 7.94 万家，占 6.1%，其后是住宿和餐饮业，数量达到 7.33 万家，占比为5.6%，再其次为信息传输、软件和信息技术服务业，数量达到7.01万家，占比达到5.4%。其余行业门类的占比均低于5%，且主体数量低于6万家。比重超过4%的行业还有农、林、牧、渔业，交通运输、仓储和邮政业以及居民服务、修理和其他服务业三大门类，主体数量略低于6万家。文化、体育和娱乐业的比重为3.7%，主体数量超过4.84万家。重要的行业如房地产、金融业的比重分别达到2.3%、1.0%。

表2-2 2023年各行政区市场主体数量和比例分布

行业门类	总计		企业		个体工商户	
	数量（家）	百分比（%）	数量（家）	百分比（%）	数量（家）	百分比（%）
批发和零售业	290 619	22.2	123 273	17.4	167 344	28.3
科学研究和技术服务业	127 882	9.8	119 947	17.0	7 925	1.3
制造业	215 869	16.5	109 365	15.5	106 482	18.0
租赁和商务服务业	117 548	9.0	78 714	11.1	38 834	6.6
建筑业	79 354	6.1	56 482	8.0	22 872	3.9
信息传输、软件和信息技术服务业	70 128	5.4	51 430	7.3	18 696	3.2
交通运输、仓储和邮政业	59 972	4.6	33 341	4.7	26 625	4.5
文化、体育和娱乐业	48 444	3.7	31 285	4.4	17 150	2.9
房地产业	29 879	2.3	25 715	3.6	4 164	0.7
卫生和社会工作	22 135	1.7	15 774	2.2	6 343	1.1
金融业	13 534	1.0	12 732	1.8	801	0.1
住宿和餐饮业	73 326	5.6	11 437	1.6	61 889	10.5
居民服务、修理和其他服务业	57 787	4.4	8 724	1.2	49 058	8.3
农、林、牧、渔业	59 607	4.6	7 533	1.1	41 692	7.0
教育	22 772	1.7	7 460	1.1	15 305	2.6
水利、环境和公共设施管理业	9 943	0.8	5 924	0.8	4 016	0.7
电力、热力、燃气及水生产和供应业	6 750	0.5	5 564	0.8	1 151	0.2
采矿业	2 908	0.2	1 822	0.3	1 086	0.2
合计	1 308 457	100.0	706 522	100.0	591 433	100.0

数据来源：马克数据网，截至2023年9月21日。由于部分企业、个体工商户的行业属性缺失，市场主体（企业、个体工商户）数量与表2-1不一致。

从企业主体角度来看，可以观察到，批发和零售业中企业数量达到了 12.33 万家，占全市 17.4%。科学研究和技术服务业排名上升到了第 2 位，达到了 11.99 万家，占比达到 17.0%。制造业企业 10.94 万家，占比 15.5%。这些行业的企业数量超过了 10 万家。

第二梯队包括租赁和商务服务业。占比达到了 11.1%，数量达到 7.87 万家；建筑业企业达到 5.65 万家，占比 8.0%；信息传输、软件和信息技术服务业（5.14 万家），占比 7.3%。这些行业中企业数量超过了 5 万家。

第三梯队为交通运输、仓储和邮政业（3.33 万家），文化、体育和娱乐业（3.13 万家），占比均超过了 4%，企业数量超过了 3 万家。

第四梯队为房地产业（2.57 万家），占比 3.6%。

第五梯队为卫生和社会工作（1.58 万家），占比 2.2%；金融业（1.27 万家），占比 1.8%；住宿和餐饮业（1.14 万家），占比 1.6%。这些行业企业数量超过了 1 万家。

第六梯队为居民服务、修理和其他服务业（0.87 万家），占比 1.2%；农、林、牧、渔业（0.75 万家），占比 1.1%；教育（0.75 万家），占比 1.1%。比例在 1%以上。

余下的行业中的企业数量均未超过 1%，数量在 6 000 家以下。

从个体工商户的行业分布来看，批发和零售业是绝对的主角，占全市比重高达 28.3%，数量达到 16.73 万家。其次是制造业，达到了 10.65 万家，占比达到了 18.0%。然后是住宿和餐饮业，达到 6.19 万家，占比 10.5%。再次是居民服务、修理和其他服务业，达到 4.91 万家，占比 8.3%，超越 4%的比例的还有农、林、牧、渔业达到 4.17 万家，占比 7.0%，租赁和商务服务业达到了 3.88 万家，占比 6.6%，交通运输、仓储和邮政业达到 2.66 万家，占比 4.5%。建筑业 2.29 万家，占比 3.9%，接近 4%。此外，信息传输、软件和信息技术服务业 1.87 万家，占比 3.2%。其余行业的个体工商户数量占比均在 3%以下。

2.3.1.4　天津市企业所有制性质分布

企业的所有制性质是中国特色社会主义市场经济的重要表征。通常，企业性质划分为全民所有制企业、集体所有制企业、联营企业、三资企业、私营企业及其他企业。但由于信息披露不充分,笔者难以对此进行准确的对应性划分。根据马克数据网提供的数据,将企业性质中含国有、集体所有制、外商、港澳台等信息的进行归类处理,余下企业归类为民营性质的企业主体。对于企业性质的分支机构,受数据集中信息限制未进行所有制性质归类处理。同时,一些企业可能同时具备多个所有制性质属性,但由于数据库中未提供股权比例信息,因此在归类上存在一定程度的武断性,对于企业数量较少的国有企业的统计可能不够具有代表性。

如表 2-3 所示,天津市已经形成以民营经济为主体的市场经济体系。在 73.70 万家企业主体中,有 69.60 万家民营企业,占比达到了 94.4%。不考虑分公司、分支机构等情况下,企业数量排第 2 名的是外商投资在津注册企业,目前已经不到 1 万家,只有 8 096 家,占比 1.1%;第 3 名是港澳台投资企业,有 3 724 家,占比 0.5%。集体所有制企业和国有控制企业分别为 2 612 家和 512 家,占比分别为 0.4%和 0.1%。

表 2-3 2023 年天津市企业主体的所有制性质分布

	数量(家)	百分比(%)
民营企业	696 043	94.4
国有及国有控股企业	512	0.1
集体所有制企业	2 612	0.4
外商投资企业	8 096	1.1
港澳台商投资企业	3 724	0.5
分公司	22 770	3.1
分支机构	3 151	0.4
其他企业	13	0.0
非法人	30	0.0
农民专业合作经济组织(企业性质)	4	0.0
个体工商户(披露信息归类错误)	3	0.0
合计	736 958	100.0

数据来源:马克数据网,截至 2023 年 9 月 21 日。由于归类问题,部分企业的所有制性质属性缺失,导致本表与表 2-1 底数存在差异。

根据 2022 年 2 月天津市财政局官网发布的《2018 年度天津市国有资产管理情况综合报告》，截至 2018 年年底，天津市国有企业共计 4 059 户。另外，根据部分区公布信息，近年来正大幅压缩国有企业数量和级次，这也可能导致全市国有企业数量出现进一步的缩减。例如，《东丽区人民政府关于 2019 年度全区国有资产管理情况的综合报告》中指出，全区截至 2019 年年底共有国有资产企业 170 户，2020 年要完成出清和关停空壳低效企业 40 家。根据《天津统计年鉴 2023》，国有企业法人为 1 415 家。

总体来看，民营企业数量超过了全市企业主体的 94%，已经成为经济增长的主力军。

2.3.1.5　天津市市场主体注册年份分布

每一年份中有多少市场主体注册，这一数据能够反映一个地区当年的创业活跃度。马克数据网提供了企业和个体工商户注册年份的相关信息。在改革开放前注册的企业和个体工商户存活至今的不多，因此这里将改革开放前的数据做了汇总处理。

如表 2-4 所示，截至 2023 年 9 月，改革开放前（1952—1977 年）注册的市场主体仅存续了 38 家，其中 37 家是企业，1 家是个体工商户性质。改革开放后到邓小平同志发表南方讲话前（1978—1991 年）注册的市场主体仅存续了 3 577 家，占当前存续总量的 0.3%，其中有 3 010 家企业和 565 家个体户。1992 年到滨海新区开发开放纳入国家战略（1992—2005 年）期间注册的主体存续了 56 610 家，占当前存续的 4.1%，其中企业 37 763 家，个体户 18 829 家。滨海新区开发开放进入国家战略后，全市市场主体数量快速增加，2006 年注册市场主体存续量超过了 1 万家，占当前存续的 0.7%，其中企业 6 419 家，个体户 3 725 家。此后，存续主体数量随着年份离当前年份（2023 年）越近，存续的主体数量越高，直到 2018 年，存续主体数量有所减少，2019—2022 年又恢复增长态势，2022 年最高达到了 16.17 万家，占存续主体数量的 11.7%。2023 年不到 9 个月份的数据，存续主体数量为 11.27 万家。

表 2-4 2023 年天津市市场存续主体的注册年份分布

注册年份（年）	总计		企业		个体工商户	
	数量（家）	百分比（%）	数量（家）	百分比（%）	数量（家）	百分比（%）
1952—1977	38	0.0	37	0.01	1	0.0
1978—1991	3 577	0.3	3 010	0.41	565	0.1
1992—2005	56 610	4.1	37 763	5.12	18 829	3.0
2006	10 151	0.7	6 419	0.9	3 725	0.6
2007	14 314	1.0	7 167	1.0	6 850	1.1
2008	16 839	1.2	7 962	1.1	8 582	1.4
2009	19 406	1.4	9 186	1.2	9 819	1.6
2010	25 402	1.8	11 515	1.6	13 592	2.2
2011	29 119	2.1	13 731	1.9	15 063	2.4
2012	33 566	2.4	13 556	1.8	19 591	3.1
2013	41 043	3.0	16 925	2.3	22 867	3.6
2014	57 803	4.2	27 703	3.8	29 043	4.6
2015	65 715	4.8	34 941	4.7	29 444	4.7
2016	82 297	6.0	46 659	6.3	33 999	5.4
2017	123 636	9.0	53 694	7.3	68 789	10.9
2018	104 549	7.6	59 647	8.1	44 159	7.0
2019	130 401	9.5	74 194	10.1	55 550	8.8
2020	133 054	9.7	72 712	9.9	59 968	9.5
2021	155 024	11.3	85 686	11.6	69 031	11.0
2022	161 706	11.7	82 778	11.2	78 602	12.5
2023	112 680	8.2	71 691	9.7	40 841	6.5
合计	1 376 930	100.0	736 976	100.0	628 910	100.0

数据来源：马克数据网，截至 2023 年 9 月 21 日。由于个别主体的注册日期属性缺失，市场主体（企业、个体工商户）数量与表 2-1 略有差异。

细化到企业主体视角，数据增长波动态势略有差异。2010 年新注册的企业主体数量存续数量超过了 1 万家，持续增长到 2019 年达到 7.42 万家，2020 年存续量下降至 7.27 万家，2021 年恢复到 8.57 万家，2022 年则下降为 8.28 万家，2023 年截至目前为 7.17 万家。2020 年、2022 年受新冠疫情冲击明显。2022 年的增长可能是由于创业者预期 2021 年疫情会得到显著控制出现的反弹,从而出现了恢复性增长。2022 年又出现了回落。

以 2023 年 9 月为截止日期,所有企业视为当年的 6 月 30 日成立(2023 年注册企业视为 2023 年 3 月 31 日成立),估算得到现有企业存续的平均年限为 6.13 年。在现有 73.70 万家企业中, 90.3%是 2010 年以来创办的企业,存活年限少于 14 年;近 75.0%的企业是 2016 年以来成立的企业,存续年限少于 8 年; 42.4%是 2020 年以来成立的企业,存续年限少于 4 年。超过 40 年的企业只有 1 142 家,占当前存续企业的 0.15%;超过 30 年的企业只有 5 176 家,占当前存续企业的 0.70%;超过 20 年的企业只有 29 590 家,占当前存续企业的 4.02%;超过 10 年的企业有 12.73 万家,占当前存续企业的 17.27%。反过来看,不足 10 年寿命的企业主体数量占到了 82.73%,意味着天津市企业主体中新生"婴儿"数量和比重较高。

类似地对个体工商户的注册年份进行分析。个体工商户的平均存续年限为 6.11 年,仍然以近年新注册主体为主。在这里不再展开叙述。

2.3.2　天津市分年度注册主体的存活率分析

如果将已经吊销或注销或迁出天津的企业和个体工商户纳入分析,可以考察创业主体的生存状态。遗憾的是数据库只提供了市场主体的注册登记时间和企业的生存状态,没有提供那些退出的主体退出市场的时间。因此,不能分析退出市场的主体的生存时间。但前文的总体存活年限求得的平均存续数据,可以在一定程度上反映企业的存续周期。

2.3.2.1　天津市注册市场主体的总体存续率

如表 2-5 所示,截至 2023 年 9 月,天津市共注册市场主体数量达到了 295.88 万家,其中企业 139.85 万家,个体工商户 152.88 万家。市场主体在天津市的存续率为 46.9%,吊销或注销的为 52.9%,另外迁出数量为 6 230 家,占 0.2%,其他原因不再存续的有 169 家。从企业主体来看,目前存续的 73.70 万家占注册企业总量的 52.7%,吊销或注销的比例为 46.9%,迁出 5 516 家,占 0.4%。个体工商户吊销或注销的比例达到了 58.8%，存续率为 41.1%。

总体来看，企业主体的存活率高出个体工商户的存续率约 11.6%，企业主体数量亦高出个体工商户数量 10.8 万家。

需要注意的是，对存续主体的分析并不能剔除那些实际上只有一个空壳子但并没有实际经营的市场主体，无论是企业还是个体工商户中均存在类似情况。

表 2-5 截至 2023 年天津市市场主体存活总体情况

经营状态	总计		企业		个体工商户	
	数量(家)	百分比(%)	数量(家)	百分比(%)	数量(家)	百分比(%)
存续	1 386 826	46.9	736 977	52.7	628 915	41.1
吊销或注销	1 565 566	52.9	655 984	46.9	899 102	58.8
迁出	6 230	0.2	5 516	0.4	713	0.0
其他	169	0.0	10	0.0	117	0.0
合计	2 958 791	100.0	1 398 487	100.0	1 528 847	100.0

数据来源：马克数据网，截至 2023 年 9 月 21 日。

为了更简便地陈述和分析，在后续分析中，仅对经营状态指标中的存续指标进行分析，探讨每个类别的存续率。

2.3.2.2 天津市市场主体分行政区存活率

中华人民共和国成立以来天津市累计共注册涌现了 295.88 万家市场主体，当前存续率为 46.9%，其中企业存活率为 52.7%，个体工商户存活率为 41.1%，如表 2-6 所示。但具体到每个行政区，这一比例存在着显著的差异。

从总存续率来看，最小值出现在和平区，为 36.9%，最大值出现在静海区，为 56.3%。存续率高于 50%的行政区还包括东丽区、西青区、宁河区，共 4 个行政区。低于 40%的还包括红桥区、河北区，共 3 个区。其余行政区的存活率在 40%~50%之间。

从企业存续率来看，最小存续率仍然是和平区，为 38.9%，最大值出现在静海区，为 63.1%。存续率在 50%以上的行政区还包括东丽区、宁河区、津南区、宝坻区、武清区、滨海新区、西青区、河东区、北辰区等 9 个行政区，共 10 个区。低于 50%的还包括河西区、南开区、河北区、红桥区、蓟州区。总体来看，市内六区存活率普遍较低，远郊区除蓟州区外普遍较高，环城四区东丽区和津南区的企业存活率较高，滨海新区企业存活率居于中等水平。

从个体工商户的存续率来看，仅宁河区的存续率超过 50%，达到了 54.2%。存续率最低的仍然是和平区，仅为 33.8%。高于 40%的除宁河区外，还包括南开区、东丽区、西青区、津南区、静海区。其余行政区个体工商户的存续率均低于 40%。

表 2-6　截至 2023 年天津市企业和个体工商户市场主体分行政区存活情况

所属区县	总计（家）	总存续率（%）	企业（家）	企业存续率（%）	个体工商户（家）	个体工商户存续率（%）
滨海新区	410 545	47.5	229 218	53.9	177 621	39.1
和平区	105 057	36.9	55 066	38.9	48 763	33.8
河东区	138 243	44.7	64 434	50.6	72 901	39.2
河西区	168 393	43.1	84 874	48.5	82 217	37.3
南开区	212 536	45.4	111 302	46.3	99 889	44.0
河北区	136 202	39.6	61 895	42.5	73 619	37.0
红桥区	101 722	38.0	35 159	43.2	65 985	35.0
东丽区	173 709	52.0	82 378	59.3	90 375	45.1
西青区	192 369	50.6	93 751	51.6	97 011	49.4
津南区	172 887	49.4	80 819	58.4	90 960	41.1
北辰区	176 327	43.8	79 181	51.2	95 981	37.5
武清区	288 705	49.0	152 221	56.4	132 806	39.7
宝坻区	167 861	44.6	59 858	51.8	104 086	39.6
宁河区	96 380	56.0	29 397	58.3	64 690	54.2
静海区	240 274	56.3	136 812	63.1	99 961	46.4
蓟州区	177 577	41.5	42 120	46.9	131 982	39.4
N/A	4	50.0	2	100.0	0	0
合计	2 958 791	46.9	1 398 487	52.7	1 528 847	41.1

数据来源：马克数据网，截至 2023 年 9 月 21 日。N/A 表示样本属性信息缺失。

各行政区市场主体存续率的差异，既有制造业从城区搬离的“制造业空心化”的政策和成本因素影响，也有商业贸易活动更迭带来的经营失败风险的影响，还有各个区域营商环境优劣带来的影响。但目前还没有办法剥离这些因素。

2.3.2.3 天津市市场主体分行业存活率

表 2-7 报告了分行业的市场主体存活情况。由于极少部分的主体行业属性缺失，本表总量和分类数据与前表不完全一致。由于部分主体行业属性缺失，样本总量下降到 292.63 万家，总存续率为 46.3%，企业样本下降到 136.60 万家，存续率下降到 51.6%，个体（工商）户样本为 152.88 万家，存续率依旧为 41.1%。即行业属性缺失集中于企业样本中，有 2.25 万家企业缺失了行业分类信息，导致存续率下降了 1.1%。尽管如此，这一比例较低，可以忽略对行业存续率分析的影响。

具体地看，总存续率最高的行业是农、林、牧、渔业，达到了 66.2%，其次是卫生和社会工作，达到了 65.8%，信息传输、软件和信息技术服务业的存续率也在 60%以上。存续率最低的是采矿业，仅为 16.5%，其次是制造业，为 36.2%，第三低的是住宿和餐饮业，为 38.8%。其余行业的存续率均在 40%~60%，其中科学研究和技术服务业存续率达到了 59.6%，建筑业也达到了 58.2%，教育业达到了 55.4%，租赁和商务服务业达到了 53.9%，房地产业也达到了 51.6%，金融业达到 51.2%，存续率相较其余行业高。

从企业存续率来看，卫生和社会工作存续率最高，达到了 71.1%，其次是信息传输、软件和信息技术服务业，为 63.2%，第三是科学研究和技术服务业，达到 60.2%。其余行业存续率均在 60%以下，但建筑业企业存续率达到 59.6%，接近 60%水平，租赁和商务服务业为 57.8%，存续率较高。存续率最低的仍然是采矿业，仅为 23.3%，其次是制造业，为 39.8%，第三低的是住宿和餐饮业，为 40.8%。

从个体工商户来看，存续率最高的是农、林、牧、渔业，达到 69.2%，其次是卫生和社会工作，达到 59.4%，第三是信息传输、软件和信息技术服务业，为 57.4%。最低的是采矿业，仅为 11.2%，其次是电力、热力、燃气及水生产和供应业，为 23.2%，第三低的是制造业，只有 33.1%，交通运输、仓储和邮政业，水利、环境和公共设施管理业，金融、住宿和餐饮业的存活率也只都不到 40%。其余行业介于 40%~55%。

表 2-7 截至 2023 年天津市企业和个体工商户市场主体分行业存活情况

行业分类	总计（家）	总存续率（%）	企业（家）	企业存续率（%）	个体工商户（家）	个体户存续率（%）
交通运输、仓储和邮政业	146 419	41.7	65 506	50.7	79 790	33.8
住宿和餐饮业	189 884	38.8	25 885	40.8	163 926	38.5
信息传输、软件和信息技术服务业	109 112	61.4	75 480	63.2	33 487	57.4
农、林、牧、渔业	89 519	66.2	13 876	51.6	60 134	69.2
制造业	586 292	36.2	266 428	39.8	319 589	33.1
卫生和社会工作	21 224	65.8	8 090	71.1	11 209	59.4
居民服务、修理和其他服务业	243 179	43.9	34 362	45.4	208 385	43.7
建筑业	165 253	58.2	119 141	59.6	45 847	54.8
房地产业	56 225	51.6	46 388	53.4	9 689	42.8
批发和零售业	670 601	43.0	249 230	47.9	421 307	40.1
教育业	32 295	55.4	21 621	53.1	5 674	44.4
文化、体育和娱乐业	103 690	49.9	56 748	54.5	44 111	42.9
水利、环境和公共设施管理业	22 392	46.0	10 464	55.7	11 010	36.9
电力、热力、燃气及水生产和供应业	17 307	43.4	11 362	53.7	5 779	23.2
科学研究和技术服务业	210 009	59.6	193 461	60.2	15 051	53.0
租赁和商务服务业	212 923	53.9	130 242	57.8	82 106	47.7
采矿业	17 142	16.5	7 431	23.3	9 645	11.2
金融业	32 817	51.2	30 328	52.0	2 106	37.8
合计	2 926 283	46.3	1 366 043	51.6	1 528 845	41.1

数据来源：马克数据网，截至 2023 年 9 月 21 日。部分样本行业属性信息缺失。

如果结合行业与行政区划来看，城区以住宿和餐饮业、文化娱乐业、金融业和批发零售业等为主要产业形态，这些产业要么存续率居中，要么存续率偏低，导致城区整体的存续率表现要弱一些。

2.3.2.4 天津市市场主体分所有制性质存续率

仅企业主体具有所有制性质特征。如前所述,由于数据库中并未提供明确的企业所有制性质分类,本研究利用 STATA 软件的正则法则提取与所有制性质相关的属性,形成了所有制性质的企业分类,分类的准确性上还存在着一定的弹性。

表 2-8 中的数据显示,民营企业累计注册量达到 116.52 万家,存续率为 59.7%,是除了农民专业合作经济组织之外存续率最高的。随着市场经济的发展,原有的集体所有制企业大多已经消亡,其存续率仅为 3.1%。外商投资企业数量累计达到 1.92 万家,存续率为 42.2%,港澳台商投资企业累计为 8 187 家,存续率为 45.5%。国有及国有控股企业累计有 1.11 万家,存续率只有 4.6%。分公司的数量达到了 6.63 万家,存续率为 34.3%,但分支机构、非法人及其他企业形式的主体的存续率就下降到个位数水平。

表 2-8 截至 2023 年天津市企业主体分所有制性质存活情况

企业性质	总计(家)	存续率(%)
民营企业	1 165 201	59.7
国有及国有控股企业	11 133	4.6
集体所有制企业	85 552	3.1
外商投资企业	19 169	42.2
港澳台商投资企业	8 187	45.5
分公司	66 328	34.3
分支机构	33 504	9.4
其他企业	175	7.4
非法人	931	3.2
农民专业合作经济组织	5	80.0
N/A	219	1.4
合计	1 390 404	53.0

数据来源:马克数据网,截至 2023 年 9 月 21 日。N/A 表示所有制属性信息缺失。

由此看来,如果引进企业的话,引进民营企业、外资企业、港澳台企业和分公司,对于增加一个城市或地区的市场主体存量具有较好的长期效应。

2.3.2.5　天津市市场主体分注册年份存续率

前面已经提到，成立越晚的市场主体存续率越高。由于中华人民共和国成立以来直至改革开放前，再至 1992 年邓小平同志发表南方讲话之前，注册的市场主体数量并不多，这里只关注 1992—2023 年间注册的市场主体的存续/退出状况，如图 2-2 和表 2-9 所示。

总体来看，随着时间推移，存续市场主体的数量越来越多。1992 年，企业和个体工商户的存续率均在 10%以下，然后逐年呈上升趋势，虽然个别年份有波动。到 2022 年，企业和个体商户的存续率已经分别达到 93.2%和 88.4%。总体来看，企业主体的存续率高于个体工商户的存续率，尤其是 1995—2014 年成立的企业，其存续率比个体工商户最低高出 3.6%，最高时高出 16.9%。2015—2019 年，这一差距较为稳定，在 2%~5%，2020 年后存续率差异再次扩大，2021 年提高到了 8.7%。这一期间可能受到疫情的冲击，个体工商户由于自身进入和退出的灵活性较强，所以在新冠肺炎疫情期间退出的比例提升了。

表 2-9　截至 2023 年天津市市场主体分注册年份存活情况

注册年份（年）	总计（家）	总存续率（%）	企业（家）	企业存续率（%）	个体工商户（家）	个体工商户存续率（%）
1992 年之前	47 001	7.7	41 781	7.3	5 216	10.9
1992	31 556	4.0	18 479	5.0	13 077	2.5
1993	33 932	6.2	25 234	4.8	8 696	10.3
1994	25 254	6.3	16 262	6.3	8 989	6.3
1995	25 193	6.5	16 055	7.8	9 137	4.2
1996	39 034	5.9	14 736	9.6	24 294	3.7
1997	27 922	8.1	12 956	11.5	14 963	5.0
1998	29 759	9.6	13 923	13.9	15 827	5.9
1999	25 628	11.9	12 477	16.0	13 150	7.9
2000	37 234	11.5	13 144	19.3	24 089	7.2
2001	32 446	15.0	13 647	24.0	18 790	8.5
2002	29 642	19.4	16 038	27.0	13 598	10.5

续表

注册年份（年）	总计（家）	总存续率（%）	企业（家）	企业存续率（%）	个体工商户（家）	个体工商户存续率（%）
2003	36 930	19.3	18 583	27.7	18 341	10.8
2004	47 414	17.7	19 912	27.3	27 492	10.8
2005	45 961	19.8	19 835	29.2	26 108	12.7
2006	44 981	22.6	21 049	30.5	23 916	15.6
2007	59 643	24.0	20 724	34.6	38 475	17.8
2008	61 685	27.3	20 955	38.0	40 253	21.3
2009	62 934	30.8	22 483	40.9	39 899	24.6
2010	74 641	34.0	26 344	43.7	47 844	28.4
2011	78 704	37.0	31 281	43.9	46 889	32.1
2012	78 434	42.8	28 527	47.5	49 256	39.8
2013	90 497	45.4	34 267	49.4	54 227	42.2
2014	124 611	46.4	56 840	48.7	66 161	43.9
2015	140 376	46.8	73 666	47.4	64 519	45.6
2016	166 204	49.5	92 862	50.2	70 732	48.1
2017	228 968	54.0	97 128	55.3	130 300	52.8
2018	180 681	57.9	100 140	59.6	79 645	55.4
2019	213 854	61.0	118 451	62.6	94 670	58.7
2020	187 504	71.0	97 705	74.4	89 379	67.1
2021	195 685	79.2	102 809	83.3	92 546	74.6
2022	178 213	90.7	88 999	93.0	88 880	88.4
2023	114 146	98.7	72 261	99.2	41 729	97.9
合计	2 796 667	49.2	1 379 553	53.4	1 401 087	44.9

数据来源：马克数据网，截至 2023 年 9 月 21 日。部分样本的注册年份信息缺失导致各类市场主体数量与表 2-5 不一致，存续率计算结果亦有差异。

如果从存续率的反面来看，市场主体的退出率（100%−存续率）能够再清晰地看到主体存续与注册年份的关系。如图 2-2 所示，随着年份向 2023 年靠近，企业和个体工商户的退出率逐年下降。1992 年，注册的企业和个体工商户的退出率接近 100%。如果考察退出率为 90%，80%……到 30%的年份，可以看到，2002 年注册的个体工商户的退出率达到了 90%，2008 年前后达到了 80%，2010—2011 年达到了 70%，2012—2013 年达到了 60%，2016—2017 年达到了 50%，2019—2020 年达到了 40%，2020—2021 年达到了 30%。企业主体的退出率变化略有不同，1996—1997 年注册的企业退出率达到了 90%，2000—2001 年注册的退出率达到了 80%，2005—2006 年注册的退出率达到了 70%，2008—2009 年达到了 60%，2015—2016 年达到了 50%，2018—2019 年达到了 40%，2019—2020 年达到了 30%。两相对比来看，这意味着与个体工商户比，企业如果不能存续，其会更快速地退出市场。

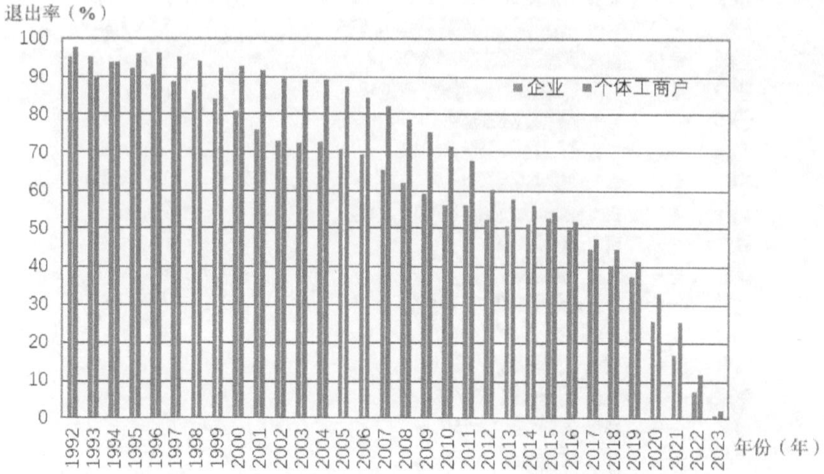

图 2-2　1992—2023 年企业和个体工商户退出率柱状图

从天津市创业主体增长的态势看，经济复苏还在路上。天津市 2022 年新增登记注册主体 17.82 万家，截至 2023 年 9 月 21 日为 11.41 万家，如果按一年 365 天计算，2022 年日均新增主体 488 家，2023 年目前日均增长仅为 434 家；疫情前的 2019 年，天津市新增注册主体达到了 21.39 万家，日均达到 586 家。

总体看，年度注册主体的数量体现了创业活跃度，但总量上还有待进一步恢复到疫情前的水平，无论是企业主体登记注册量还是个体工商户主体都不及疫情前水平（或 2017 年水平）。从存续率上看，企业主体的存续率相对较高、退出率相对较低，但如果不能存续，企业主体会比个体工商户更早地退出市场。

2.4 主要竞争城市市场主体及创业活跃度比较分析

根据 2022 年我国城市 GDP 20 强名单，上海、北京、深圳、重庆、广州、苏州、成都、武汉、杭州、南京、天津、宁波、青岛、无锡、长沙、郑州、佛山、福州、泉州、济南等城市排名前 20 位。如图 2-3 所示。

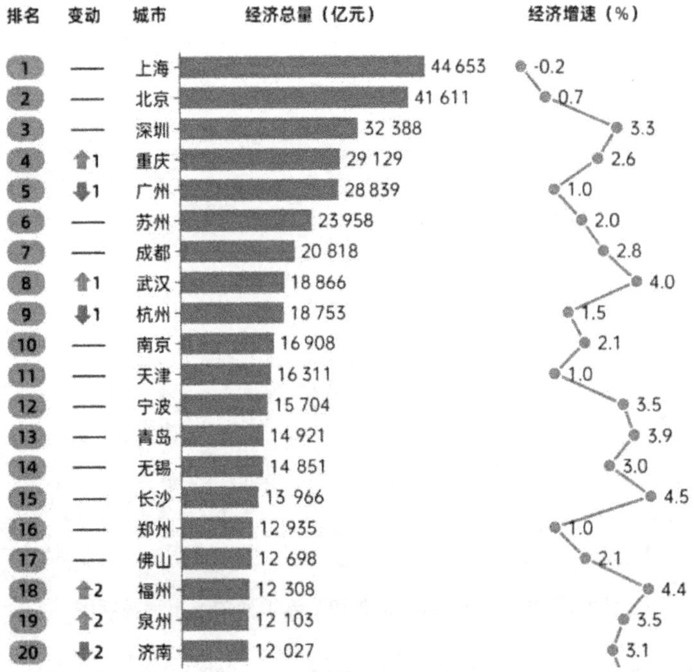

图 2-3 2022 年我国 GDP 20 强城市经济总量及其增长率变动

图表来源：https://roll.sohu.com/a/675359 275_121687424。

数据显示，上海、北京的经济总量已经突破了 4 万亿元，深圳突破了 3 万亿元，重庆、广州接近 3 万亿元，苏州、成都等经济总量已经超过了 2 万亿元，武汉、杭州已经超过 1.8 万亿元，比天津的总量高出较多；而佛山、福州、泉州、济南与天津市 GDP 距离还有 4 000 亿元左右。因此，这里遴选与天津 GDP 更为接近的第 10 名城市南京及宁波、青岛、无锡、长沙、郑州等作为比较研究的对象，对这些城市的市场主体数量及创业活跃度（年度新注册企业、个体工商户数量）进行比较研究，分析存续总量、存续率差异及其在主体行业分布、所有制、注册年份等方面的存量和存续率差异。

继续使用马克数据网采集自全国企业信用信息公示系统截至 2023 年 9 月 21 日公布的最新企业工商注册数据和相关数据。由于跨城市比较时，不同城市关键变量如注册年份、所属行业、所有制等方面缺失的信息不一样，所以本部分样本可能存在与上一部分样本不一致之处。

2.4.1　存续主体的比较

2.4.1.1　存续主体总量和比例比较

如图 2-4 所示，从主要竞争城市的市场主体的总量来看，南京市场主体存续数量最高，宁波市场主体总量最低，天津市介于其间。GDP 落后于天津市的青岛高出天津近 14 万家主体，郑州的市场主体总量高出天津约 6 万家；GDP 总量紧追天津的宁波、无锡市场主体总量则大幅低于天津，差值达到 34 万多家；长沙主体数量较天津落后 6 万家左右。

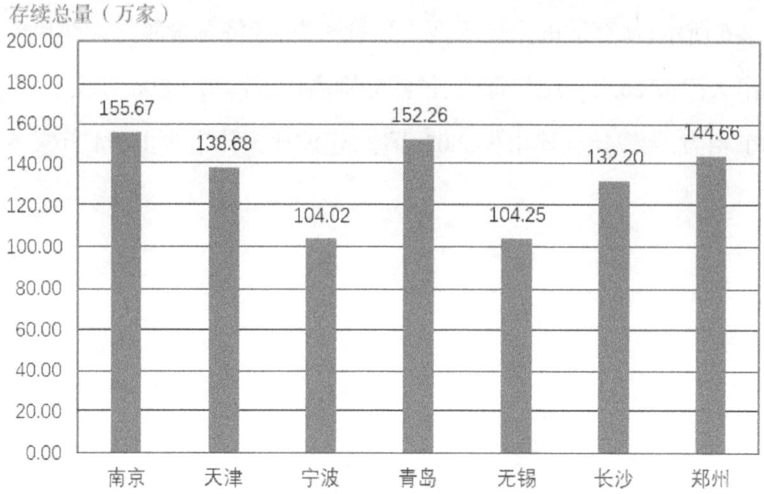

图 2-4　主要竞争城市市场主体存续总量柱状图

如图 2-5 所示，从存续的企业数量来看，经济总量领先天津市的南京的企业数量只有 64.13 万家，落后于天津市 9.57 万家。经济总量落后于天津市的青岛、郑州的存续企业数量高出天津市 4 万家左右，宁波、无锡的企业总量则大幅少于天津市，宁波存续企业主体比天津市少 21.67 万家，无锡更是低出 31.37 万家。长沙企业主体总量低出天津市 11.49 万家。

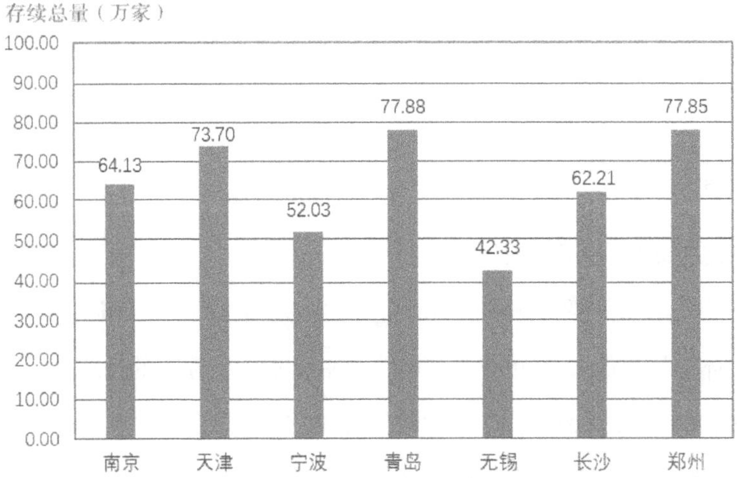

图 2-5 主要竞争城市企业主体存续总量柱状图

如图 2-6 所示，从存续的个体工商户数量来看，经济总量领先天津市的南京的企业数量超出天津市 26.78 万家；青岛、长沙分别高出天津市 14.96 万家、4.97 万家，郑州与天津市相当，无锡比天津市少 2.02 万家，宁波比天津市少 12.44 万家。

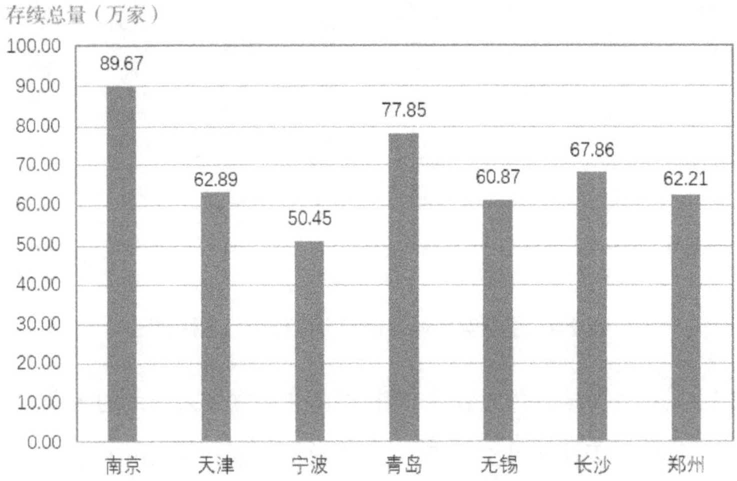

图 2-6 主要竞争城市个体工商户存续总量柱状图

总体看，天津市市场主体数量（无论是企业还是个体工商户）与主要竞争城市相比均处于中游水平。一个特殊的现象是宁波、无锡两市，企业和个体工商户主体尤其是企业主体数量大幅少于天津市，但经济总量与天津市日益迫近，这表明这两个城市的企业质量、规模、活跃度可能远高于天津市。同时要看到，青岛、长沙、郑州的主体数量已经超过或向天津市逼近，如果这些城市的主体不仅数量提升了，质量、规模、活跃度也像宁波、无锡一样，那么天津市未来几年面临的挑战将更加严峻。

2.4.1.2　存续主体所属行业分布的比较

按照中华人民共和国国家标准《国民经济行业分类》（GB/T 4754—2017）对 97 个大类进行归类，得到 20 个行业门类。

如表 2-10 所示，从市场主体的行业分布看，与南京相比，天津市在信息传输、软件和信息服务业，批发和零售业，文化、体育和娱乐业，住宿和餐饮业，建筑业等领域的主体数量明显处于劣势，数量差距分别达到了 5.4 万家、9.7 万家、2.1 万家、2.7 万家、1.8 万家；天津市的优势领域体现在教育、科学研究和技术服务业、租赁和商务服务业，主体数量多出 0.8 万家、2.4 万家和 1.6 万家。

同追赶天津市的城市相比，天津市在信息传输、软件和信息服务业的主体数量上落后于长沙、郑州，与青岛相当；在批发和零售业领域，天津市主体数量落后于青岛、郑州较多，与长沙相当；在制造业领域明显落后于宁波、青岛、无锡，数量差距分别达到 9 万家、9.5 万家和 3.9 万家；在租赁和商务服务业领域主体数量与郑州、长沙相当，青岛与天津市较为接近；金融业领域的主体数量，青岛达到了 2.7 万家，在主要竞争城市中一枝独秀，甚至高出南京 1.2 万家，高出天津 1.3 万家。

表 2-10　主要竞争城市存续市场主体的行业分布　　单位：万家

行业	南京	天津	宁波	青岛	无锡	长沙	郑州
交通运输、仓储和邮政业	6.2	6.0	4.8	6.2	3.2	6.5	5.4
住宿和餐饮业	10.0	7.3	4.9	7.6	8.3	10.6	10.2
信息传输、软件和信息服务业	12.4	7.0	4.5	6.9	4.5	8.9	8.5
农、林、牧、渔业	4.5	6.0	3.0	7.2	1.8	5.7	4.2

续表

行业	南京	天津	宁波	青岛	无锡	长沙	郑州
制造业	22.0	21.6	30.6	31.1	25.5	16.3	20.9
卫生和社会工作	2.0	2.2	1.0	2.6	1.4	2.1	2.1
居民服务、修理和其他服务业	5.0	5.8	3.5	5.0	3.6	4.8	6.1
建筑业	9.7	7.9	3.8	9.6	5.1	5.9	7.8
房地产业	2.4	3.0	1.6	2.7	1.6	1.9	2.5
批发和零售业	38.8	29.1	22.3	34.9	25.3	31.0	39.5
教育	1.5	2.3	1.1	2.4	1.1	1.8	2.3
文化、体育和娱乐业	6.9	4.8	2.9	4.6	3.0	5.0	4.3
水利、环境和公共设施管理业	2.2	1.0	0.6	1.3	1.3	1.4	1.1
电力、热力、燃气及水生产和供应业	0.7	0.7	0.6	0.8	0.6	0.6	0.6
科学研究和技术服务业	10.4	12.8	4.3	6.2	6.4	8.7	7.8
租赁和商务服务业	10.2	11.8	8.7	10.3	4.6	11.1	11.9
采矿业	0.2	0.3	0.1	0.3	0.2	0.3	0.3
金融业	1.5	1.4	0.8	2.7	0.8	1.1	0.7
N/A	9.0	7.8	5.0	9.7	5.9	8.6	8.4
合计	155.7	138.7	104.0	152.3	104.3	132.2	144.7

数据来源:马克数据网,截至 2023 年 9 月 21 日。部分城市中样本的行业信息缺失。

如表 2-11 所示,从企业主体来看,与南京相比天津市在信息传输、软件和信息服务业领域的企业要少 2.4 万家,文化、体育和娱乐业企业主体少 0.9 万家,住宿和餐饮企业少 0.3 万家,建筑业企业少 1.3 万家。天津市企业较多的行业与南京相比:制造业企业高出 4 000 家,批发和零售企业高出 5.7 万家,科学研究和技术服务业高出 3.9 万家,租赁和商务服务业高出 1.7 万家,交通运输、仓储和邮政业高出 1.3 万家。

与追赶的城市相比,天津市在制造业领域的企业数量落后于除长沙外的其余 4 个竞争对手,与郑州较为相近,数量差距为 0.2 万家,与宁波的数量差距则高达 5.4 万家;批发和零售业落后于青岛、郑州,差距在 2 万~4 万家;文化、体育和娱乐业落后于长沙和郑州,领先于另外三个城市;科学研究和技术服务业企业总量领先其他城市较多,领先数量达到 4 万~8 万家;在租赁和商务服务业领域与长沙相当,但落后于郑州;金融业发展落后青岛1.4万家企业,较其余城市依然占先。

表2-11　主要竞争城市存续企业主体的行业分布　单位:万家

行业	南京	天津	宁波	青岛	无锡	长沙	郑州
交通运输、仓储和邮政业	2.0	3.3	2.0	3.5	1.6	1.4	1.8
住宿和餐饮业	1.4	1.1	0.6	1.4	0.6	1.2	1.5
信息传输、软件和信息服务业	7.5	5.1	2.9	4.7	2.0	6.4	7.3
农、林、牧、渔业	0.7	0.8	0.5	1.1	0.3	1.6	1.1
制造业	10.5	10.9	16.3	14.7	14.0	6.7	11.1
卫生和社会工作	1.5	1.6	0.9	1.6	0.7	1.4	1.7
居民服务、修理和其他服务业	0.6	0.9	0.5	1.0	0.4	0.7	0.9
建筑业	6.9	5.6	2.8	7.7	3.5	5.1	7.2
房地产业	2.0	2.6	1.2	1.9	1.2	1.7	2.5
批发和零售业	6.6	12.3	8.8	16.3	4.9	10.3	14.8
教育	0.4	0.7	0.4	0.7	0.2	0.5	0.7
文化、体育和娱乐业	4.0	3.1	1.8	2.8	1.6	3.6	3.3
水利、环境和公共设施管理业	1.1	0.6	0.4	0.7	0.6	0.8	0.7
电力、热力、燃气及水生产和供应业	0.5	0.6	0.5	0.5	0.4	0.4	0.5
科学研究和技术服务业	8.1	12.0	3.8	5.3	5.7	8.0	7.6
租赁和商务服务业	6.2	7.9	6.3	7.2	2.7	7.9	10.8
采矿业	0.1	0.2	0.1	0.1	0.1	0.1	0.2
金融业	1.4	1.3	0.7	2.7	0.7	1.0	0.7
N/A	2.7	3.0	1.5	3.9	1.2	3.2	3.7
合计	64.1	73.7	52.0	77.9	42.3	62.2	77.9

数据来源:马克数据网,截至2023年9月21日。部分城市中样本的行业信息缺失。

如表2-12所示,从个体工商户来看,与南京相比天津市在交通运输、仓储和邮政业,住宿和餐饮业,信息传输、软件和信息服务业,制造业,建筑业,批发和零售业,文化、体育和娱乐业等方面主体数量较低,尤其是批发和零售业,少15.5万家,信息传输、软件和信息服务业少3.1万家,住宿和餐饮业少2.5万家,交通运输、仓储和邮政业少1.5万家,科学研究和技术服务业少1.5万家,文化、体育和娱乐业少1.2万家。

与追赶城市相比，天津市交通运输、仓储和邮政业发展不如长沙、郑州，与青岛、宁波相当；住宿和餐饮业主体与青岛相当，高于宁波，但显著地落后于长沙、郑州，也低于无锡 1.6 万家；制造业与宁波、青岛有差距，与无锡相当，略多于长沙、郑州；批发和零售业落后于郑州、长沙、无锡和青岛，高于宁波；文化、体育和娱乐业发展不如青岛；租赁和商务服务业主体数量领先于其余城市。

表 2-12 主要竞争城市存续个体工商户主体的行业分布 单位：万家

行业	南京	天津	宁波	青岛	无锡	长沙	郑州
交通运输、仓储和邮政业	4.2	2.7	2.8	2.7	1.6	5.1	3.5
住宿和餐饮业	8.7	6.2	4.3	6.2	7.8	9.4	8.8
信息传输、软件和信息服务业	5.0	1.9	1.6	2.1	2.4	2.5	1.2
农、林、牧、渔业	3.4	4.2	2.1	4.5	1.3	2.9	2.7
制造业	11.4	10.6	14.3	16.4	11.5	9.6	9.8
卫生和社会工作	0.5	0.6	0.2	1.0	0.7	0.7	0.4
居民服务、修理和其他服务业	4.4	4.9	3.0	4.0	3.2	4.1	5.2
建筑业	2.8	2.3	0.9	2.0	1.6	0.8	0.6
房地产业	0.4	0.4	0.4	0.8	0.5	0.2	0.1
批发和零售业	32.2	16.7	13.5	18.7	20.4	20.6	24.8
教育	1.2	1.5	0.8	1.6	1.0	1.3	1.6
文化、体育和娱乐业	2.9	1.7	1.1	1.9	1.5	1.4	1.0
水利、环境和公共设施管理业	1.1	0.4	0.1	0.6	0.6	0.5	0.4
电力、热力、燃气及水生产和供应业	0.2	0.1	0.1	0.2	0.2	0.2	0.2
科学研究和技术服务业	2.3	0.8	0.5	0.9	0.6	0.7	0.2
租赁和商务服务业	4.0	3.9	2.4	3.1	1.9	3.2	1.1
采矿业	0.1	0.1	0.1	0.1	0.1	0.1	0.1
金融业	0.1	0.1	0.0	0.1	0.0	0.1	0.0
N/A	5.0	3.7	2.3	4.7	4.0	4.5	3.6
合计	89.7	62.9	50.5	71.6	60.9	67.9	65.2

数据来源：马克数据网，截至 2023 年 9 月 21 日。部分城市中样本的行业信息缺失。

总体来看，天津市在教育、科学研究和技术服务业主体数量较高，较好地体现了天津科教资源优势;在代表数字产业化的信息传输、软件和信息服务业企业主体数量较少、制造业发展滞后性较为明显,与制造业高质量发展的预期存在偏差;交通运输、仓储和邮政业发展与竞争城市相当,但没有体现出港口城市的优越性或产业集中度,住宿和餐饮业,文化、体育和娱乐业等与消费城市建设较为紧密相关的行业主体数量不高,不利于国际消费中心城市建设。

2.4.1.3　存续主体所有制性质比较

如 2.4.1.2 所述,企业性质包括全民所有制企业、集体所有制企业、联营企业、三资企业、私营企业及其他企业等。但随着时间推移和正向、逆向的混合所有制改革,企业性质也变得越来越难以准确区分。参照 2.4.1.2 方法提取了企业所有制相关信息,得到表 2-13 和表 2-14,分别报告了主要竞争城市存续企业主体的所有制性质分布关于数量和比例的相对情况。

从数量上来看,青岛、郑州的民营企业数量最多,超过了 70 万家,天津民营企业数量接近 70 万家,高于南京的 60.08 万家,长沙的 57.83 万家,更是远远高出宁波、无锡的 48.28 万家和 40.19 万家。国有企业数量方面,各城市本着做精做强的思路,目前国有及国有控股企业数量都不太多,仅青岛还保持在 1 000 家以上。集体所有制企业方面,天津最多,有 2 612 家,其次是青岛,有 2 099 家,南京有 1 145 家,宁波有 1 091 家,无锡、长沙、郑州均只有 600~700 家。

外商投资企业方面,天津、青岛存续的企业数量较多,宁波也达到了 4 987 家,南京达到 3 224 家,无锡达到 2 487 家,长沙和郑州仅有几百家。港澳台商投资企业方面,天津数量仍然处于领先,其次是宁波、青岛、南京、无锡,长沙和郑州仍然不多。

分公司方面,天津数量处于中游水平,低于青岛的 3.19 万家、南京的 2.83 万家、郑州的 2.71 万家、长沙的 2.34 万家,但高于宁波的 1.93 万家、无锡的 1.50 万家。天津的分支机构数量相对较多,但相对于分公司的数量就低了一个数量级,不值得赘言。

在归类到其他企业这一类别的企业数量中,青岛、郑州、长沙的体量高达 2.97 万家、2.82 万家和 1.71 万家，但宁波仅为 0.74 万家，天津甚至只有 10 余家。根据查询有关条款，如果出资人中有一个或一个以上不是自然人，就是“其他有限责任公司”，在这里归类于其他企业这一类别，没有办法判断其资本金中是否有国有资金，但通常情况下，这类企业以民营企业居多，还包括一些创业投资公司和自然人共同出资成立或增资后成立的企业。因此，很大程度上，可以将其他企业与民营企业主体进行合并。

表 2-13 主要竞争城市存续企业主体的所有制性质分布 单位:家

企业性质	南京	天津	宁波	青岛	无锡	长沙	郑州
民营企业	600 836	696 043	482 805	702 500	401 940	578 303	719 767
国有及国有控股企业	401	512	537	1 148	112	458	637
集体所有制企业	1 145	2 612	1 091	2 099	750	659	756
外商投资企业	3 224	8 096	4 987	8 121	2 487	809	577
港澳台商投资企业	2 249	3 724	3 059	2 434	1 831	794	628
分公司	28 332	22 770	19 325	31 893	15 029	23 350	27 070
分支机构	826	3 151	1 013	741	367	612	796
其他企业	4 247	13	7 414	29 683	670	17 084	28 174
非法人	10	30	85	185	1	20	128
其他及缺失	79	26	5	4	76	4	7
合计	641 349	736 977	520 321	778 808	423 263	622 093	778 540

数据来源：马克数据网，截至 2023 年 9 月 21 日。其他及缺失部分含分类错误或未包括在主分类（如民营、国有等类别）中的类别。

表 2-14 主要竞争城市存续企业主体的所有制性质分布

企业性质	南京	天津	宁波	青岛	无锡	长沙	郑州
民营企业	93.7%	94.4%	92.8%	90.2%	94.9%	93.0%	92.5%
国有及国有控股企业	0.1%	0.1%	0.1%	0.1%	0.0%	0.1%	0.1%
集体所有制企业	0.2%	0.4%	0.2%	0.3%	0.2%	0.1%	0.1%
外商投资企业	0.5%	1.1%	1.0%	1.0%	0.6%	0.1%	0.1%
港澳台商投资企业	0.4%	0.5%	0.6%	0.3%	0.4%	0.1%	0.1%

续表

企业性质	南京	天津	宁波	青岛	无锡	长沙	郑州
分公司	4.4%	3.1%	3.7%	4.1%	3.5%	3.8%	3.5%
分支机构	0.1%	0.4%	0.2%	0.1%	0.1%	0.1%	0.1%
其他企业	0.7%	0.0%	1.4%	3.8%	0.2%	2.7%	3.6%
非法人	0.0%	0.0%	0.0%	0.0%	0.0%	0.0%	0.0%
其他及缺失	0.0%	0.0%	0.0%	0.0%	0.0%	0.0%	0.0%
合计	100.0%	100.0%	100.0%	100.0%	100.0%	100.0%	100.0%

数据来源：马克数据网，截至 2023 年 9 月 21 日。其他及缺失部分含分类错误或未包括在主分类（如民营、国有等类别）中的类别。

从比例视角来看，各城市中民营企业的比例均已经超过 90%，如果将其他企业类别也归于其中，这一比例将进一步提高。国有及国有控股企业的比重仅为 0.1%，无锡甚至低于这一比例。集体所有制企业已经式微。外商投资在沿海的天津、宁波、青岛所占比重较高，在南京也达到了 0.5%，但长沙、郑州的外商投资企业数量不高。港澳台商投资企业的分布类似，但企业数量相对更少一些。分公司是城市企业主体中的重要来源，比重均达到了 3%以上，南京、青岛均在 4%以上，天津只有 3.1%，在引进分公司方面还存在不足。

2.4.1.4　存续主体注册年份分布比较

如 2.3.2.5 小节所述，存续市场主体注册快速增长始于 1992 年。因此，这里集中对 1992—2023 年存续的市场主体进行分年度的分析。

1）从市场主体总体角度来看

如表 2-15 所示，单就天津与南京的比较来看，1992 年以后一直到 1999 年之前，天津存续的主体数量均高于南京，但 1999 年及以后，南京的存续主体数量明显地高于了天津，这一过程一直延续到 2022 年（2017 年例外）。疫情冲击下，二者存续主体数量有所交织。合计的结果，天津 2021 市场主体总量较南京少了 17 万家左右。这意味着南京有更多的存续年限更长的市场主体。

与宁波相比，天津早期存续主体数量总体上相对宁波较少，直到 2006 年滨海新区开发开放后，天津存续的市场主体的数量才开始超过宁波，尤其是 2017 年以来，天津新注册企业的存续数量更是大幅高于宁波。因此，宁波相对天津的优势在于存续时期长的市场主体较多，这意味着经营成熟度和持续经营主体较天津更多，从而体现出在 GDP 增长上的主体平均贡献度高于天津市。2023 年中国企业 500 强发布 10 家宁波企业上榜，包括雅戈尔、彬彬等服装企业。

表 2-15 主要竞争城市存续市场主体的注册年份分布 单位：家

年份（年）	南京	天津	宁波	青岛	无锡	长沙	郑州
1992 年之前	2 108	3 615	3 527	3 018	4 245	946	946
1992	721	1 248	1 146	883	1 414	252	210
1993	872	2 104	1 742	1 707	1 531	404	289
1994	704	1 582	1 980	1 407	1 277	336	382
1995	832	1 642	2 421	1 366	1 691	346	420
1996	1 217	2 307	2 991	1 673	2 298	441	632
1997	1 253	2 248	3 421	1 839	2 656	1 338	1 012
1998	1 996	2 867	3 845	2 942	3 299	884	1 022
1999	3 719	3 037	4 784	3 441	4 475	1 237	1 433
2000	8 475	4 283	9 657	5 157	6 427	6 623	1 956
2001	5 753	4 878	7 305	5 047	7 145	3 645	2 149
2002	11 481	5 759	9 392	6 069	8 689	3 217	2 629
2003	12 339	7 137	10 361	8 286	9 846	5 194	3 709
2004	14 390	8 401	9 527	8 633	9 264	6 317	5 603
2005	13 469	9 117	9 594	12 280	11 101	6 195	6 172
2006	14 769	10 151	11 703	12 376	12 109	6 783	5 879
2007	16 600	14 314	13 729	15 247	13 062	12 387	8 146
2008	28 687	16 839	15 259	19 152	13 512	13 810	10 743
2009	28 788	19 406	18 003	28 863	18 425	18 264	12 779
2010	32 803	25 402	23 146	33 711	21 239	22 571	15 752
2011	34 851	29 119	26 844	40 434	24 087	31 133	23 177
2012	39 160	33 566	27 847	42 806	25 044	31 333	30 518
2013	44 507	41 043	37 429	55 607	27 636	40 540	33 926

续表

年份(年)	南京	天津	宁波	青岛	无锡	长沙	郑州
2014	60 930	57 803	43 857	68 998	39 194	61 896	54 196
2015	64 957	65 715	49 631	90 885	41 240	66 391	71 475
2016	84 034	82 297	60 350	101 674	50 276	83 344	90 228
2017	118 493	123 636	83 756	134 976	68 275	106 872	129 931
2018	140 228	104 549	73 402	115 211	76 025	81 848	120 781
2019	153 020	130 401	80 765	138 469	84 672	97 996	127 315
2020	165 885	133 054	87 661	158 889	174 861	114 670	139 595
2021	168 869	155 024	95 246	146 768	103 403	132 313	177 280
2022	144 889	161 706	127 284	145 026	87 776	211 245	227 425
2023	120 940	112 680	71 382	98 723	77 967	142 286	127 919
N/A	14 997	9 896	11 175	11 062	8 354	8 972	10 945
合计	1 556 736	1 386 826	1 040 162	1 522 625	1 04 515	1 322 029	1 446 574

数据来源:马克数据网,截至 2023 年 9 月 21 日。部分样本注册年份信息缺失。

无锡跟宁波与天津市的对比类似。唯一例外是 2020 年无锡的市场主体数量出现了一次井喷。同时,2022 年“中国企业 500 强”“中国制造业企业 500 强”“中国服务业企业 500 强”三张榜单中,无锡有 58 家企业入围。

与青岛相比,天津市在 1998 年之前存续市场主体还占有优势,但 1998 年之后一直到 2020 年天津市存续主体均处于劣势。近两年天津市存续主体处于领先态势。

与郑州相比,天津市在 2015 年之前存续市场主体均占有优势,但其后郑州开始发力,存续主体数量始终高于天津(2019 年例外)。这意味着郑州市主体比天津市的更“新”——总体上成立时间更晚。这可能也是郑州市场主体比我要多出几万家,但经济总量有所不及的原因。但如果这一存续主体占优的趋势延续下去,就将成为郑州相对于天津市的一个重大优势。

与长沙相比,前期天津市仅 2014—2016 年存续主体数量偏少,但后期 2022 年和 2023 年长沙存续主体数量高出天津市 4.95 万家、2.96 万家。

2)从存续企业主体角度来看

如表 2-16 所示,与南京比较,天津市存续企业主体仅 2003—2006 年相对较少,其余年份存续数量均高于南京。

与宁波比较,天津市在 2004 年以前的绝大多数年份的存续企业数量少于宁波,但其后年份天津市存续主体明显多于宁波,尤其是 2014 年之后存续主体数量大幅高于宁波,2022 年甚至多出 2.67 万家。

与青岛相比,天津市在 2015 年之前与青岛的存续企业数量大致相当,多数年份天津市比青岛多出几百家,甚至在 2015—2017 年领先青岛的存续企业达到最多 4 600 多家,两市年度存续企业主体数量呈交互领先状态。但 2017 年以后,青岛呈现明显的占优态势,存续主体数量从 2018 年领先天津市近 4 000 家,到 2020 年时达到了 2.39 万家,近两年下降到数千家的规模,2023 年截至目前则比天津市低出 665 家。

与无锡比较, 1999—2003 年天津市存续企业数量处于轻微劣势,其余年份天津市大多占优,尤其是 2014 年以来,天津市存续企业主体领先数量均达万家,最高的 2019 年甚至领先 3.93 万家。

与长沙比较,天津市绝大多数年份存续企业主体多于长沙, 1992—2019 年,呈现逐年占优数量增加态势, 2019 年时存续企业领先数量甚至达到了 1.70 万家,随后开始有所下降,到 2022 年时,长沙存续企业数量大幅多于天津市,领先量达到了 1.96 万家, 2023 年截至目前多出 3.01 万家。这一态势如果持续下去,将会给天津市带来重大挑战。

与郑州相比, 1992—2013 年天津市存续企业主体一直保持领先优势,每年领先数量在几百到 3 000 多家。但 2014 年后出现反转(2016 年例外),这一反转一直延续到 2023 年, 2018 年时郑州反超天津市 1.19 万家, 2023 年更是达到了 1.95 万家。这一态势如果持续下去 ,将会对天津市带来重大挑战,更是对 GDP 排名其前的长沙的直接挑战。

表 2-16　主要竞争城市存续企业主体的注册年份分布　　单位:家

年份(年)	南京	天津	宁波	青岛	无锡	长沙	郑州
1992 年之前	1 871	3 047	1 984	2 556	3 363	927	796
1992	635	922	572	693	857	247	197
1993	776	1 207	1 115	950	1 061	398	263
1994	607	1 017	1 411	1 016	849	328	350
1995	731	1 255	1 615	910	899	336	386
1996	977	1 420	1 581	1 005	1 056	311	561
1997	1 051	1 496	1 458	1 111	1 498	567	948
1998	1 663	1 940	2 139	1 903	1 927	641	909
1999	1 820	1 996	2 520	2 248	2 199	758	1 326
2000	2 510	2 538	3 559	2 798	3 045	986	1 409
2001	3 081	3 279	4 043	3 137	4 158	1 293	1 540
2002	4 314	4 325	5 099	3 943	5 331	1 434	2 057
2003	5 895	5 148	5 657	5 146	5 768	1 779	2 772
2004	6 130	5 433	4 915	4 890	4 922	2 118	3 591
2005	6 290	5 787	4 976	5 611	4 172	2 292	3 731
2006	6 969	6 419	6 165	6 420	5 181	2 598	3 665
2007	7 050	7 167	6 347	6 530	4 759	2 965	4 408
2008	7 262	7 962	6 137	6 905	5 021	3 254	5 133
2009	9 112	9 186	7 842	9 079	6 651	4 457	6 701
2010	11 418	11 515	9 853	12 028	8 738	6 050	8 201
2011	12 287	13 731	10 698	13 295	9 062	7 851	10 500
2012	12 564	13 556	10 074	14 397	7 933	7 388	10 660
2013	15 729	16 925	15 010	18 054	10 168	9 607	14 004
2014	24 357	27 703	18 863	27 775	16 402	20 215	31 272
2015	30 718	34 941	20 414	33 044	18 360	22 973	37 851
2016	39 488	46 659	28 137	42 044	23 115	31 819	46 206
2017	46 283	53 694	36 717	50 688	30 103	38 202	61 032
2018	50 093	59 647	42 057	63 557	33 770	43 071	71 512
2019	59 085	74 194	46 375	85 486	34 876	57 150	84 406
2020	64 537	72 712	52 566	96 601	40 046	65 899	85 418
2021	75 521	85 686	59 272	94 516	47 772	79 994	94 972

续表

年份(年)	南京	天津	宁波	青岛	无锡	长沙	郑州
2022	72 316	82 778	56 054	89 438	45 041	102 354	90 598
2023	58 149	71 691	45 094	71 026	35 095	101 812	91 163
N/A	60	1	2	8	65	19	2
合计	641 289	731 976	520 319	778 800	423 198	622 074	778 538

数据来源:马克数据网,截至 2023 年 9 月 21 日。部分样本注册年份信息缺失。

3)从个体工商户角度来看

如表 2-17 所示,与南京相比,天津市存续的个体工商户仅在 1992—1998 年(和 2022 年)领先于南京,领先数量在几百家的水平(2022 年为领先 6 200 多家),其余年份均少于南京,差距最大的年份比南京少 4.57 万家。结合企业数量来看,南京的企业数量比天津少 9.57 万家,但个体工商户多出 26.78 万家,但南京 2022 年的 GDP 总量高出天津市 600 亿元左右,这意味着天津市企业主体的质量、规模效应还有待提高。

表 2-17 主要竞争城市存续个体工商户的注册年份分布 单位:家

年份(年)	南京	天津	宁波	青岛	无锡	长沙	郑州
1992 年之前	225	566	1 540	375	879	19	148
1992	82	326	574	172	557	5	13
1993	93	897	627	732	469	6	25
1994	96	565	568	371	427	7	32
1995	99	387	806	448	791	10	33
1996	237	887	1 409	662	1 241	130	71
1997	199	752	1 963	724	1 157	771	64
1998	332	927	1 705	1 034	1 370	239	113
1999	1 896	1 041	2 263	1 191	2 276	478	106
2000	5 959	1 744	6 098	2 356	3 375	5 635	547
2001	2 664	1 595	3 258	1 909	2 969	2 349	609
2002	7 156	1 433	4 283	2 125	3 352	1 780	572
2003	6 434	1 987	4 689	3 139	4 074	3 409	937

续表

年份(年)	南京	天津	宁波	青岛	无锡	长沙	郑州
2004	8 252	2 964	4 578	3 740	4 332	4 195	2 011
2005	7 172	3 324	4 551	6 669	6 921	3 898	2 441
2006	7 769	3 725	5 413	5 953	6 925	4 162	2 213
2007	9 467	6 850	7 193	8 417	8 242	9 302	3 667
2008	21 297	8 582	8 890	11 359	8 385	10 376	5 314
2009	19 413	9 819	9 816	18 890	11 581	13 407	5 753
2010	21 086	13 592	12 939	20 986	12 327	15 997	7 216
2011	22 206	15 063	15 749	26 441	14 824	22 486	12 309
2012	26 255	19 591	17 353	27 549	16 746	22 992	19 539
2013	28 398	22 867	22 079	36 224	17 231	29 750	19 425
2014	36 256	29 043	24 716	40 386	22 566	40 459	22 382
2015	33 936	29 444	28 993	56 979	22 689	42 423	33 053
2016	44 302	33 999	32 040	58 466	26 967	50 465	43 631
2017	71 905	68 789	46 865	82 985	38 005	67 616	68 501
2018	89 885	44 159	31 191	50 601	42 108	37 712	48 835
2019	93 708	55 550	34 247	52 047	49 693	40 043	42 594
2020	101 113	59 968	34 943	59 203	134 727	48 006	53 943
2021	93 166	69 031	35 861	51 426	55 570	51 716	82 152
2022	72 371	78 602	71 114	55 005	42 679	108 499	136 680
2023	62 738	40 841	26 202	27 251	42 840	40 219	36 714
N/A	495	5	6	9	446	7	2
合计	896 662	628 915	504 522	715 824	608 741	678 568	651 645

数据来源:马克数据网,截至 2023 年 9 月 21 日。部分样本注册年份信息缺失,导致合计样本数与前面的汇总数据可能存在差异。

与宁波相比,天津市个体工商户数量在 1992—2011 年的绝大多数年份少出宁波,数量在百千之间;2012 年以后,天津市个体工商户数量相对于宁波大幅增加,2021 年甚至高出 3.32 万家。结合企业数量来看,宁波企业主体只有 52.03 万家,比天津市少 21.67 万家,个体工商户比天津市也 12.44 万家,但宁波 2022 年的 GDP 仅比天津市低出 607 亿元。对比南京、宁波和天津市情况,进一步体现出天津市企业和个体工商户户均的 GDP 贡献不足问题。

与青岛相比，1998 年以前天津市个体工商户数量占优（1995 年例外），但两地个体工商户数量均在 1 000 家以下；1998—2018 年，青岛的个体工商户数量则一直占优，最多的年份甚至领先 2.75 万家，但 2018 年以后天津市的个体工商户存续数量开始反超青岛，最多时超过青岛 2.36 万家。回溯两地相关政策发现，2017 年 10 月 23 日，青岛印发实施了《青岛市“双百千”工程行动计划（2017—2021 年）》，放宽人才落户条件，加快人才集聚，高校毕业生凭毕业证即可申请落户。天津于 2018 年 5 月 18 日推出了海河英才计划。从政策效果上看（当然不完全归因于这两次政策），两地既有相同表现，也存在细微差异；政策都促进了企业主体和个体工商主体的大幅增加，但天津政策在促进企业数量增长的效果上不如青岛，青岛政策在促进个体工商户数量增长的效果上不如天津。

与无锡相比，1992—2007 年（个别年份除外）天津市存续主体数量少于无锡，2010 年以后天津市开始明显反转，存续个体户数量逐年反超无锡，2017 年达到了 3.08 万家、2022 年达到了 3.59 万家。只有一个年份特殊，2020 年无锡的存续数量达到 13.47 万家，反超天津 7.48 万家。其原因需要后续对数据的可靠性和背后的政策因素予以分析才能揭示。但总体来看，企业主体数量和个体工商户数量无锡均少于天津，但无锡早年创办的企业和个体工商户数量相对于天津占优，这可能是无锡经济相对稳健的重要原因。

与长沙相比，2000—2016 年，天津市个体工商户存续量较低，最多的年份比长沙少 1.65 万家，其后天津市个体工商户数量开始反超长沙，2021 年甚至比长沙多出 1.73 万家，但 2022 年长沙又反超天津市 2.99 万家，存续个体户数量达到 10.85 万家。2023 年两市水平相当。结合企业变动来看，天津市总体还具有优势，但从近年来的新增存续主体上看，天津市还有所不足，在个体户的存续能力上也较长沙有明显不足。

与郑州相比，1992—2014 年天津市个体工商户数量一直占优，最高年份时超出郑州 6 600 多家，2015 年、2016 年期间被郑州反超，2019 年天津市又反超出 1.30 万家，随后的 2021 年、2022 年，郑州大幅反超天津市，分别达到 1.31 万家和 5.81 万家。2023 年天津市新增数量稍有领先。结合企业主体变动来看，2013 年或 2014 年前天津市处于领先水平，但近两年来看，郑州爆发较为明显。

2.4.2 市场主体的存续率比较

与人一样，市场主体不是生来就有的，存在一个生命周期。市场主体在一个地方的政府行政部门登记注册可谓之生，如果迁出这个地方或注销或被吊销等则意味着这个主体在这个地方的“死亡”。这里以一个城市历年注册的市场主体为分析对象，以 2023 年 9 月 21 日为具体时点，探讨城市中市场主体的存续率问题。从概念上，存续率等于截至某个时点一个城市中存续（还在持续经营，至少表面上是这样）的市场主体占中华人民共和国成立以来曾在这个城市的行政部门登记注册过主体的比重。遗憾的是，对于不再持续经营的市场主体，数据库中没有主体迁出、吊销或注销的具体时间，即只知生日，不知去时，但在 2023 年 9 月 21 日这个时刻，已经知道主体在当地不复存在了。

2.4.2.1 市场主体存续率的总体比较

如图 2-7 所示，从市场主体总体角度来看，截至 2023 年 9 月 21 日主要竞争城市在中华人民共和国成立以来累计的登记注册的总量以天津为最多，其次是青岛、南京、郑州，然后是宁波、长沙和无锡。尽管天津累计量大幅高于其余对手，但从存续量来看，南京、青岛、郑州却高于天津，天津的存续量仅领先于长沙，大幅领先于宁波和无锡。其中主要的原因就在于主体存续率的差异。数据揭示，中华人民共和国成立以来累计的市场主体存续率天津最低，只有 46.79%，比长沙低 16.60%，比南京低 13.35%，比无锡低 11.64%，比青岛、郑州低近 10%，比宁波的 47.82 也低 1%。

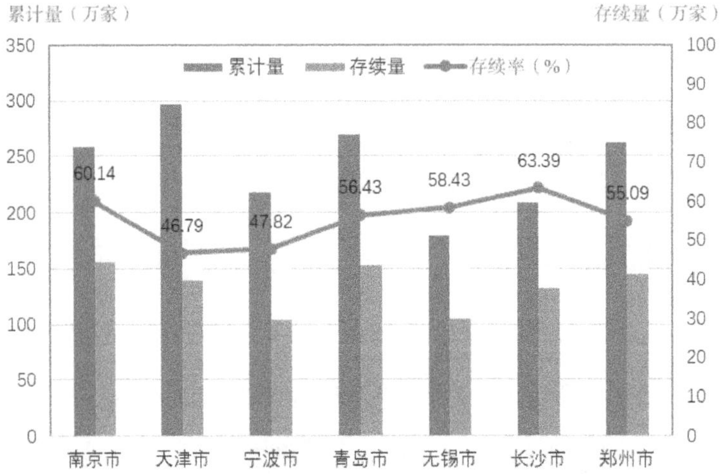

图 2-7 主要竞争城市市场主体累计量、存续量和存续率比较

数据来源：马克数据网，截至 2023 年 9 月 21 日。部分样本信息缺失。

如图 2-8 所示，具体从企业主体来看，中华人民共和国成立后累计登记注册的企业主体数量达到了 140 万家左右，居各城市之首；其次是青岛、郑州、南京，宁波、长沙、无锡等大幅落后于天津。但天津的企业存续率仅为 52.7%，远低于长沙、郑州的 68.8%和 68.2%，比青岛也低出近 10 个百分点，使得企业主体总量与其他城市相比并不明显占优。

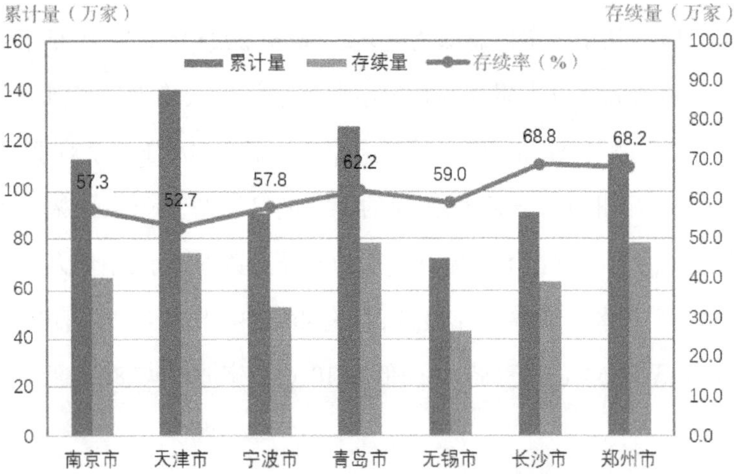

图 2-8 主要竞争城市企业主体累计量、存续量和存续率比较

数据来源：马克数据网，截至 2023 年 9 月 21 日。部分样本信息缺失。

如图 2-9 所示，从个体工商户来看，天津市累计登记注册总量仍然位居各城市之首，与郑州、南京、青岛差距不大。但天津市个体工商户存续率仍然在各市中与宁波并列垫底，郑州的个体工商户存续率也不高，而南京的个体工商户存续率高达 62.3%，比天津市高出 21.3 个百分点，长沙、无锡约比天津市高出 17、16 个百分点。

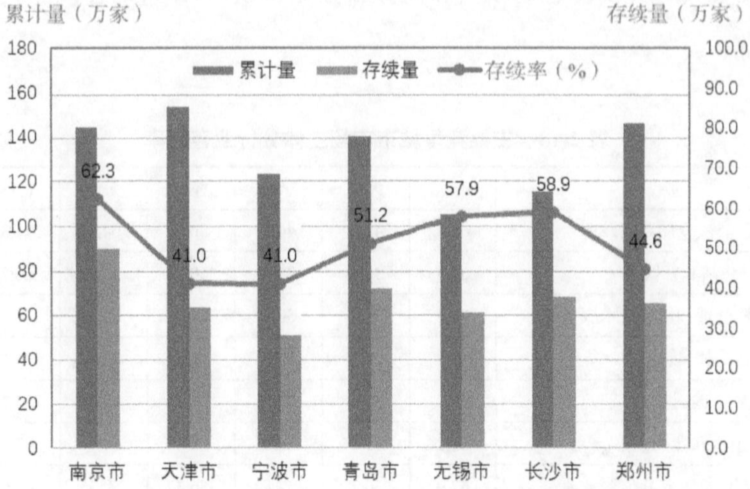

图 2-9　主要竞争城市个体工商户主体累计量、存续量和存续率比较

数据来源：马克数据网，截至 2023 年 9 月 21 日。部分样本信息缺失。

2.4.2.2　市场主体存续率的行业差异分析

如表 2-18 所示，市场主体的存续率在行业间差距明显，天津市几乎在所有行业的存续率上均落后于主要竞争城市（宁波有时与天津相关不多）。总体来看，存续率较高的行业包括建筑业，科学研究和技术服务业，信息传输、软件和信息技术服务业，卫生和社会工作，农、林、牧、渔业，文化、体育和娱乐业等，大多数城市这些行业的存续率都在 60%甚至 70%以上。存活率较低的行业主要是住宿和餐饮业、制造业、金融业和采矿业，近年来教育行业受到冲击较大，存活率也不高。鉴于采矿业的资源产业的特殊性，在这里不做进一步分析。从天津市来看，存续率最高的是农、林、牧、渔业，但与长沙、无锡、南京相比尤其是与长沙相比差距较大；存续率次高的是信息传输、软件和信息技术服务业，但与长沙、南京相比低出 8%左右。除却采矿业，天津市存续率最低的行业是制造业、住宿和餐饮业、教育行业，存续率均在 40%以下。尤其制造业，只有 36.5%，位居全市所有行业中最低（采矿业除外），位居所有城市最低，比存续率最高的城市无锡 55.9%的存续率低出近 20%，比最低的宁波低出近 11%。住宿和餐饮业的存续率仅高出宁波，只有 38.8%，与存续率最高的城市相比低出逾 20%。即使在具有突出特色的租赁和商务服务业领域，天津市的存续率仍然主要竞争城市末席。

表 2-18 主要竞争城市市场主体分行业存续率 单位：%

行业	南京	天津	宁波	青岛	无锡	长沙	郑州
交通运输、仓储和邮政业	62.4	41.8	44.8	56.9	64.4	71.3	53.5
住宿和餐饮业	53.7	38.8	34.2	50.5	51.4	60.7	46.0
信息传输、软件和信息技术服务业	71.3	63.1	58.1	64.0	70.2	71.5	64.7
农、林、牧、渔业	67.7	66.3	58.2	56.2	71.7	75.7	64.4
制造业	51.0	36.5	47.3	51.7	55.9	53.7	51.5
卫生和社会工作	66.2	55.1	56.4	66.0	64.1	67.3	66.9
居民服务、修理和其他服务业	62.9	50.7	47.8	56.3	59.3	61.6	56.2
建筑业	72.2	60.6	64.0	74.1	74.9	78.1	75.3
房地产业	55.6	52.2	52.0	52.2	53.4	61.6	60.5
批发和零售业	61.2	43.6	43.8	53.2	55.0	59.1	48.8
教育	57.4	38.6	40.4	51.5	57.3	62.6	52.0
文化、体育和娱乐业	66.4	53.1	52.7	61.5	62.7	66.6	63.6
水利、环境和公共设施管理业	51.1	46.5	44.9	43.2	68.9	65.4	57.2
电力、热力、燃气及水生产和供应业	57.9	49.8	44.4	59.2	59.5	56.9	48.1
科学研究和技术服务业	71.5	60.6	69.0	70.1	72.3	72.1	71.0
租赁和商务服务业	56.4	54.7	63.7	63.8	61.4	70.4	67.0
采矿业	23.1	16.7	12.5	26.7	24.3	18.8	31.2
金融业	41.7	47.7	47.7	68.0	56.5	60.4	58.7
合计	60.2	46.9	48.3	56.4	58.6	63.3	55.1

数据来源：马克数据网，截至 2023 年 9 月 21 日。部分样本信息缺失。

如表 2-19 所示，从企业主体分行业的存续率看，天津市在几乎所有的行业中的存续率都比较低。例如,制造业企业存续率仅为 40.6%,是除采矿业外存续率最低的行业,与主要竞争城市相比存续率低出至少 7%,最高的低出 23.8%。存续率较高的信息传输、软件和信息技术服务业,存续率达到了 65.3%,但与郑州、长沙、无锡、南京相比,差距明显,与青岛相当,领先于宁波。在拥有企业主体数量最多的批发和零售业,天津市的企业存续率为 49.2%,略高于青岛,与郑州、长沙差距明显。

表 2-19　主要竞争城市企业主体分行业存续率　　单位:%

行业	南京	天津	宁波	青岛	无锡	长沙	郑州
交通运输、仓储和邮政业	59.9	51.8	59.9	62.8	61.5	66.5	67.6
住宿和餐饮业	55.6	42.8	52.9	49.6	56.2	66.4	68.2
信息传输、软件和信息技术服务业	68.1	65.3	61.0	65.7	69.3	68.9	73.1
农、林、牧、渔业	56.8	52.7	46.2	54.2	64.1	62.3	70.5
制造业	48.9	40.6	55.1	56.5	47.7	64.4	54.4
卫生和社会工作	67.3	57.3	62.1	63.5	66.0	70.9	69.3
居民服务、修理和其他服务业	56.6	48.5	48.5	52.8	59.2	63.0	64.6
建筑业	70.7	62.3	67.1	74.6	74.5	76.9	79.2
房地产业	55.6	54.1	55.8	51.4	56.1	60.9	65.7
批发和零售业	52.4	49.2	56.5	48.9	59.4	67.2	70.9
教育	57.6	53.8	37.8	48.1	59.0	60.4	60.7
文化、体育和娱乐业	65.1	58.0	60.7	61.6	63.0	69.4	69.7
水利、环境和公共设施管理业	38.4	57.0	57.7	67.3	65.0	70.5	72.4
电力、热力、燃气及水生产和供应业	65.4	61.3	62.6	64.2	58.9	71.4	69.4
科学研究和技术服务业	69.2	61.2	69.6	72.6	64.6	72.7	72.7
租赁和商务服务业	48.8	59.1	63.5	59.8	63.1	68.5	71.1
采矿业	17.4	23.8	19.0	11.9	27.5	39.5	25.8
金融业	41.1	48.6	49.7	56.8	63.0	59.6	59.8
合计	57.1	52.8	58.0	59.1	61.8	68.0	68.6

如表 2-20 所示,个体工商户中亦观察到类似现象。尤其是科学研究和技术服务业行业,天津市的存续率只有 52.9%,虽然高出郑州 12.6%,但与其余城市差距突出,远低于南京的 81.4%、无锡的 69.8%。金融业领域的个体户存续率也只有 37.7%,远

高于宁波的21.4%，但大幅落后于长沙、南京、无锡和青岛等地。交通运输、仓储和邮政业领域相对于长沙、无锡、南京的存续率差距也比较明显。近年来，在稳增长中作用重要的建筑业、房地产业的存续率与竞争城市相比，天津市与多数城市相比亦处于相对低位（仅在房地产业存续率优于宁波）。

表2-20 主要竞争城市个体工商户主体分行业存续率 单位：%

行业	南京	天津	宁波	青岛	无锡	长沙	郑州
交通运输、仓储和邮政业	63.7	33.7	38.4	48.9	65.9	72.6	48.6
住宿和餐饮业	53.4	38.1	32.6	49.6	51.5	59.9	43.8
信息传输、软件和信息技术服务业	77.7	57.6	53.8	60.2	75.3	67.8	48.0
农、林、牧、渔业	71.8	69.2	62.7	53.6	79.3	76.9	63.0
制造业	53.4	33.1	42.4	52.5	55.2	53.4	42.1
卫生和社会工作	62.8	51.4	40.5	59.4	64.4	63.4	53.8
居民服务、修理和其他服务业	63.9	51.1	48.0	56.3	60.2	61.2	55.3
建筑业	76.2	56.7	57.1	68.9	75.8	72.3	60.4
房地产业	56.1	42.7	42.4	37.8	59.6	41.6	48.3
批发和零售业	63.3	40.2	38.3	48.0	56.8	54.6	42.0
教育	57.5	34.1	43.1	50.0	59.8	63.8	49.0
文化、体育和娱乐业	68.7	46.4	43.9	58.6	64.0	59.9	49.8
水利、环境和公共设施管理业	76.3	36.7	28.0	32.3	70.0	57.1	43.1
电力、热力、燃气及水生产和供应业	47.3	26.1	21.3	46.0	50.6	41.5	23.5
科学研究和技术服务业	81.4	52.9	66.2	63.6	69.8	66.5	40.3
租赁和商务服务业	74.4	47.6	64.8	58.4	63.8	69.0	54.2
采矿业	29.0	11.2	9.8	28.1	48.5	15.6	20.0
金融业	62.4	37.7	21.4	47.9	49.4	65.9	39.6
合计	62.8	41.2	41.7	51.5	58.2	58.9	44.8

数据来源：马克数据网，截至2023年9月21日。部分样本信息缺失。

总体来看，天津市分行业的存续率系统性地低于除宁波以外的其他城市。宁波在交通运输、仓储和邮政业，制造业，建筑业，房地产业，批发和零售业，租赁和商务服务业，科学研究和技术服务业等领域存续率领先于天津市。制造业、建筑业、房地产业等行业在国民经济构成中占有较大比例，批发和零售业对于促进资本循环、产业循环具有重要作用。

2.4.2.3　市场主体存续率的所有制性质差异分析

仅企业划分了所有制性质，个体工商户等其他市场主体无须进行这一特征分析。基于正则法则提取的信息形成了企业所有制性质分类，如表2-21所示。总体来看，天津市民营企业存续较高，达到了59.7%，大幅度高出国有、集体、外资和港澳台商企业的存续率，但与主要竞争城市相比，处于最低档，与长沙、郑州超过70%的存续率相比有明显差距，南京、宁波的存续率均比天津市高出2个百分点以上，青岛、无锡则高出六七个百分点。不仅如此，天津市在国有及国有控股企业的存续率方面，大幅落后于郑州、宁波、长沙、青岛等地，也落后于南京，只比无锡略高。在外商投资企业存续率方面，天津市在竞争城市中处于中等水平，但与宁波、无锡、长沙有明显差距，大幅领先于郑州。港澳台投资企业存续率方面各个城市差异不甚明显。集体所有制企业方面，天津市大幅落后于宁波、郑州。在承接和注册的分公司的存续率方面，天津市的存续率仅高于宁波、无锡等地，但与青岛、长沙、郑州差距明显。在其他企业（其他有限责任公司，其他合伙企业之类）方面，天津市不仅相应主体数量稀少，还存在着存续率远低于其他城市的问题（这一问题或许值得进一步研究探明差异存在的缘由）。

表2-21　主要竞争城市分所有制性质的企业存续率　单位：%

企业性质	南京	天津	宁波	青岛	无锡	长沙	郑州
民营企业	62.1	59.7	62.4	66.1	67.0	73.1	70.7
国有及国有控股企业	6.2	4.6	11.7	8.8	3.5	11.1	17.1
集体所有制企业	5.1	3.1	18.6	5.7	2.6	3.5	9.2
外商投资企业	46.5	42.2	50.6	38.4	50.5	49.2	24.3
港澳台商投资企业	48.2	45.5	42.3	47.9	40.6	47.7	45.3
分公司	39.0	34.3	33.8	45.6	28.4	47.6	46.4
其他企业	88.9	7.4	69.1	83.0	91.9	78.2	77.1
分支机构	2.5	9.4	8.4	9.6	1.8	3.9	7.3

续表

企业性质	南京	天津	宁波	青岛	无锡	长沙	郑州
非法人	9.0	3.2	0.9	33.4	1.3	4.4	6.3
合计	57.4	53.0	58.5	62.2	59.1	68.8	68.2

数据来源：马克数据网，截至 2023 年 9 月 21 日。部分样本信息披露存在遗漏或错误，其中合计栏目为工商登记为企业的主体的平均存续率。

2.4.2.4 市场主体存续率的注册年份差异分析

各年份市场主体注册量和截至 2023 年 9 月 21 日还存续的量能够更直接地体现各主要竞争城市市场主体的出生和存活现状。这里主要分析邓小平同志 1992 年视察南方发表谈话以来的市场主体存续情况。

1)从市场主体来看

如表 2-22 所示，与南京相比，天津仅 2016 年和 2021 年两个年份注册的市场主体的存续率高于南京，高出比例分别为 1.7%和 0.3%，但其余存续注册的主体的存续率均低于南京，年度存续率差距最高达到 15.1%。

与宁波相比，天津市在 2008 年以前各年份的存续率均处于低位，2008—2014 年反超宁波，2015—2020 年再次落后，2021—2023 年再次反超。1992 年，天津市存续率落后宁波达 18.8%，到 2012 年领先时，最多也只领先 4.6%，到 2019 年再次落后时，存续率低了 6.8%。

与青岛相比，天津市绝大多数年份的存续率处于落后状态，仅 2002 年、2014 年和 2021 年三个年份小有领先，领先比例不足 2%。2006—2013 年，天津市主体的存续率落后于青岛较多，最高时落差达到 18.3%。

与无锡相比，天津市各个年份的主体存续率绝对落后，落后最多时达到 17.7%，而且与宁波的比较类似，越早年份注册的主体，天津市的存续率相对越低。

与长沙相比，天津市仅在 2002 年、2003 年、2022 年处于小幅领先，领先水平均为 0.3%，其余年份均处于落后状态。对比相对于宁波、无锡的落后模式，天津市主体存续率的落后差距在 2009—2020 年较大，落差最大时达到了 17.4%。因此，相对于宁波、无锡,天津市老企业较少,相对于长沙,天津市的新企业数量不足。

与郑州相比,天津市在 2004 年之前的存续率低,最低时落后 13.4%,且年度平均落后程度较高;在 2005—2014 年领先,领先的幅度从 3.1%到 12.1%不等,在 2016—2020 年落后,落后比例在 2.2%到 7.6%之间不等。

表 2-22　主要竞争城市市场主体分注册年份存续率　单位:%

年份(年)	南京	天津	宁波	青岛	无锡	长沙	郑州
1992 年之前	9.4	7.7	22.5	11.4	16.7	8.9	21.0
1992	8.8	3.9	22.7	8.9	15.0	6.3	17.3
1993	8.4	6.2	18.5	8.0	12.1	6.5	13.0
1994	9.5	6.3	21.9	9.4	13.8	6.4	18.3
1995	10.3	6.5	15.3	10.6	18.7	8.5	17.8
1996	15.1	5.9	21.5	12.5	21.8	11.4	18.6
1997	15.1	8.0	22.8	12.8	24.8	12.3	18.5
1998	18.2	9.6	21.4	16.5	26.9	16.5	16.7
1999	22.0	11.8	19.5	17.0	27.9	15.4	14.4
2000	24.1	11.5	23.8	14.6	29.2	20.4	23.3
2001	21.5	15.0	25.8	15.9	29.9	18.3	23.1
2002	24.2	19.4	26.3	17.6	32.1	19.1	22.3
2003	24.4	19.3	27.2	19.7	32.0	19.0	21.0
2004	25.4	17.7	25.1	20.8	31.3	23.5	18.5
2005	25.1	19.8	26.0	22.5	29.8	22.4	14.9
2006	29.2	22.5	28.3	31.5	31.9	26.2	14.2
2007	33.5	24.0	26.5	35.4	34.3	27.0	13.0
2008	38.7	27.3	25.7	41.7	34.0	31.1	15.9
2009	45.6	30.8	29.1	45.0	37.9	38.3	18.7
2010	49.4	34.0	32.8	48.2	40.9	45.0	23.0
2011	54.0	37.0	35.4	55.3	47.0	54.4	26.6
2012	59.1	42.7	38.1	59.3	48.5	57.6	34.1
2013	60.5	45.3	40.8	51.5	52.9	61.5	35.7
2014	61.5	46.4	44.6	45.3	57.5	61.3	43.3
2015	54.7	46.8	48.5	49.8	57.0	61.4	46.8

续表

年份(年)	南京	天津	宁波	青岛	无锡	长沙	郑州
2016	47.8	49.5	51.8	60.7	58.9	64.1	51.7
2017	68.0	54.0	55.7	61.8	62.3	65.7	58.1
2018	72.3	57.8	62.7	65.8	62.8	68.5	62.0
2019	75.7	61.0	67.8	71.8	71.1	72.8	68.6
2020	76.4	71.0	73.5	72.8	78.9	77.1	75.0
2021	78.9	79.2	78.0	79.1	81.0	83.7	79.2
2022	92.7	90.7	89.3	92.3	91.2	90.4	81.3
2023	99.0	98.7	98.6	99.1	98.8	99.3	98.9
合计	60.4	49.2	50.7	56.9	58.8	64.3	55.0

数据来源:马克数据网,截至 2023 年 9 月 21 日。部分样本信息缺失。

2)从企业主体角度来看

如表 2-23 所示,与南京相比,模式与总量分析部分类似,天津市仅在个别年份(2002 年、2016 年、2021 年领先),其余年份均较为落后,尤其是 2007—2014 年,存续率差距逐年扩大,从 2.5%扩大到超过 10%。

与宁波、青岛、长沙、郑州相比,模式与总量分析部分类似,体现为落后的时间多、领先的时间少,落后时比例较大、领先时比例不高。

与无锡相比,无锡仅 2010 年以后的个别年份落后于天津市,且落后比例不大,但领先的幅度在早年均较大,1997—2006 年的存续率领先度均高达 10%以上。

表 2-23 主要竞争城市企业主体分注册年份存续率 单位:%

年份(年)	南京	天津	宁波	青岛	无锡	长沙	郑州
1992 年之前	8.7	7.3	21.8	12.5	14.6	8.9	19.7
1992	8.1	5.0	21.8	9.4	10.7	6.3	17.7
1993	7.7	4.8	19.7	7.9	9.4	6.5	12.8
1994	8.6	6.2	23.9	9.6	10.6	6.3	18.3
1995	9.6	7.8	17.8	10.7	13.2	8.4	17.9
1996	13.7	9.6	21.8	12.9	16.1	10.0	18.2

续表

年份(年)	南京	天津	宁波	青岛	无锡	长沙	郑州
1997	14.2	11.5	24.3	14.8	22.9	9.1	18.4
1998	17.6	13.9	26.0	19.9	26.1	18.0	16.6
1999	19.1	16.0	22.5	21.8	28.8	15.8	14.2
2000	22.0	19.3	28.2	25.4	31.8	21.5	23.4
2001	24.4	24.0	31.5	27.8	36.0	24.7	25.5
2002	26.2	26.9	32.0	29.0	39.6	27.1	25.6
2003	30.0	27.6	33.1	31.5	41.2	26.1	25.8
2004	29.3	27.2	30.9	31.6	40.1	29.1	26.6
2005	31.3	29.2	32.9	33.2	42.2	28.9	27.1
2006	35.2	30.5	34.0	36.7	44.3	29.8	27.7
2007	37.1	34.6	35.0	40.1	43.3	32.4	33.2
2008	42.1	38.0	36.8	44.6	45.8	33.4	38.1
2009	47.1	40.9	40.7	47.4	42.6	39.0	42.4
2010	49.9	43.7	43.4	44.4	43.1	42.2	47.3
2011	53.7	43.9	44.9	53.0	53.1	46.2	50.8
2012	58.2	47.5	47.7	59.3	46.9	49.1	55.1
2013	59.7	49.4	52.0	61.4	52.8	53.7	59.2
2014	59.2	48.7	52.4	61.4	61.2	56.2	61.0
2015	47.4	47.4	55.3	41.9	58.9	56.2	60.8
2016	37.1	50.2	58.9	63.4	62.6	62.0	63.3
2017	63.1	55.3	62.6	65.6	67.4	65.5	64.7
2018	68.6	59.6	65.5	66.2	66.3	70.1	69.1
2019	74.1	62.6	71.0	73.1	77.1	74.6	72.7
2020	76.2	74.4	77.5	72.7	72.5	78.8	77.7
2021	78.0	83.3	81.7	81.7	85.1	84.7	83.4
2022	93.5	93.0	93.5	93.6	92.8	92.1	93.6
2023	99.4	99.2	99.2	99.2	99.4	99.4	99.2
合计	57.6	53.4	59.3	62.3	59.6	68.8	68.2

数据来源:马克数据网,截至 2023 年 9 月 21 日。部分样本信息缺失。

3）从个体工商户角度来看

如表 2-24 所示，与南京相比，天津市所有年份的存续率均落后，且落后的比例都比较大，落后比例的平均值达到 15.7%，1992 年最高时落后 25.6%，2007—2019 年的存续率基本位于 10%~23%，平均落后幅度达到 15.6%。

与宁波相比，天津市一直到 2008 年之前的存续率均处于落后状态，落后最多时比例高达 27%，1992—2004 年落后的比例均在 10%以上。2008—2017 年，天津市存续率高于宁波，但领先比例不大，最高时为 6.7%，最少时只有 0.2%。其后的存续率高低各有交错领先。

与青岛相比，天津市仅个别年份占优（1993 年、2002 年、2014 年三年年份），其余时间均落后于青岛，平均落后幅度约 7.6%。

与无锡相比，天津市全面落后，最高时落后 36.0%，最低时落后 0.4%，平均落后幅度约 14.6%。

与长沙相比，天津市仅 1993 年时领先了 2.7%，其余年份的存续率均落后，最高时落后 25.4%，最低时落后 0.5%，平均落后幅度达到 10.4%。

与郑州相比，天津市存续率在前期大幅落后，中期中幅反超，后续两市交错领先。总体看，存续率相当。

表 2-24 主要竞争城市个体工商户分注册年份存续率 单位：%

年份（年）	南京	天津	宁波	青岛	无锡	长沙	郑州
1992 年之前	27.8	10.8	30.9	14.4	36.3	17.9	36.5
1992	28.1	2.5	29.5	12.8	38.5	11.9	24.1
1993	27.0	10.3	26.8	10.0	35.3	7.6	34.2
1994	27.5	6.3	23.7	11.5	33.7	8.9	33.3
1995	22.7	4.2	18.7	12.2	35.3	11.4	26.2
1996	26.9	3.7	24.3	12.8	31.1	17.2	29.3
1997	22.8	5.0	22.7	11.0	27.9	16.8	25.3
1998	22.5	5.9	19.7	12.8	28.2	13.6	18.1
1999	26.0	7.9	20.8	12.1	27.2	15.0	17.2

续表

年份(年)	南京	天津	宁波	青岛	无锡	长沙	郑州
2000	25.2	7.2	22.2	9.7	27.2	20.2	23.3
2001	18.9	8.5	21.2	9.4	24.1	16.0	18.8
2002	23.1	10.5	21.8	10.2	24.7	15.4	15.4
2003	21.0	10.8	22.5	12.2	24.5	16.6	13.5
2004	23.2	10.8	20.9	14.4	25.1	21.4	12.0
2005	21.4	12.7	21.0	17.8	25.3	19.8	8.8
2006	25.4	15.6	23.6	27.4	26.5	24.3	7.9
2007	31.3	17.8	21.6	32.0	30.7	25.5	7.5
2008	37.8	21.3	21.1	39.5	29.3	30.2	9.9
2009	45.1	24.6	23.5	43.4	35.5	37.6	11.1
2010	49.2	28.4	27.4	50.1	39.2	45.6	14.2
2011	54.7	32.1	30.7	56.2	43.9	57.5	18.7
2012	60.0	39.7	33.9	58.9	49.6	60.5	28.1
2013	61.4	42.2	35.5	47.2	52.9	64.0	27.5
2014	63.1	43.9	39.9	38.1	55.1	63.7	30.6
2015	63.4	45.6	44.5	55.7	55.6	64.2	36.9
2016	64.2	48.1	46.9	58.6	56.0	65.2	43.2
2017	71.5	52.8	51.3	59.5	58.7	65.6	53.1
2018	74.6	55.4	59.2	65.0	60.2	66.4	53.9
2019	76.7	58.6	63.9	69.5	67.4	70.1	61.5
2020	76.4	67.1	68.1	73.3	81.0	74.6	71.0
2021	79.7	74.6	72.5	74.6	77.7	82.0	74.7
2022	92.0	88.4	86.2	90.1	89.6	88.9	74.8
2023	98.7	97.9	97.6	98.8	98.3	98.9	97.9
合计	62.7	44.9	44.6	52.1	58.3	60.5	44.6

数据来源:马克数据网,截至 2023 年 9 月 21 日。部分样本信息缺失。

2.5　影响天津市创业活跃度的因素分析

《全球创业观察 2022/2023 年全球报告:适应新常态》指出,危机往往会带来机会。疫情将世界推向了所谓的"新常态"。创业无疑是——而且一直是——修复受损经济和社会的解决方案的重要组成部分。影响创业的因素很多。微观方面，创业活跃度的影响因素除了经济因素，还包括创业者年龄、性别、家庭收入、创业动机等个体因素（唐家龙，2007）。葛宣冲等（2022）、朱满德（2023）均认为企业家精神是获取创业资源，推动创业活动的关键因素。本课题主要关注宏观因素。宏观层面，创业活跃度的影响因素包括制度因素、经济环境、历史文化、社会环境等方面。如田园等（2016）认为创业在很大程度上依赖于制度，除法律、政策等正式制度外，还受文化传统、大众舆论等非正式制度的影响。Douglas et al（2020）、杜运周等（2020）基于制度组态视角探讨塑造创业行为这类复杂关系。刘乐等（2022）、刘翠花（2022）、冯海波等（2019）分别尝试从金融网络、数字经济、税收等视角分析经济环境因素对创业活跃度的影响。魏下海等（2016）、彭伟等（2022）、于潇等（2022）则从社会环境视角，剖析社会信任、创业生态、人口集聚对创业活动的影响。赵晓阳和衣长军（2022）发现，数字经济通过消费扩张和吸引外商投资促进了城市创业活跃度。赵康杰等（2022）认为环境舒适性与城市创业活跃度之间存在显著倒U形关系，且目前多数城市仍位于拐点左侧。孟宏玮和赵华平（2022）认为，科技、文化卫生、教育和自然生态环境、交通基础设施等公共不动产的质量结构影响城市创业活跃度。李彦龙和毕钰（2023）基于2016年1月—2020年12月的工商注册数据，发现区域创业活跃度的差距整体上在缩小，但主要城市与其他城市间长期存在较大差距；数字经济、产业升级、交通便利和金融发展整体拉大了地区组间差距，市场化和财政支出缩小了地区组间差距。解释能力最强的变量是数字经济和市场化水平，其次是产业结构和金融发展水平，金融发展更大程度上解释的是主要城市和其他城市间的差异。李文辉、董诗涵和郑舒桐等（2023）对739家中国创业板企业进行了研究，发现我国高成长性创业企业总体呈现出集聚向分散转化，仍以高度集聚为主的时空分布格局，科学技术支出比例、集聚经济水平、风险资本存量、人力资本存量和信息化水平等区位因素影响企业涌现。

2.5.1　经济发展因素

经济因素主体体现为 GDP 总量不高、增速欠优。如图 2-10 所示，2022 年天津市 GDP 总量达到 1.63 万亿元，如果从省级单位来看，已经位居尾车不远。从城市层面来看，天津市落后于南京，掉到了全国城市 GDP10 强之外，后面的宁波、青岛、无锡、长沙、郑州等紧追不舍。

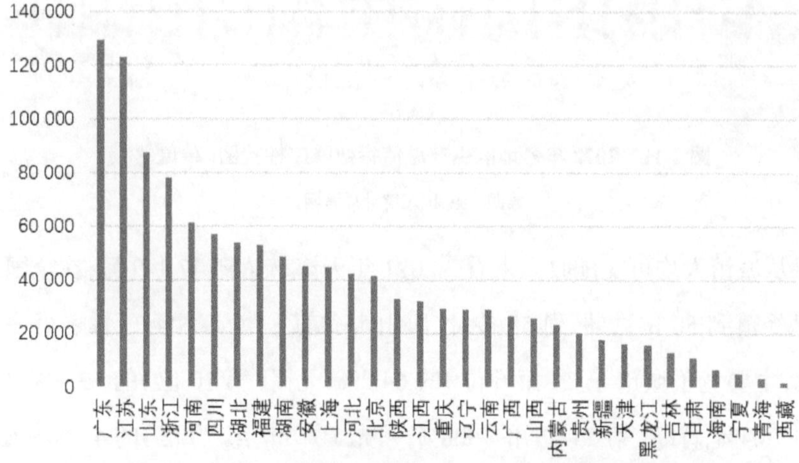

图 2-10　2022 年各地区生产总值降序柱状图（单位：亿元）

数据来源：国家统计局官网。

更加令人担忧的是天津市自 2017 年以来地区生产总值增长率处于相对低位，增长指数高于北京、上海、吉林、海南等有限区域，在全球性经济衰退的大趋势下，对投资者和消费者的预期产生不良影响。如图 2-11 所示。

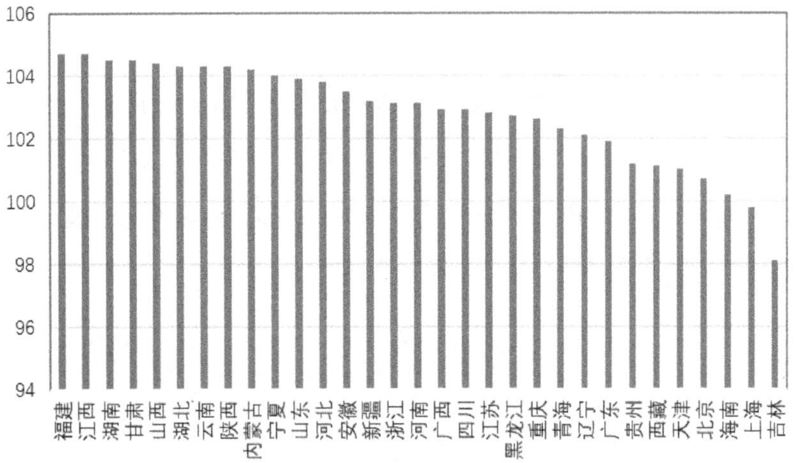

图 2-11 2022 年各地区生产总值指数降序柱状图(单位:%)

数据来源:国家统计局官网。

如果从城镇人均可支配收入来看，2021 年天津市达到 47 449 元,在全国地级市中排名已经落到 50 位之外,列 58 位,比唐山市靠前 1 位,仅相当于排名第一的上海的 60.8%,主要竞争城市宁波(第 6 位)的 64.2%、无锡(第 10 位)的 67.3%、长沙(第 22 位)的 76.4%、青岛(第 24 位)的 78.8%,领先于郑州(第 70 位)的 45 246 元。

如果将收入与房价比作为创业成本的重要因素，2021 年天津市城镇居民可支配收入与平均房价的比值达到 2.5,位居全国第 8 位,高于深圳(1.2 倍)、北京(1.3 倍)、厦门(1.4 倍)、上海(1.5 倍)、三亚(1.5 倍)、广州(2.2 倍)、福州(2.2 倍)等城市,与杭州(第 9 位)、南京(第 10 位)相同,宁波(第 11 位)为 2.5 倍,郑州(第 27 位)为 3.3 倍,合肥(第 33 位)为 3.5 倍,青岛(第 37 位)为 3.6 倍,无锡(第 100 位)为 4.8 倍,长沙为 6.0 倍。

在经济总量和增速偏低、收入偏低的情况下,天津市的房价与主要竞争城市相比相对较高,给市场主体(企业、个体工商户)的创建和生存带来了较为突出的成本压力,给主体的持续经营带来了较大的房租压力,尤其是个体工商户受到了较大的挤压,这也可能是天津市市场主体存续率偏低、店面和底商空置率高的一个重要原因。

2.5.2　产业结构因素

从行业构成角度来看，与南京、宁波等六大主要竞争城市相比，天津市当前存续的企业主体仅科学研究和技术服务业领域、租赁和商务服务业两大领域的市场主体数量占优，具有一定的独特性，但在其他领域没有特别明显的优势。尤其是当前世界各国和国内各省市重点发展的数字经济领域，天津市市场主体数量欠缺。基于本研究数据集显示，天津市计算机、通信和其他电子设备制造业行业企业数量 5 570 家，与青岛相当，低于宁波（8 900 家）、无锡（7 547 家）、郑州（5 809 家）；天津市互联网和相关服务业企业达到 10 220 家，领先于宁波（8 967 家）、无锡（5 690 家），但与青岛（14 838 家）、长沙（25 218 家）、郑州（16 540 家）相比企业数量明显偏低。天津市制造业细分行业集群水平有待提升。宁波在制造业细分行业表现得尤为突出，通用设备制造业占比达到 4.4%（2.24 万家）、电气机械和器材制造业占比 4.3%（2.15 万家），橡胶和塑料制品业、金属制品业、专用设备制造业等细分制造业企业数量也超过了 1 万家。天津市通用设备制造业企业数量突破了 1 万家，与专用设备制造业企业合计达到 1.81 万家，显著低于宁波的 3.4 万家、青岛的 2.4 万家、无锡的 3.8 万家，略高于郑州的 1.7 万家。

2022 年数据显示，天津市传统产业升级任重道远。全年规模以上工业中利税总额位居前十的行业中，石油和天然气开采业、化学原料和化学制品制造业、黑色金属冶炼和压延加工业、石油、煤炭及其他燃料加工业占据了四个席位，其中石油和天然气开采业的利税占到 42%，仅 2 家大型企业的利税总额就达到了 669.37 亿元，是排第 2~5 位行业汽车制造业、计算机、通信和其他电子设备制造业、医药制造业和化学原料和化学制品制造业累计的总和还多。从手机产量和原油产量的历史变迁对比来看，天津的传统产业仍然发挥着重要经济支柱功能，但代替手机的新动能源泉还没有及时涌现。虽然 2017—2022 年战略性新兴产业增加值比重从 20.8%提高到了 23.2%，但缺乏重大项目的支撑引领，转型速度不尽如人意。2006—2022 年天津市手机产量和原油产量的变迁如图 2-12 所示。

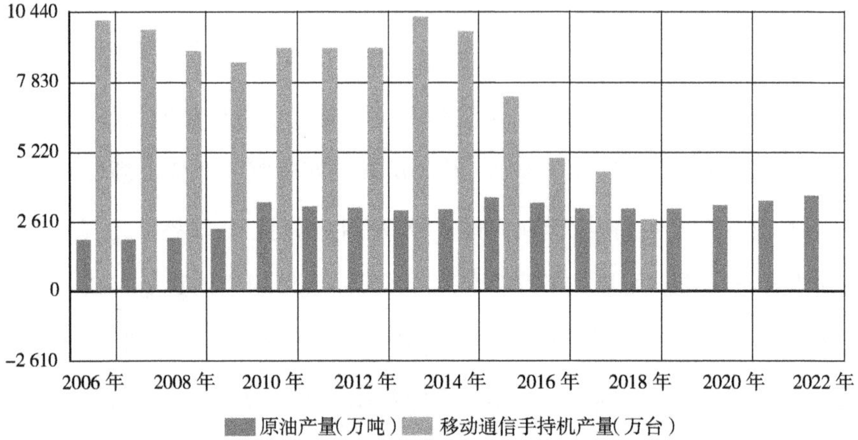

图 2-12 2006—2022 年天津市手机产量和原油产量的变迁柱状图

数据来源:国家统计局官网。

天津市正大力推进制造业高质量发展,但从规模以上工业企业单位数量来看,在全国仍然处于中下游位置。如图 2-13 所示,第一梯队是广东、江苏、浙江,山东独处第二梯队,河南、安徽、福建、湖南、湖北、河北、江西、四川等居于第三梯队,天津市位列上海、广西、辽宁、陕西、山西、重庆之后,处于第四梯队与第五梯队之间。规上工业企业数量少,意味着能够发挥辐射带动的产业龙头和领军企业不多,对于产业集群化发展、提升经济的规模效应和人才的集聚效应产生严重的不利影响。如果考虑到 GDP 总量和第一、二、三产业结构因素,天津市在工业发展的绝对量上与北京、上海仍然存在明显不足。2022 年,北京市第二产业增加值仍然高居 6 605.1 亿元,上海达到 11 458.4 亿元,天津市仅为 6 038.9 亿元。这意味着天津市仍然有很大的提升空间。

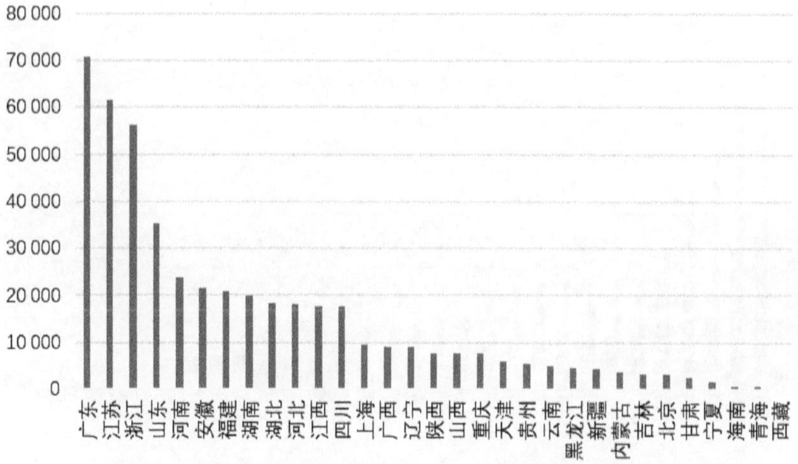

图 2-13　2022 年各地区规模以上工业企业单位数量降序柱状图（单位：家）

数据来源：国家统计局官网。

2.5.3　科教融合因素

天津市高等院校兴建于晚清时期和民国时期，中华人民共和国成立以来和改革开放以后又得到进一步发展。目前，天津拥有各类高院 56 所，拥有南开大学、天津大学两所世界知名大学。2023 年政府工作报告显示，天津市全社会研发投入强度达到 3.66%、位居全国第三。尽管如此，天津市科教优势转化为经济发展优势上仍然面临诸多不足。例如，在研究与试验发展人才、专利技术转移、新产品开发等方面与先进地区相比仍然存在明显差距。

如图 2-14 所示，从 2011 年和 2021 年的对比来看，天津市 2021 年相对于 2011 年 R&D 人才增长不到 50%，但全国平均增长幅度超过 200%。从 R&D 人才总量来看，天津市 2021 年只有 16.6 万人，在全国各省份（不含港澳台）中排名第 18 位，远低于排名第一的广东（124.8 万人），与同为直辖市的北京（47.3 万人）、上海（34.5 万人）相比，仅为其 1/3、1/2。

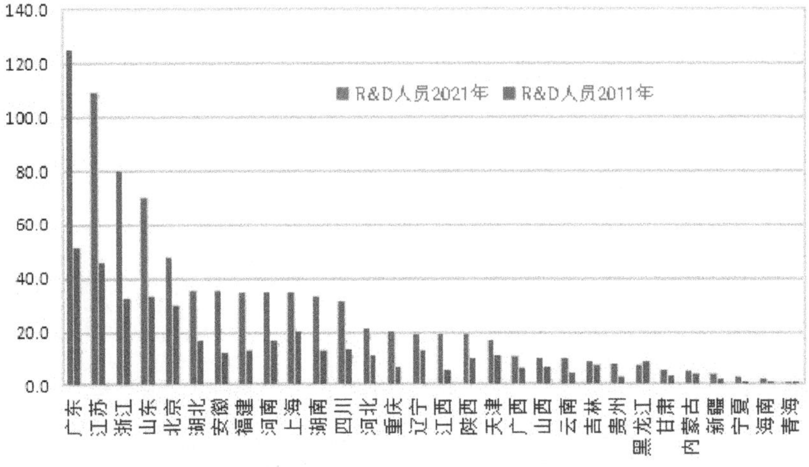

图 2-14 2011 年和 2021 年各地区 R&D 人才数量柱状图(单位:万人)

数据来源:中国科技统计年鉴。

如图 2-15 所示,天津市科教成果对内对外转移尤其是对内活跃度不足。2022 年,在疫情防控期间天津发生专利权转移转让 7 128 项,比 2021 年 9 707 项有所下降,当年本地转移 2 954 项,吸纳市外 2 656 项;北京相应数据 28 079 项, 2021 年为 53 214 项,当年本地转移 15 307 项,吸纳外地 9 044 项。转移转让的数量和向本地转化的数量与北京比存在着数量级的差距。如果与宁波市比较,宁波市 2022 年发生专利权转移转让 7 188 项,本地转移 4 758 项,在创新成果的本地化方面比天津市多出 1 804 项。

天津市科教能力转化为创新产品的能力有待提升。从新产品开发数量来看,2022 年天津市开发新产品 16 711 件,排在全国中下游水平,排第 17 位,略低于重庆、辽宁、北京。

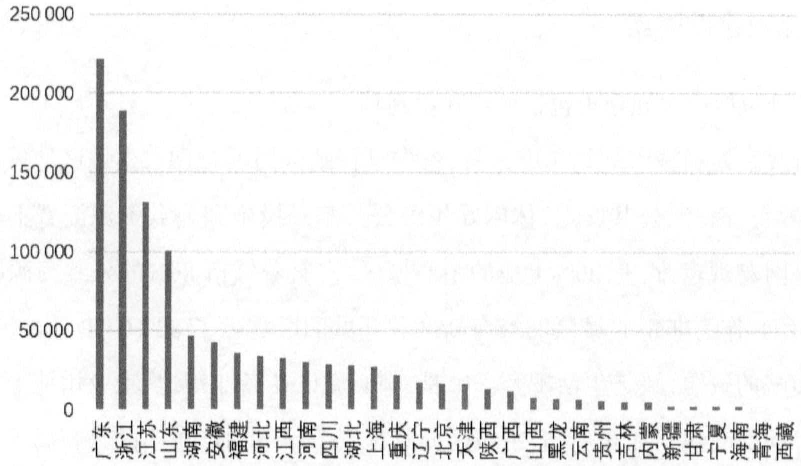

图 2-15　2022 年各地区规模以上工业企业新产品项目降序柱状图(单位:项)

数据来源:国家统计局官网数据库。

同时,天津市还面临吸纳人才数量不足的现实。如图 2-16 所示,猎聘大数据《2022 年东北地区人才趋势报告》显示,2022 年广东吸纳人才排名第一,占到全国的 16.73%,其次是上海(12.41%)和北京(11.10%),江苏(9.75%)和浙江(7.10%)紧随其后,四川、山东的人才占比则下降到 5%以下,紧随浙江之后。天津以 2.01%的人才吸纳量排名长尾拖尾部分。

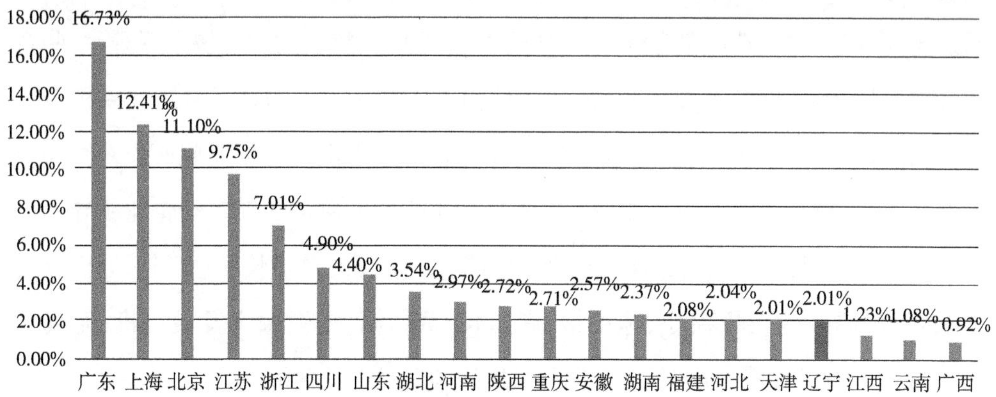

图 2-16　2022 年我国各地区吸纳人才占全国比重

数据来源:猎聘大数据《2022 年东北地区人才趋势报告》。

2.5.4 规划建设因素

这里既包括产业规划也包括城市建设规划。

从行政区划和城市规划角度来看,首先是行政区划不合理。主城区地域面积较小,但在教育、医疗、公共交通、休闲娱乐等公共基础设施和公共资源配置上最为密集。知乎网友观点:占有20%土地的中心城区,占有着城市80%的公共资源(地铁、医疗、教育),作为非中心城区的滨海新区和环城四区贡献了80%GDP的环城,享受着城市20%的资源,缺乏生活配套。由是,中心城区在商业用地、工业用地上不容易进行较好的空间规划和布局,非主城区尤其是滨海新区和环城四区则布局了大量的企业。这是前面提到的产城难以融合的重要前因。其次是规划建设速度慢,不同城市建设环节和基建环节之间的建设速度不匹配。房地产建设速度大幅超前于产业落地和城市基础设施建设速度。在宝坻新城、津南星耀五洲、滨海于家堡等地,新城建设起来,但缺乏产业依托,地铁、高铁等规划建设兑现率低,直接影响了区域产业项目落地和人口集聚,既不利于企业家来,也不利于打工人聚留,甚至一些区域加班后缺乏就餐和休息的基本条件(当然近年这些方面正在逐渐改善),与创业者、企业家和各类人才的期望存在差距。同时,在交通道路建设、地铁、房地产快速发展过程中,前期规划建设中忽视了对商业楼宇、底商门面等中小微型企业和个体户创业的需求,对邻近企业、商业的经营或创业需求考虑不多,导致城市整体的房价快速飙升,一些企业和商户因为修地铁、修城市道路、盖大楼而停工停业甚至吊销、注销,或因租金飙升、经营成本高企而倒闭停业,也导致一批创业者因高租金对创业望而止步。2018年8月,天津市委决定对在工作中存在不作为不担当问题的3名市管企业领导人员进行严肃问责,其中2名为天津轨道交通集团有限公司的董事长和总经理,原因直指地铁建设问题:建设规模小、速度慢、周期长、费用高,错失融资发展良机,尤其是2016年以前拆迁补偿费用低、融资便利发展便利的机遇被耗散。

在产业规划方面,天津市前期将发展重点向渤海湾、天津港方向转移,重点打造了天津泰达开发区,为天津经济早期发展做出了重要贡献。反思来看:产城分离、职住分离影响了长远发展。前期产业规划选址盐碱地区域，成功树立起了天津泰达的国家级开发区品牌，但也带来了产城人分离的后果，加剧了职住分离现象。后期建设的滨海高新区则出现了不集中、不成片现象，除了华苑板块近邻甚至成为新的中心城区的组成部分，其余地块分散在东丽、滨海新区，产业园区与城市功能配套尤其是交通便利性、城市生活便捷性没有得到体现。从全球科技园区发展的最新趋势来看，5 分钟、15 分钟实现工作生活两相宜的现象越来越普遍，追求职住平衡（Work and Life Balance，WLB）已经成为新的产业园区建设方向，也是适应年轻一代新新人类工作选择特点的重要转变。其次是港口优势没有充分发掘利用。天津市交通运输、仓储和邮政业的市场主体存量上达到 6.0 万家，不及同为港口城市的青岛（6.2 万家），不如内陆城市长沙（6.5 万家）。作为具有悠久历史的运河“码头”和北方航运中心，天津在交通运输、仓储和邮政业领域的企业主体 3.3 万家，仍然较青岛为少，在个体工商户方面大幅落后于长沙。理想的情景是企业主体从事大量的进出口贸易和国内的贸易运输，带动一大批个体工商户从事相关经营，形成港产城融合发展的良好局面。

近年来，城市更新已经成为我国城市建设的热点话题。比较而言，天津市在这方面进展较为缓慢，直到 2022 年才提出《天津市城市更新行动计划（2022—2025 年）》。即便在中心城区，仍然还有众多的老旧城区和落后的基础设施，影响到城市总体的风貌。城市更新的一个重要内容，涉及旧城区、老厂房厂区、闲置楼宇及周边公共基础设施的更新问题，既要有新面貌，还要有新内容，只有主体和载体同时着手，才能达成城市更新的目的。否则，将成为有投资无效益的资金黑洞。例如，天津站至滨海新区的 9 号线、高铁目前最长时间分别需要 1 个小时、半小时左右，提速问题必须提上议事日程，或者进一步深化贯彻落实京津冀协同发展国家重大战略，将部分高铁北京—天津—滨海的车次改为通勤式地铁形式，不设立座位，降低票价，提升京津滨海的交融氛围。

2.5.5　政策文化因素

天津是九河下梢，处于京杭大运河的重要节点，码头文化氛围浓厚。自从明朝朱隶渡津征伐上位以后，天津成为重要的中转枢纽，也因此（北京的需要）而繁荣兴盛，在中国近现代史上出现了“近代中国看天津”的说法。中华人民共和国成立以后，与首都北京既是地缘上的邻居关系，更是央地“父子”关系，还有同为直辖市的兄弟之谊，是京津双城记的两核之一。距离首都北京100千米距离，天津肩负着“拱北”职能——天津“卫”。无论是明清时期，还是当代，这种“卫”文化在一定程度上带来了思想上的保守，甚至转变为一种不敢担当作为的“畏”文化。早年有政府官员论及建设、改革事项时，每每言及“北京怎么干的”“北京干过吗”类似这样的话语。

对天津市创业活跃度影响巨大的还包括2015年8·12天津滨海新区爆炸事故、2017年生态环境治理等重大事项。二者迫使天津各个层面在短期和长期更加严格地执行国家和天津市关于安全生产、环境保护等方面的规章制度。这是必须坚守的发展底线问题，本无可厚非。但面对严厉追责和问责时，由于缺乏明确的责任边界，官员在执行政策时出现了不敢担当、不敢作为的现象。一些符合登记注册条件的石油化工、生物医药类及其他可能带来安全问题、污染问题的企业被拒之门外，导致一些有意向的创业者流落外地，一些本地主体迁离天津。2017年国家环保督察治理期间，课题组同志在访谈时发现，有的企业在本市不能生产，但在北京、山东、河北等地能够正常经营，最终只能迁离。

支持创新创业政策的持续性和创新性不够。和主要竞争城市对比，天津市在支持创业和帮扶市场主体的政策方面，还存在政策频出但政策不连续、变动较大和不够细化的方面，甚至还存在政策不能兑现的现象。例如，2023年国家在疫情后提出了推动经济运行率先整体好转的要求，各省市纷纷出台政策举措。从南京、昆山等地的政策来看，更加注重细化的政策工具、注重载体平台建设，通过政策工具催生企业、助力企业，通过载体平台吸聚企业、吸取人才。以南京为例，2023年2月出台了《推动经济运行率先整体好转服务高质量发展的政策措施和服务举措》，针对扶持小微市场主体、恢复提振消费、支持纾困发展、支持稳企援岗、鼓励创新发展、促进科技企业培育、支持科技人才培养、鼓励产业升级发展、支持绿色发展、支持乡村振兴等10个方面提出了真金白银且具有较强操作性的细化政策举措，并提出政策主动找人、辅导精准滴灌、办税智能提速、缴费便捷高效、提醒贴心无忧、退税快享速达、执法彰显温度、信用修复加力、信息集成共享、护航重大项目等 10 类服务举措。

2.6　提升天津市创业活跃度的对策建议

近年来，天津市深入实施“十大行动”，大幅提振了广大干部群众干事创业的热情，在市场主体的引育上取得了明显成效。客观来看，天津市在市场主体引育上仍然具有明显的相对优势。例如，当前闲置的土地资源、楼宇较多，可以通过多种方式降低创业成本，引育更多市场主体；中高等教育优势明显、医疗体系和医疗水平较高，尤其是高考录取比例较高，三甲医院 50 家左右，在读大学生和研究生超过了 60 万人，能够为潜在的创业者和市场主体发展提供丰富的人才池和良好的公共基础设施支撑；人力成本相对北京较低，在吸纳北漂人才或北京外溢创业者时具有更多优势；对外联络的交通运输（高铁、地铁、高速、港口等）四通八达，对内的地铁建设正在快速跟进，与北京大兴机场（大兴—天津西站）的衔接将进一步提升天津的交通延展性和便利度；各级政府的服务意识、服务能力、服务效率都在持续显著地改善。

围绕进一步提升天津市创业活跃度，提高市场主体的“出生率”“优生率”“预期寿命”，要牢牢扭住习近平总书记对天津发展“三个着力”的重要要求，抓住京津冀协同发展首都功能疏解的历史性机遇，笃定高质量发展之路不动摇，围绕创新创业良性互动，推动实现以科技创新为引领和支撑的高质量创业。不仅要拥有大量的创业型企业，还要将天津打造成为创业存活率高、成长速度快的高质量创业高地，提升城市整体的创新创业活力，为天津实现健康持续发展奠定长期基石。建议如下。

2.6.1　加强创业活动的组织领导

政府与市场关系是决定创新创业生态和新的市场主体创建率、存续率的决定性因素，也是影响一个城市创业活跃度的重要因素。天津已经进入一个必须奋进追赶的时代，向前看与领先城市之间的差距逐渐拉大、向后看竞争城市的追赶势头强劲，要更好发挥政府的资源动员能力和政策整合能力，合理配置财政资源、政策资源，引导形成全面创业氛围，增强全民创业意识，打造中国北方的创业之城。当前，市委、市政府将建设“天开高教科创园”作为重大的行动规划举措，将高教区周边创新创业氛围的建设、能力的建设和面向价值实现的大学科技园布局摆在了重要位置，将发挥南开大学、天津大学等优质高校资源的作用摆在了突出位置，是天津创新驱动发展的历史性选择。建议如下。

（1）成立天津市市场主体培育行动领导小组，统筹科技、工业、市场监管等部门，深化“放管服”改革，将管理变服务，全面提升全市上下对市场主体在经济增长、吸纳就业、技术创新、社会安全稳定等方面作用的认识，加强对市场主体引育工作的领导和组织、实施。在市级层面提出明确的市场主体建设培育目标。

（2）加强对市场主体引育方向的规划引导。要重新审视城市空间规划、产业规划和人口人才发展规划，面向港、产、城、人优化产业空间布局和基础设施建设，尤其要将公共资源配套与产业发展结合起来，避免走产城人分离的发展老路。要树立传统产业和新兴产业、未来产业多点并行发展的理念和信心，牢固把握规模化发展和专精特新发展并行的实践路径，切忌盲目追求（技术）新、（价值）高、（规模）大，忽视传统产业发展的重要性和特殊性。同时，要主动聚焦人工智能、合成生物、新能源、新材料、生物医药等孕育重大科技创新和突破的前沿领域，对可能引进和培育的创新主体资源进行梳理，编制重点领域的主体引育计划，并定期召开推动协调会检查计划落实情况，以确保重点产业链建设工作有序开展。

2.6.2 加大创业活动的政策引领

（1）建设市场主体全生命周期扶持政策体系。以市场主体的生命周期为主线，统筹全市创业扶持政策、主体培育政策，重新对政策要点、范围、效度进行梳理，研究制定主体从“生”（出生）到“长”（成长、壮大）、“再生”（二次创业发展）的精准扶持政策，提高出生率和存续率，让主体生得好、长得好、长得有序、长得对路。区分不同创业主体意愿，大力推进市场主体的梯次培育，抓好大手牵小手的“育儿经”。要着力破解天津市企业规模效应不足、缺乏“大个子”的短板问题，鼓励龙头企业加强与中小企业、新创企业的专业化协作，通过“链长+链主+首席科技官（政府、企业、产业前沿科学家）”三重叠加，重点打造十亿、百亿、千亿级企业，力争涌现一批能够引领产业发展、重塑产业生态的领军型企业。要借鉴成都、宁波、无锡、长沙等地推动企业上市发展经验，按照“上市一批、培育一批、储备一批”的滚动化、持续化发展路径，争取尽快实现 A 股上市企业突破 100 家的阶段性目标。要加大隐形冠军企业和专精特新企业培育力度，推动中小微企业向品牌型企业、国家高新技术企业、专精特新企业转变，向隐形冠军、龙头领军企业转变。

（2）制定《天津市国有无形资产管理条例》。在全国率先出台该条例，重点针对高校院所、国有企事业单位中的无形资产类科技成果的创造、转化、运用等面临的堵点、难点问题，通过立法手段明确相关利益主体权利、责任和义务，划清权责边界，尤其是对高校院所教师员工、领导干部参与科技成果转化、投资、收益等的决策程序、收益权和处分权等进行明确规定，以实打实的法律法规条款破解高校院所的主体对创业活动不重视、不敢创的难题，为科技创新和价值实现构建法律基础，为中国式现代化做出天津样板和重要贡献。

（3）加大闲置空间资源利用力度。发挥市区两级统筹功能，尤其要发挥好城区的闲置用地、楼宇载体功能，要着力优化调整土地使用性质，优先用好（具有直接管理权限的）国有闲置资源和低效资源，盘活存量用好增量，积极吸纳创业主体入驻，打造各具特色的行业企业和个体工商户主体集聚区，提高用地效益，激发创业增长效应。针对中心城区产业空心化和大量闲置资源问题，尤其是和平、红桥、河北等区域，要加强提升生活化服务品质的餐饮和住宿业集聚区服务，更好地打造五大道、望海楼、西北角等网红热点。

2.6.3　全面激发城市的创业活力

要继续深化推进“天开高教科创园”建设，着力破解由于制度环境建设不到位，高校、教师、学生三大主体不想创、不敢创、不会创的难题。建议如下。

(1)实施“师生创业行动计划”。市政府每年筹集2亿元资金作为师生创业专项基金,用于创业资助活动。高校要积极引进社会资本,积极协调校友企业、校友,建立校级创业基金、校友基金,为师生创业提供资金、平台、项目、创意等支持。鼓励在职教师与毕业5年内的毕业生和在读学生组成团队,开展创业活动。重点瞄准院士,杰出人才和国家级、省部级科技领军人才,青年骨干科研教师,推动教师与大学生尤其是研究生群体的创业活动。对于创业者和创业团队留津工作、生活、学习提供安居乐业的政策便利。

(2)加强创业教育,破解不想创和不会创的难题,在全国率先开展高校课程思“创”。围绕激发创业意识、提升创业素质、提高创业技能,深入挖掘课程教学中的创业元素,将创业知识融入专业教育。尤其要借鉴斯坦福大学等高校经验,在课程思“创”的过程中面向大学生灌输创业文化理念,培养其质疑思维、逆向思维、本质思维等批判性思维,使其涌现更多原始创意,由就业的“包袱”转变为创业的来源,增强毕业生在天津创业就业黏性。通过从市级层面、高校层面和教学层面全面加强创业文化教育,形成“城市助创+高校重创+课程思创”— “师生创业”的崭新局面。

近期,市教委已经将科学家(精神)进校园推进到中小学层面。要借鉴这种方式,让创业者和企业家(精神)进校园,树立创业光荣理念,明确提出去创业,当企业家与当科学家、工程师、艺术家、行政领导一样,也是报效祖国的方式,从小培养中小学生创业精神。

2.6.4 加强创业政策的动态更新

从与竞争城市的比较来看,天津市在各个行业的创业总体发生率较高,但存续存活率不高,这是天津当前面临的一大痛点。数据显示,有的城市的老企业、老个体户多,有的城市新近成立的市场主体多,但总体存续率高于天津。南京、长沙在个体工商户的存续方面效果显著;宁波、无锡虽然市场主体数量不多,但在规模化、效益化发展方面成效突出,拥有上百家的A股上市企业;南京市在政策精细化程度、新型研发机构建设等方面表现突出，无锡在全国率先提出过具有轰动效应的“530 人才计划”；合肥在国有资产投资带动产业集聚上有典型经验，这些都值得天津市学习借鉴。建议如下。

（1）定期不定期开展天津市市场主体生存和发展状况调查。及时了解天津市企业和个体工商户以及社会组织等发育情况，尤其是了解创业者生存发展的资产资金类和非资产资金类的软性硬性需求，为政府决策、政策提供及时有效的信息通道，加快政策优化调整，增强政策的时效性和精准性。

（2）及时跟踪调研国内外创业扶持政策和典型经验。要放下架子，勇于学习，深入学习国内外、市内外的典型经验，及时把握国家、先进地区的政策动态和先进做法，将外部经验转化天津的内部实践，切实打造一流的政策环境，服务天津经济振兴和社会发展。

第3章　新阶段制造业立市的产业创新方向与对策

本章内容源于2022年7月—2022年11月笔者承担天津市科协委托课题《新阶段制造业立市的产业创新的新方向和新对策》（项目编号：202205）的成果。研究内容完成于2022年11月。

笔者从学术视角和区域实践视角解析了产业生命周期规律、产业结构演进规律、产业梯度转移规律和产业集群化发展规律，引述文献论述了新兴产业和未来产业的演进趋势，指出市场需求、技术驱动、风险资本在产业兴起发展中的重要作用。结合天津产业更替演进的截面、纵向及其他省份数据进行了分析，指出天津当前面临着总量规模较小，发展历程中初级工业产品过多、面向消费端的产品品类出现衰减现象、缺乏产教结合的上市企业、新产品开发投入和产出不足等问题，且以电子信息为代表的新兴产业发育严重不足。建议天津面向消费需求升级和技术驱动升级，做好产业规划、发挥龙头企业作用、大力推进全域创业、加强城市的交通生活等基础条件建设、加强对未来产业发展的前瞻性研究。

习近平总书记强调，“党中央实施创新驱动发展战略，格外重视自主创新，格外重视创新环境建设，努力提升我国产业水平和实力，推动我国从经济大国向经济强国、制造强国转变”。天津市已经确立了制造业立市重大战略。研究明确新阶段制造业立市产业创新的新方向和新对策，是贯彻落实新发展理念、创新驱动发展战略的重大举措。尤其是天津市正处于引育新动能、实现高质量发展的重要转型期，如何在新发展阶段构建新发展格局中重新塑造区域产业竞争优势，很大程度上取决于天津市能够确立发展什么样的产业，实现什么样的产业布局。通过本研究，探索提出一批符合新阶段时代特征、技术趋势、生产消费和生活消费需求的新产业门类，制定有利于新兴产业创生、转移和成长壮大的战略支持、技术支持、人才政策、金融支持等政策举措，形成一批具有国内外竞争力的领军型企业，对于天津的长期持续稳定发展具有重要的经济价值和引领效应。

3.1　开展产业创新方向对策研究的意义

本课题将主要聚焦于产业选择问题，对于产业技术创新的新方向亦有所论及，因为这与新的产业方向是共生的关系，新产业方向是前提，明确新产业技术创新方向是这一前提确立后的必然要求。之所以将新产业方向作为重要的研究点，是基于天津新旧动能转换和制造业立市如何立起来的需要。具体来看，本研究的背景和意义有如下几点。

从国际国内形势来看，2008 年全球金融危机和 2020 年新冠疫情以来，伴随着美国霸权主义行为和贸易保护主义抬头，发展实体经济成为各个国家和地区的战略抉择。对于中国尤其如此。由于我国经济实力迅速提升成为世界第二大经济体，美国已经将中国视为最主要的战略对手，在特朗普执政期间开始引爆对我国的恶劣挑衅。拜登上台后并无明显改观，美国民主党和共和党在对华政策上基本达到一致。2022 年上半年，经美国参众两议院审议出台了《2022 年美国竞争法案》。其中明确提出，将中国作为美国的头号对手，俄罗斯作为重要的战略对手。习近平总书记高瞻远瞩，先后提出新发展理念、新发展阶段等重大历史性判断，近两年更是明确提出要构建以国内大循环为主体、国内国际双循环的新发展格局，其内核即在于产业安全、国家安全和人民福祉，为实现中华民族伟大复兴构建新的钢铁长城。

从天津现实和历史来看，制造业作为天津实体经济的主体，是城市命脉所系。于天津而言，制造业是天津的历史传承，也是现实的载体，更是未来的希望。经过 2017 年以来的自我革新——GDP 挤水分和淘汰了 22 000 多家“散乱污”企业，天津目前已经明确了今后较长时期产业发展的布局和方向，推动产业结构逐步走上了依靠创新驱动升级和转型的道路，发展质量和效益有了明显的改善。特别是面向高质量发展目标，天津已经确立了制造业立市的重大战略，在历史上首次明确提出了以智能科技产业为首的“1+3+4”产业布局和重点布局发展的信创产业、集成电路等共 12 条产业链。回顾历史，天津错过了互联网发展的黄金年代，没能诞生出类似百度、网易、搜狐这样的国内知名互联网企业和阿里巴巴、京东这样的电商平台型企业，错过了战略性新兴产业革命，没能诞生出可以媲美海康威视、比亚迪、迈瑞医疗这样的新兴领军企业。同时，20 世纪 80 年代和 90 年代天津具有巨大优势的制造业态如电视品牌、手机品牌、汽车品牌等都处于没落甚至销声匿迹状态。东北的传统优势产业缺位、高新技术产业缺位，使得东北经济一再衰退、屡振不兴（赵儒煜 等，2017），这样的教训值得反思。天津要通过形成新产业体系，转换新旧动能，恢复经济的繁荣与振兴。

因此，必须清醒地认识到，天津当前正处于经济增长由负转正、由低质量向高质量、由低效益向高效益转变的关键时期，正处于新旧动能交替的关键阶段，迫切需要新的产业增长点。在现有产业布局下，如何围绕国家“四个面向（面向世界科技前沿、面向经济主战场、面向国家重大需求、面向人民生命健康）”，如何围绕社会基本矛盾转变（人民群众对美好生活的向往），寻找新阶段制造业立市的产业创新的新方向，既避免重复历史发展中的低水平重复、同质竞争的发展路径，又避免错失新的科技革命和产业革命的重大历史性机遇，并引入新的对策措施，是天津当前必须解决的重大历史课题。

由此可见，从旧产业中开辟产业新方向，在新发展中锚定产业新机遇，对于区域发展而言具有重要的意义，这对于奋进中的天津、希望以制造业立市的天津，具有重要的现实意义。要实现新产业的涌现并成长壮大，就需要结合中国当前的国内国外环境，结合全市先进研发制造基地建设、制造业立市的本原，将全市的战略与具体的产业选择结合起来。具体来看，需要重点审视当前选择的产业布局和 12 条产业链，从外部需求和内部需求、供应链安全和供给侧结构性改革等角度，结合天津的传统制造优势、学科优势、京津冀协同的多重叠加优势，提出新的产业经济方向和新的适应性举措。这对于确保市委、市政府战略落地、确保实现高质量发展具有重要的参考价值。

3.2　国内外研究进展与简要评述

3.2.1　基本概念和理论研究进展

什么是新产业？在不同的历史阶段新的产业有所不同。产业生命周期理论和产业转移理论构建了新产业时空演进的理论基础。新兴产业在任何时候不断被创造出来（波特，1988）。现有产业在过去某个阶段可能是新兴产业。第一次工业革命就是在农业生产和游牧活动的基础上，突破了手工业的局限，形成了大机器的生产，使得煤炭采掘、蒸汽车、纺织业、航运业等得到了大力发展。具象观察会发现，在只有马车和驴车的时代，汽车的出现、飞机的出现就属于新兴产业；电报机、电话机、电脑等的出现，又催生了一个又一个新的产业。同时，在某个地域已经存在的产业，在另一个地域可能成为新兴产业。例如空中客车在落户天津进行飞机总装以前，天津的航空航天产业基本空白，但引进空中客车之前天津聚集了一大批航空乃至航天的企业和配套厂家，实现了航空航天产业从无到有、从有到规模可观的演进。合肥原来没有家电，没有集成电路，没有电脑生产，没有新能源汽车，但通过战略引进，这些产业都发展壮大成为千亿级产业，这都表明跨越空间的产业转移也是新产业的重要由来。由此看来，对于新产业的新的界定至少具备时或空两个"新"的特征之一或兼而有之。

从历史文献来看，Vernon（1966）的产品生命周期理论是奠基之作，Utterback 和 Abernathy（1975）在对工艺创新和产品创新进行二分化分析后提出了企业发展的阶段性策略选择，也是产品生命周期理论早期的重要文献，但是均未涉及产业更替演进的中观或宏观表述，直到 Klepper 和 Gort（1982）通过对 73 年的长周期、多产品（46 个产品）的数据分析才真正形成产业生命周期理论的雏形——他们将其称为新产品形成新产业的理论(A Theory of the Development of Industries for New Products)。根据 Klepper 和 Gort 的观点,产品、产业在某个地方首次兴起,随后发生的跨地域的产品、产业转移可以归类为产品或产业的扩散过程,这正是新产业更替演进的时空特征。

迈克尔·波特(1988)在《竞争战略》中指出,新兴产业是新形成的或重新形成的产业,其形成的原因是技术创新、相对成本关系的变化、新的消费需求的出现,或其他经济和社会变化将某个新产品或服务提高到一种潜在可行的商业机会的水平。对移动互联网产业的研究一定程度上为波特的观点提供了佐证。基于技术演化理论,Funk(2003)对移动互联网产业的兴起做了深入的研究,他指出,互联网产业的出现是多种技术路径相互作用的结果,产业技术路径演进的速度取决于经济成本,其进程与设计层次和市场概念密切相关。

事实上,技术前沿的推进或技术进步对新产业作用的重要性在近现代越来越突显。例如,电子工业的诞生得益于 Lee Deforest 在 1906 年发现的真空三极管,由此铺平了半导体产业兴盛发展的道路。又如,互联网产业的兴起与美国和苏联的军备竞赛有着密切的联系。原创性的重大技术和产品的出现需要企业家、工程师、技术、投资等资源的耦合,任何一个环节的缺失或不同步就可能导致一个伟大的创意成为空想,或延缓成功的来临。当老产业经历环境变化和竞争规则变化时,也可能会涌现新兴产业(波特, 1988)。字节跳动的出现,既可以视为从微信、QQ 等原有“老”(指已经出现的)产业中嫁接新技术的结果,也可以视为技术应用创新带来的新兴内容产业。创始人张一鸣通过自身的体验和感受联想到创造一个产品找人而不是人找产品的场景,从而诞生了一个新的千亿甚至万亿级产业,对中国的营销业态和内容服务业产生了巨大影响。

越来越多的文献重视新产业对于国家和地区繁荣的重要作用。有研究认为,新产业是新经济时代的重要驱动力量,发展新产业要在基础投入要素、支撑技术特征、产品特性以及组织结构模式等方面按照新产业创造过程的逻辑路径提供有效市场条件下的产业政策支撑，降低新产业初创风险（辛伟　等，2021）。以网约车发展为例，陈昭（2021）提出要通过权力结构的重塑推动新兴产业的监管，强化监管模式创新，为新兴产业创生提供制度条件。王子丹、袁永和胡海鹏（2021）在借鉴发达国家和地区经验的基础上，提出了广东推动新兴产业创新发展的对策建议，包括技术上要以领跑战略和转移策略为核心指引，加强源头创新重大创新平台建设，引入新型举国体制开展产业关键核心技术攻关等。不仅要关注对新兴产业的政策扶持和监管，还需要引入思想或价值观因素对新兴产业发展的路径进行分析。在日常生活中，相信大家经常听到将卖产品、卖技术、卖标准作为划分企业层次的说法，事实上，卖思想或价值观才是新兴产业或者一个企业迈向更高层次的重要基点。肖建华（2022）基于区块链、无人驾驶、共享经济和金融科技等新兴产业发展案例分析提出了新兴产业发展的四种路径，其中三种均以价值共识为基础，而价值引领模式下带来的指数式增长具有更强的内驱力。

前述文献关注了新兴产业的原生创造，另一些文献则对产业转移给予了高度的关注。尤其是当前中美竞争态势和新冠疫情下各国均出现了对供应链安全的强需求和对生产连续可控性的强要求，国内部分外资回流母国（以高端产业为主）或东南亚（以中低端产业为主），形成了第五轮国际产业转移，对我国制造业发展形成持续的重大挑战（刘友金　等，2021）。产业转移作为产业原生国之外的新产业涌现方式，在历史上发挥了重要作用。从第二次世界大战后德国、日本承接美国产业转移，20 世纪 70 年代、80 年代亚洲四小龙承接欧美日产业转移，改革开放以来中国大陆承接世界各国产业转移等进程来看，产业转移是一个地区新兴产业发展的重要路径。毕竟，新兴产业的首次涌现需要具备诸多的条件，其挑战性远大于产业在地区之间的转移。

国内学者对我国光伏产业成长规律进行了研究（何杰　等，2020）。他们发现光伏产业起步期存在着“两头在外”的不利局面，上游核心材料和下游市场严重依赖国外，国内主要以电池的加工生产为主。但他们的研究中缺乏对产业起源的回顾或分析，也缺乏对新兴产业发展的环境条件的分析，例如曹兴和罗会华（2020）指出，技术研发难度、市场竞争强度对新兴技术商业化过程中企业进入数量的影响。但是，他们发现，资本市场对光伏产业的发展具有重要作用，这与钱燕（2020）对新三板生物医药企业的实证中强调风险投资作用的分析结果基本一致。这些研究对探索新兴产业成长和转移均具有重要启示意义。

从历史上看，新产业通过原生或转生（地域转移）为全球经济繁荣做出了巨大贡献，尤其是产业在某一个国境内孕育新生后，沿着原发国家和地区向其他国家和地区转移，极大地增加了全球生产和服务的种类。这对于一个地区或城市而言尤其重要，正是新产业（无论原生或转生）的空间集聚、成长带来了地域的发展。在我国，这些不同类型和主题的产业通过集聚—扩散—升级—再集聚—再扩散，形成新的产业体系，推动新旧动能转换（余东华，2020），推进城市转型发展（李程骅 等，2014）。因此，可以将城市发展看作一个产业不断演化、转型和升级的过程。前些年提到的铁锈地带——美国底特律的衰落，就是一个传统产业衰落、新兴产业缺失的典型现象。由于缺乏了持续的企业进入（创生）、成长，路径依赖的演化导致了马太效应的出现，忽视了外生因素和制度变革可能为新产业变革提供的机遇（贺灿飞，2018）。

在中美竞争加剧、各国高度重视供应链安全和国内向高质量发展阶段挺进这样一个大背景下，天津如果要从低位徘徊中重拾辉煌，就必须加强对战略性新兴产业发展规律尤其是近年新兴产业和未来产业发展的研判，既要巩固利用好现有优势产业、潜力产业的增长机遇，又要预先布局抢占新的产业增长机会，为长期增长锁定动力源泉。其中，最重要的动力源泉源于未被满足的需求。这种需求的实现受到前沿技术的推动，代表了科技和产业长期发展的方向，必须勇于且大力予以政策引导和产业化支持，形成锁定效应和网络效应下的先发优势。政府需要在战略引导、支持基础研究、创造早期市场、完善产业生态、利用全球资源等方面为培育和壮大未来产业提供支持（李晓华 等，2021），为破解新兴产业发展过程中基础科学研究中的“市场失灵”、创业初期的“死亡之谷”和企业规模化成长中的“达尔文之海”保驾护航（渠慎宁，2022），还要避免低水平重复竞争问题。例如，2010 年国家战略性新兴产业发展的政策出台后，各个省市纷纷出台相关政策，造成了过度关注、过度投资和重复性建设现象（聂正楠 等，2022）。各地在承接国内外产业转移和培育新产业时，需要寻找自身的新赛道和新物种，通过多样化和差异化增加产品和服务的供给，避免新一轮的同质化恶性竞争。

3.2.2　国内各省市最新进展

1）国家层面

从国家层面来看，最大规模的新兴产业培育行动莫过于 2010 年前后兴起的战略性新兴产业政策。2010 年 10 月发布的《国务院关于加快培育和发展战略性新兴产业的决定》（国发〔2010〕32 号）是我国政府推动新产业发展的重大政策。该决定提出重点推动节能环保、新一代信息技术、生物、高端装备制造、新能源、新材料、新能源汽车七大产业发展，用 20 年左右的时间推动这些产业达到世界先进水平。目前，我国在多个领域还存在着被国外“卡脖子”的难题，但我国的高铁、5G 技术、新能源产业发展包括光伏产业发展已经位居世界前列，取得了具有世界影响力的突出成就。进入“十四五”时期，从相关部委规划的重点发展方向来看，未来产业主要集中于类脑智能、量子信息、未来网络、深海空天开发、氢能与储能、高端装备制造、新能源汽车、智能机器人等领域。

2）省市动态

在国家层面的政策引导下，各省市纷纷出台了战略性新兴产业发展的规划或行动，以推动未来产业发展。在产业布局方面，各省（区、市）“十四五”规划中，提到最多的是量子信息、人工智能，其次是生物制造、生命健康等。

（1）深圳。2022 年 6 月，深圳发布了《深圳市人民政府关于发展壮大战略性新兴产业集群和培育发展未来产业的意见》。意见明确提出，要重点发展网络与通信产业集群、半导体与集成电路产业集群、工业母机产业集群等 20 个战略性新兴产业集群，并将合成生物、区块链、细胞与基因、空天技术、脑科学与类脑智能、深地深海、可见光通信与光计算、量子信息等 8 个细分领域作为未来产业进行培育，将产业深化和创造新的产业引领发展相结合。在这个过程中,重点发挥深圳全过程创新生态链整体效应,突破关键核心技术“卡脖子”问题,培育一批具有产业生态主导力的龙头企业和创新领军企业,打造一批现代化先进制造园区和世界级“灯塔”工厂。

(2)武汉。2021年,武汉提出新“965”产业体系,包括光芯屏端网新一代信息技术、汽车制造和服务、大健康和生物技术、高端装备和先进基础材料、智能建造、商贸物流、绿色环保、文化旅游、现代金融九大支柱产业;网络安全、航空航天、空天信息、人工智能、数字创意、氢能等六大新兴产业;电磁能、量子科技、超级计算、脑科学和类脑科学、深地深海深空等五大未来产业。2021年上半年,武汉投资态势喜人,武汉生物制品研发所新冠病毒疫苗10亿剂次产能扩建项目,商业航天基地火箭总装总调中心项目、行云工程项目正式投产,卫星产业园首颗卫星下线,武汉新型超算中心启动建设,全球首台360°全环光声成像系统、激光清洗首个国家标准、全国首个全5G接入自动驾驶示范区等多个“首次”在武汉涌现,为武汉产业革新提供了强劲动力。

(3)成都。2022年4月,成都对新兴经济的重点任务进行了部署,提出主要聚焦5项任务,包括聚焦建圈强链发展新赛道,推动产业结构优化;聚焦智慧蓉城供给新场景,畅通创新成果转化渠道;聚焦数字经济开展育引优服,壮大优质市场主体梯队;聚焦“三个做优做强”建设新载体,优化提升城市功能布局;聚焦要素汇聚发展新生态,激活新经济发展新动能。新赛道、新场景就是当前培育新兴产业中的热词之一(另一个相关热词是新物种),数字经济和载体、要素等与新产业的引育创生亦具有非常紧密的关系。因此,成都的政策导向也包括新产业培育和产业转移两个方面。

(4)安徽。合肥利用同步辐射光源等国家重大科技基础设施,推进超导、等离子体推进、先进激光等技术转化和工程化,同时发挥量子通信、量子计算、量子精密测量等研发领先优势,支持量子科技产业化发展。2020年4月,安徽省印发《关于推动江北、江南新兴产业集中区高质量发展的意见》,明确提出皖江江北、江南打造新兴产业集中区,努力培育全省高质量发展动力源。重点聚焦的领域包括先进制造业和现代服务业,主要的路径是壮大主导产业,支持新兴产业集中区以承接新兴产业布局和转移为主抓手,大力发展先进制造业,着力提升产业基础能力和产业链水平,打造具有核心竞争力和重要影响力的主导产业集群。即,皖江两岸的新兴产业集中区以承接国内外尤其是长三角的产业转移为主。重要举措包括由省级统筹单列新增建设用地计划指标,统筹研究用能需求,对主要污染物排放指标实行单列。

3.2.3　简要评述

从文献和政策来看,立足新发展阶段构建新发展格局已经成为国内外的共识,国家和各省市大力提供创新驱动、培育新兴产业的政策行动已经展开。对天津来说,先后出台实施了《天津市新动能引育五年行动计划》《天津市科技创新三年行动计划》《制造强市建设三年行动计划(2021—2023 年)》《天津市产业链高质量发展三年行动方案(2021—2023 年)》,在《天津市国民经济和社会发展第十四个五年规划和二〇三五年远景目标纲要》中对现代产业体系建设进行了部署。当前布局和重点工作主要在于从 1 到 N,但对从 0 到 1 的新产业培育关注不够,在承接或吸纳新的产业投资中对新阶段需求变化,供应链环境变化,技术变化,区域竞争、存量竞争和增量竞争同时加剧等认识和行动还有待深化。需要结合产业经济学、产业组织学和创业理论,进一步加强对新兴产业和未来产业发展规律的研究和部署,为“1+3+4”产业体系下重点发展的产业链的具体布局、新生和转生企业引育提供新的政策指引。

3.3　新产业演替规律、趋势和案例研究

3.3.1　新产业演替的主要规律

产业经济学研究的对象是理论与实践的结合,因此经常从观察到的产业现象中基于归纳法总结出一些规律和趋势,有时这些规律具有普遍性,但在不同的国家和地区适用性可能不一样,有时这些规律又具有异质性,这使得产业发展的规律和趋势往往不能完全清晰地进行区分。尽管如此,笔者尝试将规律和趋势分开,规律部分主要

引介一些已经成熟的理论和文献，趋势部分重点谈影响新产业的技术创新趋势和市场需求变化。

1）产业发展生命周期规律

产业演替是产业生命周期的体现，指的是一个产业从新生形成、成长、成熟，再走向衰退期或蜕变期的历程。根据产业经济学原理，产业形成需要满足若干条件（芮明杰，2016：58-59）。一是产业符合社会需要，这种需要可能来源于生产者对生产消费资料的需求，也可能来源于消费者对生活消费资料的需求。根据马斯洛的需求层次理论，人的需求具有层次性，随着生活条件的改进会逐渐从温饱向温饱条件下的享乐和精神需求并行转变。二是产业要具备一定规模，并且已经实现了商业化。三是要具备专业化的技术装备和从业人员。在满足这些条件的情况下，产业演替呈现出类似罗吉斯蒂克（Logistic）S 曲线形态，遵循形成、成长、成熟、衰退的发展周期规律。

对于一个地区或国家而言，产业形成的方式包括产业新生、产业分化、产业派生、产业融合等途径（芮明杰，2016：59-64）。当考虑到产业在时空的转移时，产业形成还包括了产业从一地向另一地的转移。郭铁成认为，新兴产业形成主要来源于科技成果产业化、传统产业分化、国际产业转移、社会事业产业化（2010）。产业转移类型的产业形成，本报告将之称为产业原生创造，或产业创生。

产业新生是指产业形成既不孕育于原有产业，也不依附于原有产业而存在，从萌芽到形成均以相对独立的方式进行。产业新生往往与科学技术的突破具有直接而紧密的联系，大多是创新者将实验室的发明创造形成的成果带向市场，实现商业化、产业化。但也有学者通过调查发现，由发明引致的产业创新只占 20%左右，占 75%左右的是由市场需求或生产需求引致的产业创新。更综合的观点认为，无论是科学技术还是市场需求，都不是产业创新的决定因素，是科学技术与市场需求互动的动态过程和作用共同决定的产业创新，技术是一种可能性，市场机会存在与否也很重要。只有在资源和需求都具备的情况下，产业创新才成为可能（芮明杰，2016：59-60）。

举一个天津的例子。1999 年 8 月，南开戈德借壳津国商上市，公司主营业务为开发、研制、生产智能识别产品，典型的产品是无人自动售货机。抛却公司资本运营的失误，产品超前于时代有一定的原因。从事后诸葛亮的角度来看，无人自动售货机在移动支付诞生以前进入市场，在支付的便利性和维护的便捷性上存在着明显的短板，投币或入钞后不能识别引起的售后服务需求屡有发生。同时，当时人们的收入水平或消费水平还没有达到不太在意三五元钱的程度。反观当前的无人自动售货，在收入水平和技术水平的支撑下，便利店、机场、商场等场景应用都唾手可得。因此，从技术和需求两个角度来看，当前已经不存在当时的资源和需求与产业发展不匹配的情况。这对于原生创造企业而言具有启示意义。

产业新生还有一种"换道超车"的途径。俗话说，条条大道通罗马。换道超车的目的地没有变，但仍然能够通向心之所在。新的技术出现之后，可能存在不同的技术轨迹。例如当前芯片技术领域，英特尔和AMD的技术路线是不一样的，但同样实现了芯片的功能。这意味着可能存在着平行的技术路线，能够规避原有产业技术的壁垒，开辟新的产业机会窗口（高峰 等，2011）。我国目前在电子信息、医疗器械、装备制造等多个领域面临诸多的"卡脖子"难题，既遭遇了产业前行的拦路虎，也可能是开辟平行技术路线的重要机遇。

对产业生命周期规律，尤其需要注意的是，要重视产业形成的第一个条件——符合社会需要。以我国为例，中国已经进入中高收入的国家阵营，从过去的温饱阶段进入满足人民群众对美好生活向往的高质量发展阶段。这意味着我们的产业必须面向这一美好向往，在质量、安全、环保和精神内涵方面符合新时代的消费需求特征。

产业遵循生命周期发展的逻辑，但这个生命周期可能由于产业地域的转换而得以延长，产业规模也借此得以扩大。

2）产业结构演变规律

早期的产业结构演变规律主要针对三次产业结构的变迁，包括配第-克拉克定理、库兹涅茨产业结构演变规律、霍夫曼的工业结构重工业化规律。

产业结构转变的一般趋势。从美国经验来看，产业结构经历了第一产业占主导让位于第二产业，第二产业占主导让位于第三产业的规律性结构演变。从国家层面来看，这种产业结构从“一二三”向“二三一”再向“三二一”比例的转变，即农业向工业转换、工业向服务业转换，这是一种总体趋势，当然不排除一些资源型国家和地区在这方面的例外。

重工业化趋势。在工业化进程中，制造业中的消费资料工作和资本资料工作的比例关系——霍夫曼比例，则呈现出先增加再缩小的变动趋势。当然，霍夫曼比例受到没有考虑中间资料生产等多方面因素的批评。在后续的分析中，更多使用重工业化比重上升来描述发展中国家的工业化进程。

产业结构软化趋势。体现为两个方面：一方面，在整体经济中，第三产业迅速发展，有形的生产制造业比重相对下降；另一方面，随着高新技术包括信息化智能化向各个产业部门的渗透，各产业内部的技术含量不断增大，出现了软化现象。

产业结构高级化趋势。从目前来看，产业高级化既体现为战略性新兴产业和高新技术产业自身的发展，也体现为高新技术如信息技术、网络技术、智能技术在传统产业的应用，推动劳动工具、劳动手段和劳动对象不断革新，大幅提高工业的劳动生产率。这已经成为全球产业演进的焦点所在。

例如，第二次世界大战前后美国的服务业比重就占到50%以上，到2000年时，这一比例已经达到70%。1977—2008年，美国的计算机和电子产品在耐用品制造中所占比例增长了10.7%(赵嘉 等，2012)。产业软化和高级化在美国同时出现，表明一种虽软实硬的产业形态，软在产业结构的服务化，硬在高技术对产业发展的支撑。产业软化体现了影响产业生命周期的需求变化，个体消费者从衣食住行到更多地渴求物质产品以外的消费需求和金融需求，引导着更多产品和服务向体育、娱乐、旅游、医疗健康和金融保险服务转变。例如，美国2008年教育服务、卫生保健、社会救助行业占服务业的比重达到12.5%，较1947年提升了8.4%(赵嘉 等，2012)。

3)产业梯度转移规律

在交通运输业和国际贸易充分发展的情况下，产业转移已经成为一种普遍现象。

产业转移有多种形式,包括国际产业转移、国内产业转移甚至城乡之间的产业转移。产业转移主要是制造业形态的产业发生转移,服务业更多的是外包型或虚拟化的转移。本质来看,国与国之间,一国内部或城乡之间的这种产业转移,遵循一种梯度转移的规律。当这种转移发生时,转入地就迎来了一个产业的诞生,甚至能够带来转入地的高速增长和经济繁荣。产业转移的方式包括中心—外围模式、雁行模式和边际产业扩张等模式(徐春华 等, 2015),在形式上可以采取投资新建式转移、并购式转移、非股权式转移(芮明杰,2016)。

转移的梯度主要体现在发达国家或地区的产业结构升级后,劳动密集型、资源消耗量大、生产效率较低甚至污染严重的产业转移到次发达地区和欠发达地区。发生转移的原因在于产业生命周期规律、交易成本理论的内在作用,也源于产业最初形成时的资源禀赋、市场需求、交通运输、政府政策等条件发生变化的影响。从马克思主义经济学角度来看,产业转移受到分工国际化、生产力发展的国际化和追求高额利润的资本主义动机的影响(徐春华 等,2015)。原有的比较优势在产业成长的过程中不再能给企业带来成本优势和竞争优势,从而使得与产业相关的企业、资本、技术等生产要素发生了地域的迁徙,谋求更优的资源要素配置,谋求更加贴近市场,谋求更大战略价值。例如,特斯拉在我国上海建厂,更多的是看中我国的制造能力和庞大的市场所在以及相对于发达国家廉价且高素质的劳动力。

五次国际产业转移和全球产业分工演化见表 3-1。

表 3-1　五次国际产业转移和全球产业分工演化

制造业转移	时间	输出地	输入地	分工特点
第一次	19 世纪 40 年代	英国、德国	美国	产业间分工
第二次	20 世纪 50 年代	美国	日本	产业内分工
第三次	20 世纪 60 年代	日本	亚洲四小龙	产品内分工
第四次	20 世纪 80 年代	亚洲四小龙	中国大陆	工序间分工
第五次	20 世纪 10 年代	中国大陆	欧美国家 东南亚国家	产业间融合 工序间分工

图表来源:刘友金和周健(2021),论文表 1。

国际产业转移的经典案例很多。例如，20 世纪 50 年代，美国扶植德国和日本战后恢复，钢铁、纺织等传统工业向日本和德国转移；到 60—70 年代，一些劳动密集型产业转移到韩国、新加坡、中国台湾等新兴工业化国家和地区；当前，中国的一些劳动密集型产业也在向东南亚转移。改革开放以后，中国制造的崛起与第四次国际产业大转移有着重大的关系（刘友金 等，2021）。随着西部大开发战略和中部崛起战略的实施，国内产业转移的例子亦不少见。陈军和岳意定（2013）的研究指出，1996—2005 年我国经历了以东部地区为中心的产业集聚过程，2005 年后则出现了向中西部地区转移的现象。2021 年，笔者调研时发现，江浙地区的一些服装企业为了原材料的方便和利用廉价的劳动力，出现了向新疆等地转移生产的现象。

当然，自利的概念或觉醒并非天生（海尔布隆纳，2013），至今，部分地区的劳动力理念中还存在自利概念的缺失，从而在劳动时间、劳动纪律方面表现欠佳。从个人角度来看，缺乏自利也就自然地远离了竞争，从而使得亚当·斯密的看不见的手真的就看不见（作用）了。另外，产业梯度转移需要防范产业空心化问题，防止由于实体经济外移而丧失自身的比较优势和核心竞争力，也包括就业创造能力的丧失。在第五次国际产业转移过程中，美国发起的再工业化、疫情下各国供应链安全性的考量和基于传统的梯度理论的产业转移，引发了新的产业转移浪潮，值得在新发展阶段和构建新发展格局中重点关注。

4）产业集群化发展规律

产业发展集群化也是现代产业发展的普遍现象。波特认为，产业集群是形成和提升产业竞争优势的重要条件。无论是横向的产业集群还是纵向的产业集群，都有利于产业自身发展和规模壮大。这主要得益于集群通过地理上的集中取得了协同优势。在集群中，通常既有主导产业，也有为主导产业服务的配套的相关产业和支持性产业，使得上游生产制造和下游的分销服务以及相关的培育、服务机构等汇聚一地，从而形成区域内企业的分工协作和信息、技术、人才等资源和要素的共享甚至市场的共享，有利于形成正向的外部性、学习效应，加快创新的速度和企业成长成熟的速度。

集群化发展带来溢出效应、学习效应、融合效应和产业发展的乘数效应。

从产业集聚来看，它也可能导致为了集聚的产业转移。诺贝尔经济学奖得主克鲁格曼认为，产业集聚性转移的动因是追求地理接近性或规模经济而带来的成本节约，产业一旦落地生根，就倾向于自我延续下去，出现一种路径依赖（孙浩进，2015）。因此，在产业发展中，政府会出台以企引企的政策举措，尤其是通过产业链中的核心企业带动企业集聚，打造产业集群。

例如，2022 年 6 月 6 日深圳市发布了《深圳市人民政府关于发展壮大战略性新兴产业集群和培育发展未来产业的意见》，目的就在于通过企业、产业链、资源、空间的集聚，将产业链、供应链、创新链、人才链融合在一起，促进更多企业家、工程师、投资人和需求方进行交流，从而带来意想不到的发展效果。

3.3.2　新兴产业和未来产业的演进趋势

新技术革命为新产业的发展提供了新的机会窗口。由于先发优势，发达国家在芯片、发动机、高端材料、数控机床、工业软件、高端医疗器械等多个领域能够对我国实施“卡脖子”，给我们的产业安全和产业升级带来了巨大的挑战。但随着技术的演进，发达国家也在一些领域给我们提供了换道赶车的机会。这体现在两个方面，一是开拓平行技术路线，规避专利垄断，实现赶超；二是抢抓新技术革命来临的新机会，加大引领性科技革新，借助新科技开拓新产业，真正实现科技创新引领发展，在新的领域达到先发制胜于发达国家的境地。要学习华为发展 5G 技术、鸿蒙操作系统等方面的经验，在“无人区”和“有人区”都要及早部署，既要学会引领也要学会战略防御，加强关键领域的科技支撑。Pérez（2001）指出，在技术初期，激进的技术创新可能导致产业新生，后期的产业成长成熟则主要依赖于渐进式创新的推进。近年来，热炒的颠覆性技术创新也是催生新产业和新业态的重要途径。孙天阳和杨丹辉（2022）对技术驱动的新兴产业进行了文献综述，文中提到的新兴产业类别包括大数据、区块链、人工智能等新兴技术带来的新产业、新业态以及数字赋能带来的数字农业、互联网金融等新兴业态。

习近平总书记在讲话中多次提到“四新(新技术、新产业、新业态、新模式)”经济。“四新”经济是以市场需求为导向,以技术创新和模式创新为内核的新型经济形态。“四新”经济的核心是以云计算、大数据、物联网、人工智能、5G为代表的新一代数字技术,这些新技术的应用,改变了传统的生产方式和管理模式,促进了供需精准匹配,激发了众多新产业、新业态和新模式。

1)北大纵横观点

首先来看著名管理咨询公司北大纵横的创始人王璞在2022年8月发表的对全球未来产业演进趋势的观点。[①] 该观点与中国科学院有关学者的研究(周波 等,2021)高度重合。他认为未来产业具有依托新科技、扩展新空间、满足新需求、创造新载体的突出特点,呈现智能化、低碳化、健康化、融合化、跨界化、革新化等演进趋势。他指出,未来产业区别于其他产业的核心特征是前沿技术驱动、未来高成长性和战略支撑性,主要由重大科技创新产业化后形成、代表未来科技和产业发展的新方向。

美国未来产业的部署见表3-2。

表3-2 美国未来产业的部署

发布时间	报告/法案	部署领域
2019年	《美国将主导未来产业》	人工智能、先进制造业、量子信息科学和5G通信技术
2019年	《2021财年政府研发预算重点备忘录》	为未来工业提供动力的技术、人工智能、量子信息科学和计算的基础研究和应用研究;先进通信网络和自动化技术;智能和数字制造,以及先进的工业机器人等先进制造技术
2020年	《2022财年研发预算优先事项和全局行动备忘录》	人工智能、量子信息科学、先进通信网络、先进制造业、未来产业相关的计算生态系统、未来产业相关的自主驾驶和远程驾驶
2021年	《美国就业计划》	半导体、先进计算、先进通信技术、先进能源技术、清洁能源技术和生物技术等领域

① 王璞:《全球未来产业演进趋势浅析》,http://news.sohu.com/a/579 205 962_589 939。

续表

发布时间	报告/法案	部署领域
2021 年	《无尽前沿法案》	人工智能与机器学习，高性能计算、半导体、先进计算机软硬件；量子计算科学与技术，机器人、自动化与先进制造，自然与人为灾害的防灾与减灾，先进通信技术与沉浸技术，生物技术、医学技术、基因组学与合成生物学，数据存储、数据管理、分布式账本技术与网络安全，先进能源技术、电池与工业能效，先进材料科学
2021 年	《NSF 未来法案》	量子信息科学、人工智能、超级计算、网络安全和先进制造
2021 年	NSF 未来制造业项目	未来网络制造研究、未来生态制造研究、未来生物制造研究

图表来源：北大纵横、周波等（2021）。

从发达国家来看，产业集中在 3D 打印、云计算和大数据、物联网、VR（虚拟现实）和 AR（增强现实）、纳米材料及新型材料、精准医疗、基因工程、新能源和节能技术、太空科技、智慧城市、人工智能、先进机器人、自动驾驶汽车、人体增强、可穿戴设备、智能手机与云计算、大脑计划（脑科学、神经科学等）、先进汽车（新能源汽车）、大容量储能电池等领域。美国在星链计划、芯片、自动驾驶等多个领域拥有领先优势。日本经济的优势产业除汽车和电子外，还有人工智能、物联设备和智能机器人。据悉，日本财团软银已经为网络技术设立投资基金（愿景基金，Vision Fund），将在 10 年内增至 1 000 亿美元。日本未来产业的部署见表 3-3。德国面对新冠肺炎疫情出台的刺激经济计划中，重点对药物和疫苗、电动汽车、氢能、数字化和通信、人工智能和量子等未来产业进行了布局。

表 3-3　日本未来产业的部署

发布时间	报告/法案	部署领域
2017 年	《未来投资战略 2017：为实现社会 5.0 的改革》	生命健康领域、交通出行领域、世界领先的智能供应链领域、基础设施和城市建设领域、金融技术创新及应用领域、能源与环境领域、机器人革命与生物材料革命领域、新型居住生活服务市场

续表

发布时间	报告/法案	部署领域
2016 年和 2017 年	《科学技术创新综合战略 2016》和《科学技术创新综合战略 2017》	16 个系统和数据库（能源价值链最佳化系统、地球环境信息平台系统、基础设施高效维护更新管理系统、抗灾社会强固系统、智能道路交通系统、新型制造系统、材料整合开发系统、实现健康立国的地区保健护理生活系统、人性化游客接待系统、智能食品供给系统、智能生产系统、三维地图信息数据库、跨行业数据流通数据库、地球环境信息数据库、人流物流车流信息数据库、图像信息数据库），以及新兴技术（物联网、人工智能、机器人和超分散信息处理等）
2017 年	《新产业结构蓝图》	自动驾驶汽车、保险与评级智能化，创新药、功能食品、尖端材料制造、生物能源，个性化医疗药品、护理关怀计划、维护保养服务、智能化授信、理财咨询服务等
2020 年	《科学技术创新综合战略 2020》	公共卫生、人工智能、超算、大数据分析、卫星、智能实验室、远程商业、低能耗技术、清洁能源、生物技术等
2022 年	《科学技术创新综合战略 2022》	新的 AI 和量子战略、经济安全计划及新一期 SIP 等先进科学技术

图表来源：结合 2022 年最新资料和北大纵横网信息整理。

从“十四五”规划来看，我国重点关注的领域包括类脑智能、量子信息、基因技术、未来网络、深海空天开发、氢能与储能等前沿科技和产业变革领域。

2）赛迪智库观点

赛迪智库《前瞻》研究报告 2022 年 8 月 29 日第 52 期对未来产业最新走向及趋势进行了分享。报告认为，随着基础研究的突破和应用技术不断创新，以元宇宙、人工智能、卫星互联网等为代表的未来产业变革加速演进，目前已经形成了颠覆性研究集群式、融合式创新加速，不断催生新的未来产业的可观前景。主要体现在以下三个方面。

（1）基础研究的突破为未来产业发展奠定了基础。在量子领域，美国国家标准技术研究所团队发现了宏观物体量子纠缠的直接证据，有助于量子网络、暗物质及引力波研究。在新材料领域，美国研发出一种富含纳米颗粒的新型碳纤维增强复合材料 ZT-CFRP，与传统的碳纤维增强复合材料相比，不容易受到机械冲击的影响，未来应用前景广阔。

（2）应用技术创新进一步推动未来产业发展。星链（Starlink）已经完成 2 600 颗星链卫星的发射入轨，覆盖四大洲、32 个国家和地区，可以轻量级替代部分“地面光纤”传输网络通道，天地一体化信息网络发展进入发展新阶段。

（3）以元宇宙、人工智能、卫星互联网等为代表的未来产业变革加速演进。其中，算法、算力和数据是人工智能发展的核心驱动要素，随着超大规模预训练模型的不断成熟、单点算力的持续提升，以及数据规模化、精细化和定制化深入发展，人工智能产业不断发展壮大。

报告对美国、欧盟、日本等竞争的制高点进行了简要介绍，认为下述几方面可能成为未来产业的大国博弈新赛道。

美国：2022 年 2 月，美国国家科学技术委员会（NSTC）发布了新一版关键和新兴技术（Critical and Emerging Technologies，CETs）清单。该清单以美国 2020 年《关键和新兴技术国家战略》为基础，对其中的关键和新兴技术领域列表做了更新和调整，并具体列出各领域内的核心技术子领域清单；2022 财年美国《政府研发预算优先事项》中提到，要大力支持国家安全、未来工业、能源环境和空天科技等领域的基础和应用研究。

欧盟：欧盟于 2020 年 3 月发布《欧洲新工业战略》，支持发展对欧洲未来工业有重要战略意义的关键技术：机器人技术、微电子技术、高性能计算和数据云基础设施、区块链、量子技术、光子学、工业生物技术、生物医学、纳米技术、制药、先进材料和技术，以增强欧盟在全球产业竞赛中的竞争力和地缘政治角逐中的战略自主性。

日本：日本政府在 2021 年发布的《第 6 期科技创新基本计划》中提出，要激发研究学者的内在动力，不断产出新知识新技术，建立面向解决社会问题的综合知识系统。2022 年 3 月，日本首相岸田文雄对外宣称，将制定一项国家战略，通过政府部门和私企合作，大力促进量子技术和人工智能的发展。

3）中国科学院智库观点

中国科学院科技战略咨询研究院陈晓怡等人在《科技中国》上发表论文，讨论了全球未来产业最新发展的举措及趋势（陈晓怡 等，2022）。他们的论文指出，全球最新的未来产业部署有三个重点。

（1）制定综合性产业战略，识别引领产业变革的关键技术。例如，2020—2021年，欧盟先后发布《欧洲新产业战略》和《工业 5.0：迈向可持续、以人为本、富有韧性的欧洲工业》战略，日本发布《产业技术愿景 2020》，法国发布《使法国成为突破性技术经济体》报告，前瞻未来产业发展趋势，提出未来产业应依托的关键技术，以信息、生物、材料、能源等新技术为重点。

（2）支持以氢能为代表的新能源技术创新，推动绿色低碳产业发展。欧盟、美国、德国、法国、英国等制定国家氢能战略，支持以绿氢技术为主的氢能产业。法国"经济复苏"计划、韩国《未来汽车推广与市场领先战略》、英国和丹麦的绿色产业规划中大力支持清洁能源汽车等绿色交通产业发展。

（3）发展新一代信息技术，推进产业数字化转型与数字产业化发展。欧盟发布《塑造欧洲数字未来》报告，建立以数字解决方案为动力的欧洲社会；法国投入近 20 亿欧元支持中小企业和政府公共服务数字化升级。在新一代信息技术重点布局上，美国、欧洲、日本、韩国、俄罗斯发布专项战略，加强投入人工智能、大数据与先进半导体等产业。

3.3.3 国内外重点地区新产业演替的案例

国内外新产业更替的案例很多，19 世纪 70 年代德国的鲁尔工业区、英国中部工业区，20 世纪 50 年代美国硅谷，20 世纪 60 年代日本筑波科学园，20 世纪 70 年代韩国大德科学园，20 世纪 80 年代新加坡科技园，20 世纪 90 年代以后我国中关村科技园、武汉光谷的兴起，都为全球新兴产业和地区的发展提供了明证。这背后无疑都与产业发展规律、产业结构演变规律、产业集群化规律息息相关，也与产业结构升级（软化和高级化）、产业梯度转移的理论有着密切联系。限于篇幅，这里主要介绍两个国外新兴产业（及产业园区或城市）涌现和发展的案例，两个国内产业集聚与产业转移的案例。下面主要介绍一些重要地区或城市、科学城的发展案例，以此剖析产业演进问题。

1)国外案例——美国硅谷“硅产业”崛起

硅谷是世界上第一个高科技园区诞生的地方,位于美国加州北部、旧金山湾区南部,是加州圣塔克拉拉谷的别称。它是最早研究和生产以硅为基础的半导体芯片的地方,因此得名。硅谷是电子工业和计算机业之都,尽管美国和世界其他高新技术区在不断发展壮大,但硅谷仍然是高科技、技术创新和发展的开创者,世界上多数颠覆性科技的发源地均为美国硅谷。

硅谷的主要区位特点是以附近一些具有雄厚科研力量的美国顶尖大学为依托,主要包括斯坦福大学和加州大学伯克利分校,还包括加州大学其他的几所校区和圣塔克拉拉大学等。硅谷以具有高新技术的中小公司群为基础,融科学、技术、生产、投融资为一体。硅谷经历了三波大浪潮:第一波浪潮发生在20世纪40年代前,主要进行仪器制造;第二波浪潮发生在40—70年代,以惠普创立为标志;第三波浪潮发生在70—80年代,硅谷催生了多项技术和创新,由此开创了一个新的高效率时代。

硅谷深厚的创业氛围,扁平化的组织结构和精英荟萃,无数的科学家、工程师、创业者、投资人等云集于斯,使得域内大学、园区饭桌上的闲谈讨论就可能孕育出无数创业项目和点子。在硅谷,最重要的是点子,创业就是把点子和技术变成一家创业企业。20世纪50年代中期,由于发明晶体管而获得诺贝尔奖的威廉·肖克利为了照顾斯坦福大学毕业多年的老母亲,回到硅谷创立了自己的半导体实验室。1957年,实验室创始时期肖克利亲自引进的诺伊斯、摩尔等8位年轻才俊,在仙童母公司的资助下组建了仙童半导体公司。1968年,诺伊斯、摩尔和葛鲁夫又离开仙童成立了英特尔公司。这些创业者由于拥有相同或相近的经历,在产业、创新、金融方面形成高效的复合网络,促进了硅谷地区的裂变式快速发展。

硅谷产业的兴盛与良好的创新创业生态系统密不可分。该生态系统包括资本、人才、需求三个“硬因素”和社交网络、商业文化两个“软因素”。资本与人才是硅谷保持创新源泉的主要因素,国内广阔的市场需求成为创新创业的根本动力。硅谷的成功可谓根在人才，起于技术，成于资本，实现“创新—创业—创富”三级跳的发展模式。而由校友、大学的创新人才、工程师、企业家、风险投资家等成员构成的社交网络成为维系硅谷创新创业生态系统的基本网络，商业文化则成为平衡上述四种要素的关键。硅谷创新创业生态系统的形成在很大程度上得益于大学、企业、研究机构、政府、中介组织、创新平台、非营利性组织等多元主体的协同互动。其中，大学扮演创新人才的摇篮、技术创新的源头等重要角色。

另外，斯坦福大学的经验也表明，大学不能指望用转让收入作为大学运营的开支来源，但是转化出去的科技成果创造了新兴产业，创业成功会带来投资收益，成功者会为大学捐赠，从而为大学提供更高的经济回报，形成了从科研到价值实现的期权回报的良性循环机制。

2）国外案例——西斯塔科学城产业集聚发展

西斯塔（KISTA）科学城位于瑞典首都斯德哥尔摩北郊 10 千米处，是瑞典最大的科技新城，经历了从“科技园区”向“科学之城”的嬗变，被誉为“欧洲硅谷”。20 世纪 70 年代，西斯塔从一个科学园区起步，最初只拥有单一的电信通信产业，孕育了爱立信等 ICT（信息与通信技术）产业的行业翘楚，经过 40 年来的建设和持续打造，西斯塔得到了迅猛的发展和规模扩张，目前 Kista 占地 2 平方千米，拥有约 8 800 家公司和超过 66 500 名雇员，其中 23 000 人工作于 1 082 家 ICT 公司内，还有 1 100 名研究员和 5 000 名大学生。通过高度宜居带动高级人才，高级人才带动高端产业，高端产业的收益又进一步带动宜居环境的改善，最终成功助推新城的持续健康发展。斯德哥尔摩成为仅次于硅谷的人均独角兽企业（估值达 10 亿美元的科技创业公司）数量第二多的城市，西斯塔科学城功不可没，出色的科技创新模式使其成为全球最具创新活力的代表地区，也使西斯塔科学城享有“欧洲硅谷”的美誉。

希斯塔科学城产业演替的主要经验表现为，产业新生和产业派生并重，产业导入（转移）与产业培育并重，充分发挥以爱立信为首的核心企业的领军作用，实质性推动政产学三螺旋互动，形成科研价值和商业价值的循环，形成中小企业创业涌现的大好局面，通过宜居生态环境和产业发展环境形成科技创新、人才汇聚和产业绵延的大势所趋。希斯塔科学城发展历程如图 3-1 所示。

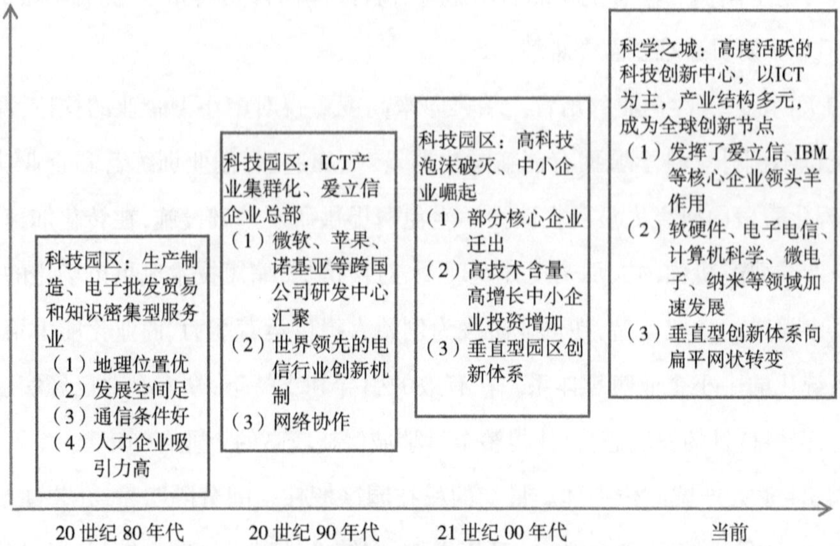

图 3-1　瑞典希斯塔科学城发展历程

（1）注重发挥核心企业作用。爱立信是瑞典的创新型领军企业，也是一家世界通信业领导者。2020 年 9 月，爱立信与高通宣布双方完成关键互操作性测试，这是全球首批成功完成的跨 FDD/TDD 以及 TDD/TDD 频段的 5G 独立组网（SA）载波聚合互操作性测试。5G 载波聚合支持运营商同时利用多个频谱信道，在基站和 5G 移动终端之间传输数据。2022 年 4 月，爱立信发布了全球首个 5G 动态无线资源分配解决方案并在马来西亚实现全球商用。产业发展离不开龙头企业的作用。科学园区依托爱立信在全球的领先地位，吸引了世界各国的跨国公司入驻，为园区汇聚人才、形成产业链上下游协作的产业集群提供了巨大的磁石作用。

（2）注重打造动态互动创新螺旋。由 ELECTRUM 基金会组织，西斯塔科学城长期坚持由大学、企业和政府共同构建的创新支持方式，形成了三角螺旋的经典模式。其彼此之间的协作关系主要包括大学与企业紧密联系，使大学科研精准对接市场需求，而企业原创技术研究可在大学顺利开展；大学研究生到企业任职，直接参与技术研发，企业管理人员亦可到大学讲课交流；企业还为学生提供充足的假期实习岗位，并将其作为学生在企业就职的一项重要前置条件。这一早期的政产研模式对于天津市乃至全国仍然具有重要的启示意义。就天津而言尤其如是，拥有丰富的科教资源，但产学研贯通难题至今难解。

(3)注重原生性企业的培育。瑞典向来高度重视对中小型企业的扶持，西斯塔科学城也不例外。科学城拥有创新孵化器、转化加速器、创业训练营和企业扶持政策，在孵化阶段向研究人员及在读大学生免费提供研发基础设施，在转化加速阶段，帮助企业或研究机构的人员实现开发理念、对接市场，缩短技术成果市场化的时间，并提供多渠道的融资支持，在创业阶段为创始人提供运营能力、商业化能力培训，形成了系统化的中小企业孵育体系。在有效的引导和支持下，众多企业已经实现上市和收购，保持良好的发展态势，使得整个科学城保持较高的企业存活率。

(4)注重人产城三位一体。最初的科技园区职住空间分隔明显，办公建筑体量大，住宅设计呆板统一、功能单一、环境无趣，向综合性科学城转型期间，通过优化空间布局打破了企业格局限制，补充绿色步行场所和社交空间，结合轨道交通站点设置了大型综合商业中心，成为集购物、娱乐、停车等功能于一体的交通—商业综合体，形成了“居民=人才”+“科技园=城市”的空间品质，为企业员工、高校学生以及外籍科研人士汇聚提供了吸附力。①

3)国内案例——武汉光谷产业的崛起

武汉东湖新技术开发区，被誉为“中国光谷”。它的产业形成可以称为原生扩散型产业成长方式。习近平总书记三次视察武汉光谷，对光谷发展寄予厚望。湖北省正全力打造武汉成为具有全国影响力的科技创新中心，加快建设以东湖科学城为核心区域的光谷科创大走廊。

光谷诞生之“光”。光谷，因“光”得名，它是全球最大的光纤预制棒和光纤光缆研发生产基地、全国最大的光器件研发生产基地，也是全国最大的激光设备制造基地

① 西斯塔科学城案例主要根据 Kista 科学城官司网(https://kista.com/english)网上资料整理，https://appatt.sznews.com/jzApp/files/szxw/News/202 106/22/508 503.html。

之一，无数“追光者”在光谷就业创业。光谷的蓬勃崛起与华中科技大学（原华中工学院）的激光系有着密不可分的关系。1971 年，华中工学院设立激光课题组，开启中国激光技术研发的序幕。1985 年，我国第一家激光企业楚天激光创立于东湖之畔。华中科技大激光系是中国工业激光技术的重要发源地之一，是激光技术人才培养的摇篮，支撑了武汉中国光谷激光产业的发展与壮大。光纤与激光，共同成为日后“中国光谷”的火种。目前，光谷拥有中信科、锐科激光、长飞、华工科技等激光领域的龙头企业，正共建湖北光谷实验室。《2022 中国激光产业发展报告》指出，在激光设备全球供应链上，武汉已牢牢占据有利地位。扎根武汉的光纤激光器巨头锐科激光，与市场占有率第一的国际巨头差距已不足 1%，这将深刻改变全球激光产业竞争格局。华工科技在国内率先突破了光纤激光器、超快激光器等一批关键技术，牵头制定了国内激光装备行业的首个国际标准，创造 60 多个“第一”。湖北东湖科学城激光产业发展规划提出，到 2025 年，规模以上激光企业产值达到 1 000 亿元，带动上下游企业总收入超 5 000 亿元。

光谷的产业品牌之光。2000 年 3 月全国两会期间，在武汉的 10 位全国政协委员向全国政协九届三次会议提交了《关于在武汉建设中国“光谷”的提案》，提出以国家级的东湖新技术开发区为基础，建设集光电子技术研究开发集散、产品生产、企业孵化、人才培养等于一体的光电子产业基地，以应对当时美国以亚利桑那大学为中心建设“光谷”的外部竞争以及英国、德国、日本的光电子发展计划（贾震涛 等，2006）。全国政协委员提案指出，21 世纪是光电子的世纪，武汉在这方面拥有全国罕见的综合优势，拥有 5 家国家级科研开发机构、光电子产业初具规模、正规划建设东湖新技术开发区光通信产业基地。提案建议国家积极指导和扶持武汉建设“光谷”：国家光电子产业领域的项目布点适当集中在武汉地区；对武汉地区光电子企业的上市给予优先照顾；请国务院有关部门加大对武汉地区光电子企业的资金支持力度；将拨给西部地区的利用外资指标，适当向武汉地区光电子产业倾斜等。湖北省委和省政府主要领导均表态大力支持，与武汉市共同做出了举全省之力、全市之力支持“武汉·中国光谷”建设的战略决策。尽管面临国内长春、深圳等地的光谷热潮和竞争，但由于武汉市乃至湖北省高层的有力推动，武汉率先提出了“光谷”提案并强调武汉的区位、人才、技术和产业优势和武汉东湖开发区的资源集聚优势，使得武汉光谷概念得到了较好的认同。

2000 年 5 月，两院院士李德仁教授和工程院院士、我国“光纤之父”赵梓森教授为首的武汉地区 26 名中国科学院和工程院院士、专家联名上书党中央、国务院，表示支持在武汉建立“中国光谷”。2000 年 6 月 19 日，信息产业部对提案做出答复，支持提案关于打造光电子产业基地的建议，并称今后信息产业部在光电子产业项目安排上将适当对武汉地区予以倾斜，在行业管理方面支持武汉地区光电子的发展，并建议国家计委、经贸委、科技部、财政部等综合部委对武汉光谷发展予以支持。湖北省和武汉市进一步提出了加快光谷发展的措施，后期全国政协副主席、主席和国务院时任总理朱镕基同志先后对光谷发展以批示和考察的方式表示支持（贾震涛 等，2006），为推动形成今天的光谷业态起了决策导航的重大支持作用。目前，在光谷的引领效应下，湖北光电子信息产业正迈向万亿产业行列。

光谷新阶段的新发展。武汉光谷的主导产业已经不仅仅包括光电子产业。自 2013 年以来，光谷以每年诞生一个千亿级产业的速度在创新发展的道路上挺进，集成电路、新型显示器件、下一代信息网络和生物医药等四大产业入列国家战略性新兴产业集群，为湖北省乃至全国的产业发展和科技创新树立了光辉榜样。截至 2022 年 9 月 30 日，武汉市在国内 A 股上市企业达到 75 家，总市值 6 000 多亿元，其中华工科技、锐科激光、烽火通信等是我国光电子领域重要专业领域的龙头企业，也是武汉光谷产业发展的重大成就。目前，湖北省提出全力打造具有国际竞争力的光谷科技创新大走廊，出台了《光谷科技创新大走廊发展战略规划（2021—2035 年）》，提出构建以东湖科学城为创新极核，以光谷科技创新大走廊为创新发展联动轴，打造三条特色产业带，串联若干特色发展组团的“一核一轴三带多组团”空间布局。创新极核包括光谷科学岛、研发转化板块、产业发展板块、科技商务板块。创新发展联动轴包括武汉片区发挥高校院所集聚优势、鄂州发挥毗邻光谷和鄂州花湖机场优势、黄石发挥先进制造基地优势、黄冈发挥腹地空间广阔优势、咸宁发挥生态环境优势。三条特色产业带包括光电子信息产业带、大健康产业带、智能产业带。特色功能组团包括大光谷创新组团、红莲湖—葛店科创组团、鄂州机场临空组团、环大冶湖智造组团、黄冈特色产业组团、咸宁绿色产业组团。后续的政策重点在于:聚集创新要素,优化创新环境,实施扶持创新政策;汇聚创新资源,加强重大基础研究,创造出更多的重大科技成果;加强产学研对接,推动科技成果转化,培育和建立有竞争力的科技创新企业。还要针对重点产业集成资源,发起设立产业发展投资基金,要充分发挥武汉科教资源优势,有目的地吸引头部产业落地光谷科技创新大走廊。比如,联合高校设立行业研发中心,形成很多最新成果直接在光谷科技创新大走廊转化,形成头部产业集群。要通过全产业链布局来解决企业的供应链问题,实现一条走廊产业链“通吃”,实现价值最大化。到 2025 年,光谷科技创新大走廊区域创新能力显著提升,到 2035 年成为全球创新网络的重要枢纽。到 2025 年,东湖科学城科技创新能力达到世界先进水平,到 2035 年成为全球创新高地。

3.3.4　对城市产业发展的若干启示

1)适应产业形成和产业转移的大趋势

产业经济学认为,技术驱动是产业兴起和转移的重要背景。这在当下百年未有之大变革格局下尤其如此。细观全球科技革命和产业变革的演进历程可知,城市产业的选择必须符合时代变革的要求,当前新一代电子信息技术深化发展,人工智能、数字经济、云计算等纷纷涌现,机器人在广泛领域的应用方兴未艾,引爆了新的产业窗口;解决人类面临的生命健康难题是生物医药产业的长久方向,基于生物技术、化学技术和计算机技术等的基因组技术、细胞治疗、生物工程等技术以及原创化学药和生物药、医疗器械等,昭示了产业发展的无限空间;全球变暖和能源问题是现代文明面临的持续挑战,俄乌冲突进一步彰显了把握能源战略主动和自主供给能力的重要性,对绿色低碳的需求及新能源技术、产业与智能科技的融合,将带来新能源产业和新能源汽车产业的巨大变革。

2)抓住消费升级和超大规模市场的转型契机

面对国外的产业链拆台或回流,面对美国等的科技遏制和全面打压,既要在技术上更新,也要在国内市场拓展上加大力度,将人民对美好生活的向往转化为对更高质量的制造业产品、农业产品和现代服务的需求,而这也恰恰是新兴产业形成、发展壮大的机遇以及传统产业转型和革新的方向。

3)良好的创新创业生态支持

硅谷、光谷、声谷,北京、深圳、合肥等,实现创业创新的蓬勃发展,离不开创业者、科学家、工程师和风险投资、产业投资等资本的支持,离不开这些主体的互动交流,从而形成一个网络状的扁平结构,让创业创新的火种得以生发、成长、壮大。

4)坚强有力的专业化团队支持

除了领导层面的高度重视和资源配置支持,招商引资需要学习深圳、合肥等地先进经验,在细化招商指南、路径上多下功夫,将企业的需求、行业的需求,产业链上下游的贯通衔接等工作做好做实,用承诺和有力的行动构建一个诚信政府,构建好创业和发展的载体平台、政策体系。

5)积极营造良好的产城环境

合肥城市改造、交通提级,希斯塔邻近斯德哥尔摩的区位优势,硅谷宜人的西海岸环境,为产业形成、人才汇聚提供了基本条件。当前科技创新集聚的趋势就是科技园区与城市的融合——产城融合,通过生产、生活的便利性衍生创新创业的便利性、多样性和成功的可能性。

3.4 天津产业更替演进的纵向分析和比较研究

3.4.1 天津市产业结构的现状

根据《2021年天津市国民经济和社会发展统计公报》,初步核算,全市地区生产总值为15 695.05亿元,按可比价格计算,比上年增长6.6%。其中,第一产业增加值为225.41亿元,比上年增长2.7%;第二产业增加值为5 854.27亿元,增长6.5%;第三产业增加值为9 615.37亿元,增长6.7%。三次产业结构比为1.4∶37.3∶61.3。天津经济增长已经从过去的以工业为主的第二产业过渡到以服务业为主的发展阶段。当然,必须注意的是这一选择或许并非自主自觉之为,其背后可能有着深刻的产业对外转移和新兴产业成长不足的掣肘。

从历史上看,天津经济在2000年以来尤其是2006/2007年之后经历了超出指数增长预期的高速增长,经济成长率在2008—2015年实现了大幅跨越。但2016年以后尤其是2018年以来,经济增长速度明显下滑,向下偏离了历史趋势,使得原本能够更早进入2万亿元俱乐部的省级经济总量需要更长时期的等待,如图3-2所示。

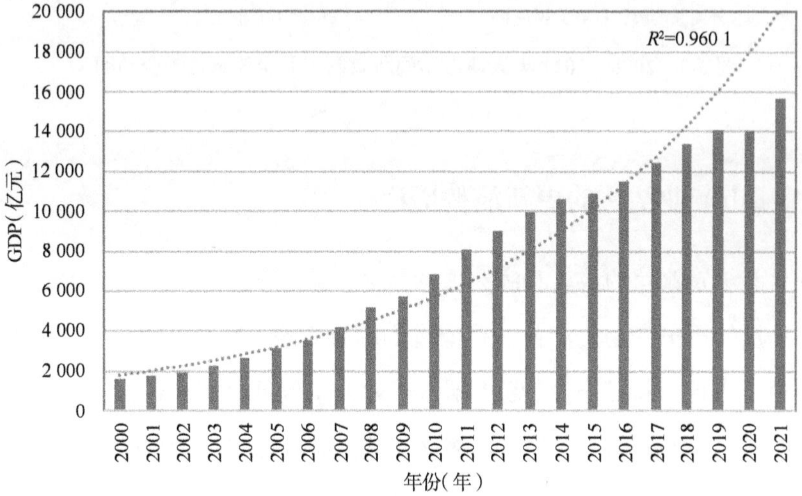

图3-2 2000—2021年天津市现价地方生产总值柱状图

数据来源:国家统计局官网。

可以从不同所有制工业企业数量看出天津市工业增长滞后带来的产业结构变化。国家控股工业企业单位数在2000—2011年近直线下降,私营工业企业单位数在经历了2008—2010年的爆发增长、突破3 500家后回归到2 500家左右的水平,外商及港澳台投资工业企业单位数在 2008 年则经历了一个稳步减少的历程,如图 3-3 所示。

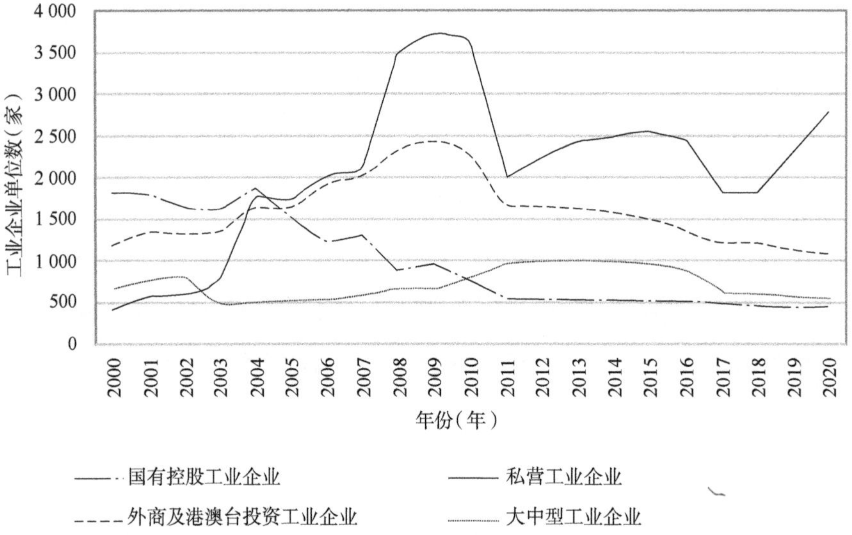

图 3-3 2000—2021 年天津市不同所有制工业企业单位数变动图

数据来源:国家统计局官网。

3.4.2 天津市产业结构的更新演替历程

1)基于三次产业结构演进及法人主体数量变动的考察

经济总量的历史变动是产业结构演进的综合表现,自 2000 年以来,天津市第一产业增加值所占比重持续下降(鉴于第一产业比重较低,后续或忽略对其的分析),第二产业增加值基本呈现一种所占比例逐年减少的趋势,在 2010 年以前基本保持在 50%以上,但随后出现了明显的持续下滑,到 2020 年达到一个低谷。在市委、市政府大力推进制造业立市的政策引领下,第二产业增加值所占比重开始恢复到接近 40% 的水平,如图 3-4 所示。

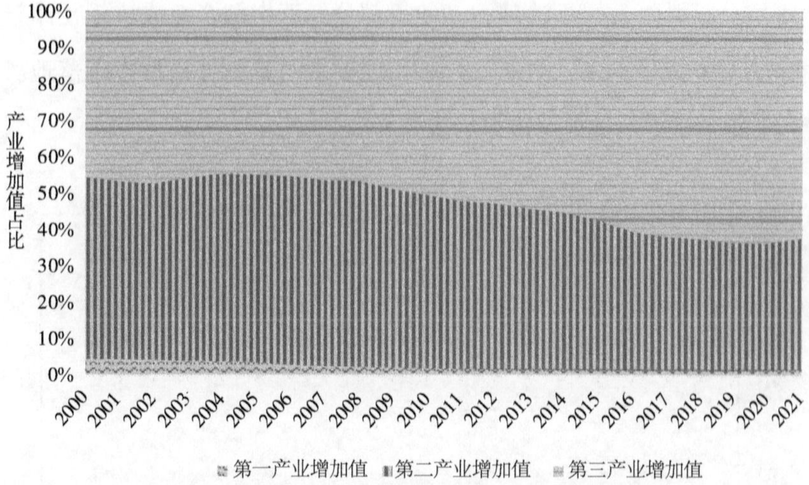

图 3-4 2000—2021 年天津市三次产业结构变动图

数据来源:国家统计局官网。

在产业结构演进的背后,是产业主体数量的明显波动变化。利用众鲤数据网获取的法人单位数据(与天津市历年统计年鉴数据存在差异),图 3-5 描述了三次产业法人单位数量自 2010 年以来的变动趋势,可以看到第一产业法人单位数呈现不断增加的态势,但相对于三次产业法人单位的总量则近乎可以忽略。第二产业的法人主体在 2010—2013 年波动不大,2014—2017 年有一个小幅的增长,从 5.11 万家增加到 8.43 万家,但之后则出现了大幅的下降,2018 年猛降至 5.82 万家,之后法人数量逐渐恢复,到 2021 年增加到 7.49 万家。第三产业的法人单位数量在 2010—2017 年保持了加速增长态势,从 11.56 万家上升到 34.80 万家,但随后骤减至 23.29 万家,2021 年恢复到 32.05 万家。第二产业和第三产业的法人单位数量在 2017 年前后出现大幅波动,源于这一时期天津市坚决贯彻落实国家环保督察要求并坚定不移践行新发展理念,对"散乱污"企业进行了严格治理。根据《2017 年天津市国民经济和社会发展统计公报》,全市开展"散乱污"企业集中治理,关停、取缔和易地搬迁改造企业 2.1 万家。2.1 万家的数量显然远远低于 2018 年年底与 2017 年年底数据的落差,这背后还有两个因素在起作用:一是治理行动在 2018 年仍然持续,关停并转了更多的法人主体(主要是企业主体),二是治理行动使得部分经营中的企业或希望在津新注册的企业可能被严格的环保政策“倒逼”着离开,或寻求政策更宽松的省市落地。从笔者观察来看,不能忽略后一种情况带来的重要影响。

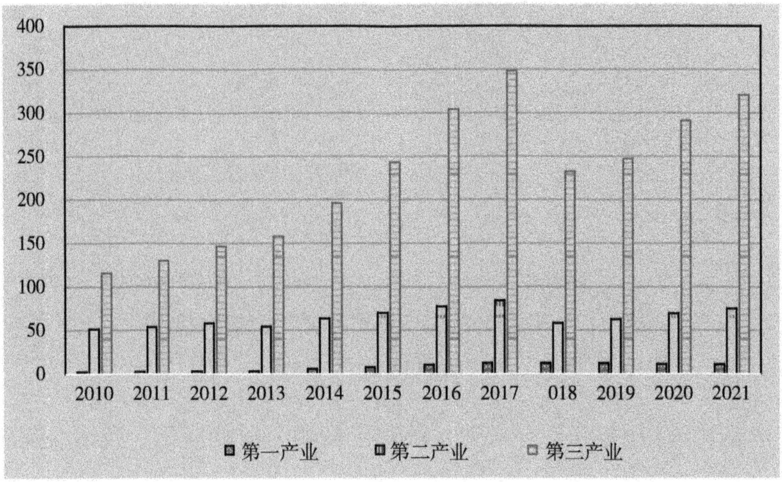

图 3-5 2000—2021 年天津市三次产业法人单位数量变动图

数据来源:众鲤数据网。

制造业城镇就业人员数据在一定程度上也可以反映出天津产业格局的变动。根据国家统计局数据,2010 年天津制造业城镇就业人员为 75 万人,到 2011 年增加到最高 122 万人,但随后逐渐减少,2016 年跌破 100 万人,到 2020 年跌至 65 万人。

2)基于主要行业增加值变动的考察

三次产业的结构变动与构成这些产业的行业的表现紧密相关。表 3-4 和图 3-6 展示了各个国民经济行业增加值绝对量和相对比例变动情况。可以看到,几乎每个主要行业都实现了总量的大幅增加(当然,这里使用的是现价,如果考虑到这 20 年的货币贬值,实际增加值会减少)。

表 3-4　2000—2021 年天津市主要行业增加值变动　　单位：亿元

年份（年）	农林牧渔业	工业	建筑业	房地产业	金融业	交通运输、仓储和邮政业	住宿和餐饮业	批发和零售业	其他行业
2000	74	717	78	185	175	25	57	57	225
2001	79	769	90	212	198	28	64	70	246
2002	84	831	101	238	223	32	73	80	265
2003	90	1 021	116	273	230	34	102	97	294
2004	105	1 207	141	283	239	43	132	133	338
2005	112	1 451	179	326	284	70	140	154	441
2006	103	1 645	190	371	305	81	174	193	476
2007	108	1 889	235	404	343	90	283	252	556
2008	117	2 370	290	483	432	103	350	306	733
2009	120	2 479	330	541	475	110	443	395	818
2010	132	2 837	423	689	572	128	547	524	979
2011	141	3 231	525	867	650	132	784	672	1 109
2012	148	3 575	559	979	679	135	995	723	1 250
2013	159	3 815	625	1 039	681	115	1 192	828	1 492
2014	163	3 972	677	1 102	685	115	1 351	867	1 706
2015	167	3 815	696	1 146	670	117	1 456	927	1 887
2016	175	3 773	711	1 199	689	123	1 559	1 080	2 169
2017	174	3 943	704	1 314	730	147	1 732	1 125	2 583
2018	181	4 277	674	1 345	749	158	1 838	1 143	2 997
2019	192	4 372	694	1 357	788	169	1 908	1 239	3 337
2020	218	4 296	714	1 304	805	125	2 057	1 017	3 472
2021	276	5 057	747	1 425	934	139	2 136	1 051	3 922

数据来源：国家统计局官网。

从 2021 年来看，增加值体量最大的是工业、金融业、批发和零售业、房地产业、交通运输与仓储和邮政业、建筑业。工业占到 32%左右，金融业占比接近 14%，房地产和建筑合计达到近 1800 亿元，占比接近 11.5%；如果以工业和建筑业为主体估算第二产业，则第二产业达到 37%左右，与前述第二产业占比为 37%左右基本一致。

从主要行业占天津生产总值比例来看，工业无疑是最大的贡献主体，其比例变动趋势在前文中已有描述,不再赘述。占比增长较快的是金融业,从 2000 年占比约为 3.6%,到 2021 年时已经上升到 13.6%,增长了 10%。从就业人员来看,金融业城镇单位就业人员数据也从早期的几万人达到目前接近 20 万人,体现出金融业在天津经济增长和就业中的重要作用。其次是房地产业增加值占比,从不足 4%上升到 6.7%。此外,虽然批发和零售业、交通运输与仓储和邮政业所占比重分别从 2000 年的 11.6%和 11.0%下降到 2021 年的 9.1%和 6.0%,但仍然是重要的经济增长来源。如果说产业增加值占国民经济比重达到 5%以上就可以看作主导产业的话,工业、金融业、批发和零售业、房地产业、交通运输与仓储和邮政业等是天津经济的支柱所在。

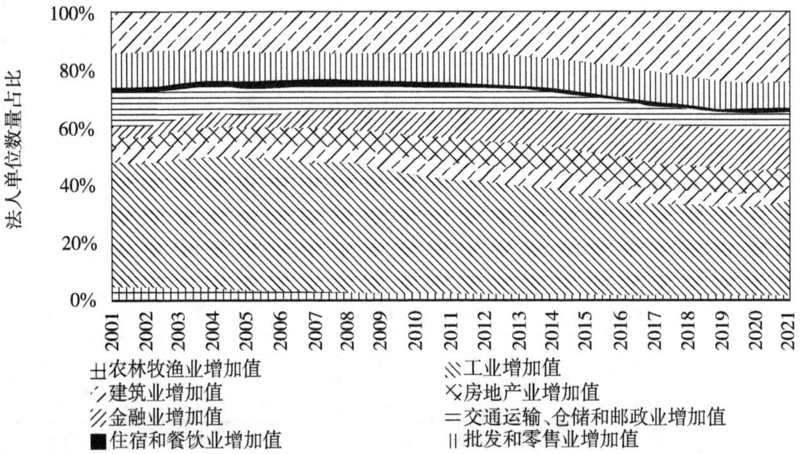

图 3-6 2000—2021 年天津市三次产业法人单位数量变动图

数据来源:国家统计局官网。

3)基于规上工业企业新产品开发视角的考察

根据产业经济学原理,新产业的形成与产业派生的贡献紧密。在统计年鉴中,我们得到了全市规模以上工业企业开发新产品经费、新产品开发项目数和新产品销售收入、新产品出口销售收入等数据。

从新产品开发项目数来看, 2011 年到 2020 年没有大的变动,基本保持在 1.4 万项左右,中间年份最低掉落到 1.2 万项左右,但项目开发经费呈现出一个在波动中缓慢增长的态势,基本维持在 200 亿元左右。从新产品销售收入来看,在 2011—2013

年呈现快速增长态势，2013—2016 年基本保持相对高位稳定，2017 年后出现了断崖式下滑，其后基本维持在与 2011 年相当的水平，新产品销售收入不足 4 000 亿元。出口销售收入波动区间在 500 亿~1 200 亿元，经历了与新产品销售收入类似的波动形态，目前维持在 540 亿元左右。

4）基于两大部类理论对主要工业产品产量的考察

如果说从产业层次的分析还比较抽象，那么还原到具体的主要工业产品的产量上则能更真切地观察到天津产业结构的轻与重、软与硬，凸显出发展的实力与潜力。

从代表石油化工和能源类的主要工业产品的生产来看。包括原油、原盐、乙烯、纯碱、烧碱、硫酸、焦炭和初级形成的塑料等，见表 3-5。总体来看，原油、初级形态的塑料产量属于增长型，且产量扩容巨大；从原油来看，由于央企中海油的巨大贡献，天津的原油产量始终处于相对大的体量并实现了快速的增长，从 2000 年的 764.0 万吨上升到 2021 年的 3 407.0 万吨，在全国占有重要的地位。从初级形态的塑料来看，产量也从 67.0 万吨上升到了 2020 年的 339.7 万吨。原盐产量呈持续下降型，从 2000 年的 241.5 万吨跌至 2020 年的 195.6 万吨。其余产品产量基本保持一个先增长后下降的趋势，波动不大。乙烯的表现特殊一些，从 2000 年的仅 17.1 万吨，在天津百万吨乙烯大项目上马后，最高时达到了 135.4 万吨，目前维持在 111.8 万吨的体量，相对较高。

表 3-5　2000—2021 年石化和能源类初级产品　　单位：万吨

年份（年）	原油	原盐	乙烯	纯碱	烧碱	硫酸	焦炭	初级形态的塑料
2000	764.0	241.5	17.1	69.9	49.3	11.2	170.9	67.0
2001	970.3	238.8	18.2	75.3	49.6	11.3	219.3	73.6
2002	1 215.9	240.4	21.3	79.5	63.7	12.2	282.4	87.3
2003	1 316.3	221.1	23.0	83.0	80.0	11.0	310.8	101.2
2004	1 446.2	246.8	22.8	87.2	83.2	10.4	376.7	121.0
2005	1 793.0	234.7	20.7	86.9	80.5	12.0	360.6	116.6
2006	1 943.1	249.7	23.2	88.4	88.9	13.8	376.2	146.5
2007	1 924.3	240.2	22.6	89.5	134.5	26.9	339.1	163.5
2008	1 993.9	234.3	17.0	90.6	139.1	19.7	267.1	162.3

续表

年份(年)	原油	原盐	乙烯	纯碱	烧碱	硫酸	焦炭	初级形态的塑料
2009	2 297.0	227.5	18.9	83.0	109.3	29.5	314.6	188.6
2010	3 332.7	207.6	109.3	46.8	122.1	32.3	238.4	274.7
2011	3 187.8	184.0	134.3	26.2	129.6	29.6	234.3	337.8
2012	3 098.3	149.7	113.2	48.7	113.9	30.9	229.0	322.9
2013	3 044.5	154.8	130.8	53.1	112.4	28.4	260.2	342.9
2014	3 074.8	163.8	129.0	58.5	103.4	24.5	229.2	345.9
2015	3 496.8	171.6	129.9	59.5	96.8	19.1	195.9	381.5
2016	3 273.3	158.4	114.4	62.4	75.3	20.5	204.8	323.9
2017	3 102.4	182.3	134.7	61.0	77.2	17.1	157.7	332.4
2018	3 085.6	195.7	132.7	62.2	82.0	21.2	164.7	334.6
2019	3 111.9	188.3	135.4	68.4	86.6	19.2	158.3	341.1
2020	3 242.2	195.6	111.8	62.8	82.3	21.6	175.4	339.7
2021	3 407.0	—	—	—	—	—	—	—

数据来源:国家统计局官网,部分年份数据未公布。

从钢铁、水泥和平板玻璃等建筑材料和工业材料的生产来看。天津的生铁、粗钢、钢材产量都经过了一个先快速增长后缓慢下跌的过程,从两三百万吨的产量能级上升到一千万甚至几千万吨,然后生铁、粗钢回落到2021年接近2 000万吨的水平,钢材产量则维持在6 000万吨左右。平板玻璃的产量从2000年的417.1万吨快速增长到2018年的3 377.1万吨,2020年仍然维持在3 152.1万吨的高位。见表3-6。

表3-6 2000—2021年钢铁和水泥、平板玻璃等产品 **单位:万吨**

年份(年)	生铁	粗钢	钢材	水泥	平板玻璃(万重量箱)
2000	228.0	356.8	315.9	267.8	417.1
2001	228.7	395.7	451.3	339.0	399.4
2002	247.7	482.6	806.1	377.8	329.6
2003	342.7	566.0	1 083.5	451.0	262.8
2004	524.6	788.7	1 724.9	522.3	436.1
2005	660.2	955.3	1 670.2	518.6	458.3

续表

年份(年)	生铁	粗钢	钢材	水泥	平板玻璃(万重量箱)
2006	1 131.5	1 285.3	2 141.0	609.1	303.8
2007	1 435.4	1 602.1	2 888.2	614.8	186.1
2008	1 520.1	1 654.0	3 006.8	534.9	648.1
2009	1 763.4	2 124.2	4 079.7	699.5	679.6
2010	1 926.4	2 162.1	4 494.2	831.6	686.8
2011	2 097.0	2 295.7	5 164.5	942.6	866.3
2012	1 974.6	2 124.2	5 708.6	847.4	1 651.4
2013	2 214.2	2 289.5	6 640.9	951.9	2 137.1
2014	2 182.5	2 287.1	7 303.9	1 071.2	3 284.7
2015	1 953.2	2 068.9	8 186.2	777.6	3 139.9
2016	1 660.8	1 798.9	8 667.1	788.6	3 094.2
2017	1 637.8	1 812.6	4 374.0	418.6	3 166.9
2018	1 649.4	2 023.0	4 733.8	619.4	3 377.1
2019	2 073.1	2 194.8	5 455.0	687.7	3 324.8
2020	2 198.9	2 171.8	5 724.1	551.5	3 152.1
2021	1 818.4	1 825.3	5 991.7	632.0	—

数据来源:国家统计局官网,部分年份数据未公布。

从日常生活用品和耐用消费品生产看。天津的卷烟产量从 17.0 万支不断增加,但增长到 200 万支以上后就显得后劲乏力,基本维持在 210.0 万支左右。啤酒作为快消品,产量在 20 年间虽成倍增长,但 2018 年以后已经产量减半。家用洗衣机在大幅衰减后,终于在 2019 年恢复了百万台的产量, 2020 年更是倍增至 220.4 万台。但冰箱、彩电和空调则经历了过山车似的先增后减,最终呈现一个倒 U 形的产量变动结构,彩电的产量甚至还不及 2000 年的水平。更为明显的波动来自手机和微型电子计算机。2000 年天津的手机产量为 1 316 万部,到 2013 年最高时曾达到 10 336 万部,但目前产量只有 5 万部左右。微型电子计算机产业 2012 年的产量还只有 0.2 万台, 2013 年飙升到 1 072.2 万台,维持到 2015 年后则退出了这一产品市场。尽管在此期间,天津在集成电路的生产扩张上较为明显,从 2000 年的 2.35 亿块增加到 2020

年的 18.92 亿块，但相关产品却“失踪”了。

表 3-7 2000—2021 年生活日用品和耐用消费品生产量

年份（年）	卷烟（万支）	啤酒（万吨）	家用洗衣机（万台）	家用电冰箱（万台）	彩色电视机（万台）	房间空调器（万台）	手机（万部）	微型电子计算机（万台）
2000	17.0	8.3	37.2	8.4	72.3	104.2	1 316	1.0
2001	16.0	13.6	18.3	3.9	51.4	89.5	1 498	0.6
2002	22.0	14.5	0.9	19.1	76.4	121.6	2 851	0.9
2003	22.0	17.3	—	29.6	112.4	242.3	3 140	0.4
2004	110.0	17.1	2.7	28.3	109.4	384.1	4 881	2.4
2005	132.5	18.2	2.0	19.3	64.9	434.4	6 310	2.2
2006	146.0	21.9	5.5	9.3	98.1	482.1	10 130	3.2
2007	165.3	26.5	29.9	50.0	56.8	532.6	9 779	3.2
2008	200.5	21.8	38.4	59.4	69.9	499.8	9 005	4.1
2009	207.0	31.7	23.7	53.9	140.5	375.4	8 559	1.5
2010	220.5	32.0	34.1	62.8	212.7	405.1	9 108	1.0
2011	226.0	33.2	29.1	49.4	186.6	322.2	9 062	0.6
2012	239.0	27.1	23.2	51.4	192.8	245.8	9 194	0.2
2013	234.0	26.2	26.0	49.3	277.1	218.2	10 336	1 072.2
2014	236.0	27.5	32.5	45.4	279.2	222.5	9 754	1 100.5
2015	227.3	31.3	24.3	58.4	245.8	242.4	7 316	1 029.7
2016	220.3	32.0	29.6	64.3	224.1	175.4	4 973	0.0
2017	213.1	34.3	25.8	53.5	209.4	180.9	4 474	0.0
2018	211.6	32.8	26.2	49.9	93.1	164.5	2 680	0.0
2019	211.7	26.8	118.2	44.6	78.7	219.3	12	0.0
2020	210.6	16.4	220.4	22.2	49.3	158.8	7	0.0
2021	—	—	—	15.0	—	—	5	0.2

数据来源：国家统计局官网，部分年份数据未公布。

从汽车和轿车的生产量来看。天津是较早引入汽车生产的城市，天津夏利曾经是炙手可热的畅销品牌。2000 年，天津市汽车和轿车产量合计达到 19.0 万辆，随后在波动中上升，到 2010 年产量达到 137.3 万辆，随后产量持续下降，2014—2016 年跌落到 100 万辆左右。2016 年以后汽车产量开始恢复，轿车产量基本保持稳定，到 2019 年，汽车产量突破 100 万辆，达到 104.2 万辆，但到 2021 年又下降至 74.0 万辆，汽轿车总产量恢复到 2010 年前后的水平。

表 3-8　2000—2021 年汽车、轿车等产量和拥有量　　单位：万辆

年份（年）	汽车	轿车	民用汽车拥有量	私人汽车拥有量
2000	10.2	8.2	47.9	20.8
2001	5.9	5.1	44.8	23.2
2002	9.4	9.2	48.3	26.8
2003	17.3	17.3	53.8	31.0
2004	22.9	22.2	58.3	37.0
2005	32.8	32.6	67.7	45.0
2006	41.2	41.0	79.2	54.8
2007	45.7	45.4	93.3	66.6
2008	54.1	53.8	108.5	79.9
2009	60.2	52.9	130.0	100.0
2010	73.8	63.5	158.2	125.7
2011	75.7	65.2	190.8	155.5
2012	63.8	53.6	221.1	185.5
2013	55.7	50.0	261.6	224.4
2014	51.2	51.2	274.1	235.2
2015	52.9	49.6	273.6	234.7
2016	52.9	51.8	273.7	234.4
2017	83.3	52.7	287.7	242.5
2018	86.3	55.0	298.7	250.1
2019	104.2	57.1	308.9	259.4
2020	94.6	53.7	329.4	279.7
2021	74.0	—	—	—

数据来源：国家统计局官网，部分年份数据未公布。

从本市内部的需求看，全市民用汽车拥有量从 2000 年的 47.9 万辆上升到 2020 年的 329.4 万辆，年均拥有量增加 13 万辆左右；私人汽车拥有量从 20.8 万辆上升到

279.7 万辆，年均增长在 12 万辆以上。考虑到天津市常住人口家庭户数在 4 000 万户以上，如果按户均 1 辆私人汽车计算，这个市场仍有较大潜力。

从前述分析来看，20 年的短周期内天津的产业结构和主要工业品结构发生了明显的变化，三次产业演进基本形成了“三二一”依次比重下降、第三产业比重高于 60%、第二产业接近 40%这样一个后工业化时期的特征。但总体的增长速度自 2016 年以后不如预期。

从马克思的两大部类视角出发，天津在生产资料领域如前述的石化和能源类产品部类，尤其是原油和乙烯等初级产品的产量有明显扩容，但在消费资料领域逐渐出现了“迷途”或“失踪”现象，电子计算机、手机、家用电器等领域大幅减产甚至退出市场竞争。在体现数字经济中，数字产业化部分的电子信息产业领域，或者产业软化的主要代表性行业，总体看就业人员数量有所增长，但相关的电子计算机、手机等领域明显衰减，信创产业得到了政策支持并实现了持续增长，但在全市经济中的相对体量仍然需要进一步提升。

3.4.3 与国内典型省市的比较

简明起见，仅对典型省市的经济总量指标及增长率、三次产业绝对量指标与结构指标、信息传输及软件和信息技术服务业指标、规上工业企业新产品开发指标和主要工业产品产量指标进行比较，由此来看 20 年来的兴衰发展对照情况。

1)地区生产总值角度的比较

首先看一个数值变化。2000 年，各省区市地方生产总值中最低为 117.8 亿元（西藏）、最高为 1.08 万亿元（广东），天津 1 591.7 亿元，北京 3 277.8 亿元、上海 4 812.2 亿元、重庆 1 822.1 亿元。到 2020 年，各省区市地方生产总值中最低为 1 902.7 亿元（西藏）、最高为 11.12 万亿元（广东），天津 14 008.7 亿元，北京 35 943.3 亿元、上海 48 501.6 亿元、重庆 17 860.4 亿元。2000—2010 年，全国各省（区、市）平均增长倍数（2010 年生产总值与 2000 年生产总值之比值）为 4.24，2000—2020 年，这个比值的平均数为 10.61。西藏 20 年来增长倍数最高，达到 16.15 倍，安徽增长倍数最低，只有 8.32 倍。从天津来看，2000—2010 年增长了 4.29 倍，略高于全国平均水平；2010—2020 年增长了 2.05 倍，增长倍数为全国最低。当然，这里面有天津主动挤水分和国家统计口径变化的影响。但结合前面产业结构变动、主要工业产品产量的变动分析来看，近 10 年天津市在产业结构的技术驱动（以新产品开发为指标）、市场驱动（消费端工业品产量）方面都出现了明显的波动，这恐怕是增长不及同侪的要因。见表 3-9。

表 3-9　新世纪以来重要年份各省区市生产总值名义量

省份	2000 年生产总值（亿元）	2010 年生产总值（亿元）	2020 年生产总值（亿元）	2010/2000 倍数	2020/2000 倍数	2020/2010 倍数
西藏	117.8	512.9	1 902.7	4.35	16.15	3.71
青海	263.7	1 144.2	3 009.8	4.34	11.41	2.63
宁夏	295.0	1 571.7	3 956.3	5.33	13.41	2.52
海南	526.8	2 020.5	5 566.2	3.84	10.57	2.75
贵州	1 029.9	3 943.7	8 979.7	3.83	8.72	2.28
甘肃	1 052.9	4 519	12 256.0	4.29	11.64	2.71
新疆	1 363.6	5 360.2	13 633.4	3.93	10.00	2.54
内蒙古	1 539.1	6 410.5	13 800.7	4.17	8.97	2.15
天津	1 591.7	6 830.8	14 008.0	4.29	8.80	2.05
吉林	1 751.4	7 735.3	17 258.0	4.42	9.85	2.23
陕西	1 804.0	8 065.3	17 835.6	4.47	9.89	2.21
重庆	1 822.1	8 199.9	17 860.4	4.50	9.80	2.18
山西	1 845.7	8 308.3	22 120.9	4.50	11.99	2.66
江西	2 003.1	8 552.4	24 555.7	4.27	12.26	2.87
云南	2 030.1	8 903.9	25 011.4	4.39	12.32	2.81
广西	2 080.0	9 383.2	25 041.4	4.51	12.04	2.67
黑龙江	2 855.5	9 845.2	25 782.0	3.45	9.03	2.62
安徽	3 125.3	13 249.8	26 014.1	4.24	8.32	1.96
北京	3 277.8	13 896.3	35 943.3	4.24	10.97	2.59
湖北	3 545.4	14 964	36 013.8	4.22	10.16	2.41
湖南	3 551.5	15 002.5	38 061.5	4.22	10.72	2.54

续表

省份	2000年生产总值(亿元)	2010年生产总值(亿元)	2020年生产总值(亿元)	2010/2000倍数	2020/2000倍数	2020/2010倍数
福建	3 764.5	15 574.3	38 963.3	4.14	10.35	2.50
四川	3 928.2	16 226.9	41 542.6	4.13	10.58	2.56
河北	4 628.2	17 224.8	43 004.5	3.72	9.29	2.50
辽宁	4 669.1	17 915.4	43 608.6	3.84	9.34	2.43
上海	4 812.2	18 003.6	48 501.6	3.74	10.08	2.69
河南	5 053.0	22 655	54 259.4	4.48	10.74	2.40
浙江	6 164.8	27 399.9	64 689.1	4.44	10.49	2.36
山东	8 278.1	33 922.5	72 798.2	4.10	8.79	2.15
江苏	8 553.7	41 383.9	102 807.7	4.84	12.02	2.48
广东	10 810.2	45 944.6	111 151.6	4.25	10.28	2.42

数据来源:国家统计局官网。

更为可怕的是,增长速度落后的背后是经济体量的落后。2000年,天津市与北京、上海、重庆的地方生产总值差值分别只有1 686.1亿元、3 220.5亿元、230.4亿元。到2010年时,这个差距扩大到7 065.5亿元、11 172.8亿元、1 369.1亿元。到2020年,进一步拉大了差距,差值分别达到21 935.3亿元、34 493.6亿元、3 852.4亿元。尤其是从规模上看,天津只有重庆的78.4%,北京的38.97%,上海的28.88%。当然,如果考虑到人口规模上的差异,天津与北京、上海的人均地方生产总值差距并没有这么大。例如,2020年,天津的人均地方生产总值达到了10.11万元,北京为16.42万元,上海为15.68万元。但正是这种经济规模和人口规模、人均收入上的差距,可能会导致产业形成和产业发展中出现巨大的差异,这一差异也与当前的产业布局、产业结构、人才结构有着紧密的关系。

2)主要国民经济行业的增加值比较

这里主要对比2000年和2020年的数据。

首先,从第二、三产业来看,天津市工业基础较为雄厚,产业门类齐全,曾经是我国的(轻)工业重镇,但自21世纪初以来就面临着增速滞后的问题。2000年,天津的第二产业增加值达到了 797.8 亿元，第二、三产业体量基本相当。北京的第二产业增加值超过了天津，达到 1 023.7 亿元；不仅如此，北京的第三产业增加值近乎天津的 3 倍。从上海来看，第二产业增加值是天津的近 3 倍，第三产业增加值更是天津的 3 倍有余。见表 3-10。

表 3-10　2000 与 2020 年各省区市第二、三产业增加值比较　　单位：亿元

省份	2000 年		2020 年	
	第二产业增加值	第三产业增加值	第二产业增加值	第三产业增加值
西藏	27.1	55.3	714.9	1 037.5
青海	80.9	142.7	1 072.2	3 358
海南	104.0	230.9	1 143.2	1 528.6
宁夏	121.4	127.6	1 629.3	1 989
贵州	391.2	367.7	2 824.8	4 966.7
甘肃	421.7	437.1	3 449.9	6 738.5
新疆	525.0	564.2	4 319.9	6 383.1
内蒙古	582.6	605.7	4 786.7	7 032.8
吉林	675.7	680.3	4 911.8	8 885.9
江西	700.8	817.2	5 739.1	30 095.9
广西	730.9	791.8	6 263.0	9 057.5
重庆	774.6	767.0	6 908.2	8 321.1
陕西	782.6	763.2	7 046.8	11 428.1
天津	794.8	723.2	7 703.2	8 965.8
云南	836.2	751.6	8 387.5	12 556.5
山西	858.4	807.5	9 357.5	13 369.1
北京	1 023.7	2 174.9	9 969.6	13 268.3
安徽	1 062.2	1 321.3	10 258.6	28 597.1
湖南	1 293.2	1 473.4	11 107.9	12 430.2
湖北	1 432.8	1 450.3	11 222.0	12 524.4
四川	1 433.1	1 549.5	13 765.1	18 368.4
福建	1 622.3	1 525.8	15 216.5	19 660.1
黑龙江	1 633.4	846.5	15 933.8	22 937.6
河北	2 146.7	1 656.8	15 949.2	21 352.7

续表

省份	2000 年		2020 年	
	第二产业增加值	第三产业增加值	第二产业增加值	第三产业增加值
上海	2 215.8	2 521.6	17 505.6	25 439.2
河南	2 282.5	1 645.6	20 168.4	20 709.3
辽宁	2 336.1	1 841.2	22 220.9	26 684.5
浙江	3 287.1	2 246.7	26 361.5	36 161.3
山东	4 120.2	2 905.8	28 456.7	38 977.2
江苏	4 435.9	3 069.5	43 868.1	62 550.8
广东	5 042.8	4 781.2	44 631.3	53 638.9

数据来源:国家统计局官网。

其次,从具体的细分大类领域(未列示农林牧渔业)来看,2000 年,天津地方生产总值贡献超过 5%的行业分别是工业(45%),批发和零售业(12%),交通运输、仓储和邮政业(11%),建筑业(5%),其他行业占比为 14%。到 2020 年,超过 5%的行业贡献分别是工业(31%),金融业(15%),批发和零售业(9%),房地产业(7%),交通运输、仓储和邮政业(6%),建筑业(5%),其他行业占比达到 25%。与 2000 年相比,工业增加值比重最高,一直占据生产总值第一贡献位置,但占比下降了 14%,金融业增加了 12%,符合产业结构软化规律;交通运输业比重下降了 6%,房地产业上升了 4%,批发零售业下降了 3%,建筑业比例基本保持不变,其他行业占比扩大了 11%。如图 3-7 所示。

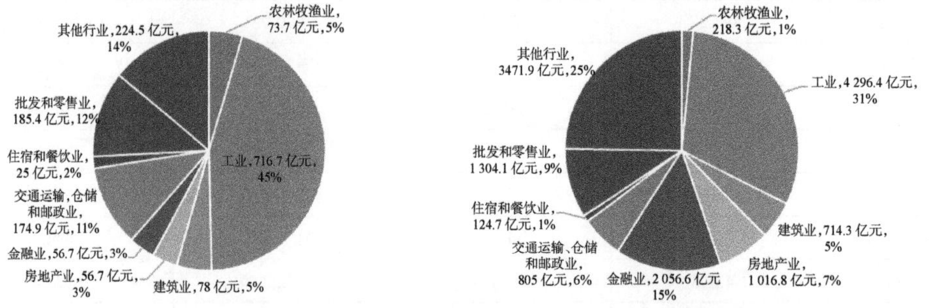

(a) (b)

图 3-7 天津市 2000 年和 2020 年地方生产总值构成对比图

(a)2000 年 (b)2020 年

数据来源:国家统计局官网。

同期的 2000 年，北京市地方生产总值构成中超过 5%的行业分别是工业（25%），金融业（14%），批发和零售业（12%），建筑业（6%），交通运输、仓储和邮政业（6%），房地产业（5%），其他行业占 27%。到 2020 年，行业占比超 5%的为金融业（20%），工业（12%），批发和零售业（8%），房地产业（7%），其他行业占比扩大到 46%。与 2000 年相比，金融业成为北京的第一大行业，占比提高了 6%，工业占比下降了 13%，产业结构软化明显；批发零售业下降了 4%，交通运输业下降了 4%，房地产业上升了 2%，建筑业比例下降了 2%，其他行业占比扩大了 19%。如图 3-8 所示。

从天津、北京的对比来看，北京的总体规模无疑远高于天津。2020 年北京地方生产总值构成中超过 5%的行业有 5 个，天津有 6 个。主要的差异在于北京的金融业规模和比例显著提升，2020 年北京的工业比例相对于 2000 年下降了 13%，但绝对值与天津基本相当，仅比天津低 41.3 亿元；北京其他行业的占比贡献近乎占据半壁江山。

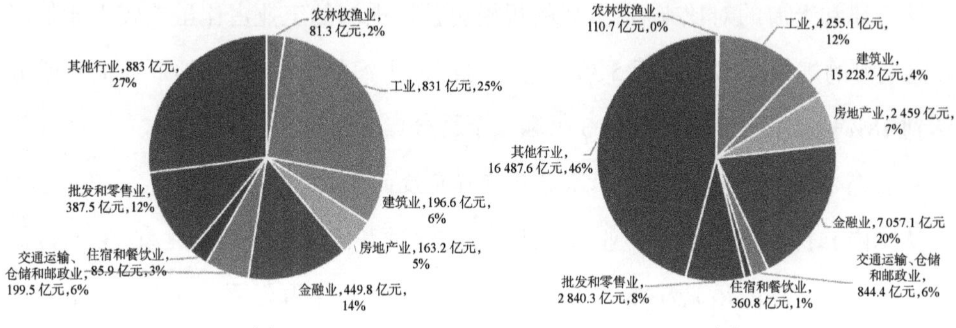

（a）　（b）

图 3-8　北京市 2000 年和 2020 年地方生产总值构成对比图

（a）2000 年　（b）2020 年

数据来源：国家统计局官网。

2000 年，上海市地方生产总值构成中超过 5%的行业分别是工业（42%）、金融业（13%）、批发和零售业（10%）、交通运输、仓储和邮政业（6%）、房地产业（5%），其他行业占 16%。到 2020 年，行业占比超 5%的为工业（25%）、金融业（18%）、批发和零售业（13%）、房地产业（9%），其他行业占比为 28%。如图 3-9 所示。

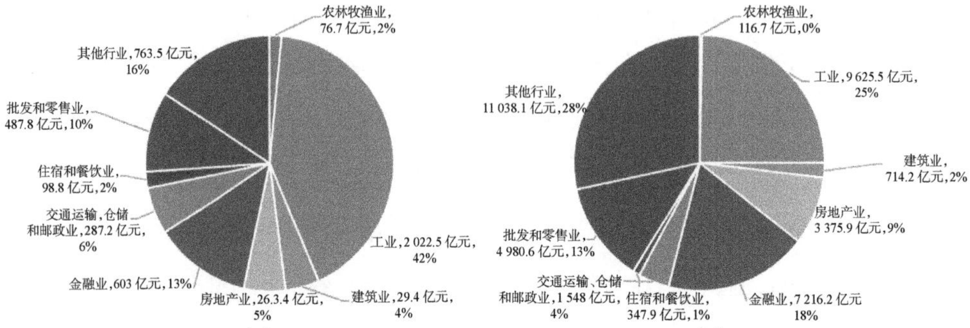

（a） （b）

图 3-9 上海市 2000 年和 2020 年地方生产总值构成对比图

（a）2000 年 （b）2020 年

数据来源：国家统计局官网。

与 2000 年相比，2020 年上海的工业仍然是第一主导行业，但占比下降了 17%，金融业比重居次，上升了 5%，批发和零售业上升了 3%、交通运输业下降了 2%，房地产业上升了 4%。

从天津和上海的对比来看，上海的规模更甚。上海的工业占比虽然较天津低了 6%，但上海的规模高出天津近 5 300 亿元。此外，上海的金融业、房地产业的贡献分别达到 18%和 9%，分别高出天津 3 个和 2 个百分点。

3）信息传输、软件和信息技术服务业指标角度的比较

从国内软件和信息服务产业收入来看，规模过万亿元的分别是北京（3.15 万亿元）、广东（2.73 万亿元）、江苏（2.16 万亿元）、浙江（1.41 万亿元）、上海（1.31 万亿元）、山东（1.18 万亿元），其后是四川（8 486 亿元）、陕西（5 665 亿元）、天津（4 750 亿元）和福建（4 550 亿元），如表 3-11 所示。天津的整体水平在国内具有一定的竞争优势，但在总量规模上差距较大，在嵌入式系统软件、软件产品、信息安全等领域相对于先进省市落后较大。从制造业来看，根据《2018 年中国电子信息产业统计年鉴（电子篇）》，电子信息产业的制造业集中在华东（38.9%）、华南（34.5%）、华中（10.4%）、西南（8.2%）、华北（5.9%）等地。重庆、河南、安徽等地是新兴的生产制造大省。

表3-11 2020年各省份软件和信息服务业收入比较 单位:亿元

省份	软件业务	软件产品	信息安全	信息技术服务	嵌入式系统软件	总和
西藏	—	—	—	—	—	—
青海	4.76	0.20	0.30	4.24	0.02	9.52
内蒙古	14.44	3.32	0.15	9.00	1.97	28.88
宁夏	27.60	9.15	0.53	17.18	0.73	55.20
黑龙江	46.20	16.11	0.13	26.63	3.33	92.40
新疆	62.37	12.63	1.86	47.64	0.23	124.74
甘肃	64.03	22.03	0.81	40.49	0.69	128.06
山西	69.30	23.85	1.33	40.44	3.67	138.60
云南	107.55	10.61	1.08	94.67	1.20	215.11
海南	119.33	22.49	1.28	95.56	0.00	238.66
河北	170.40	47.37	0.86	111.65	10.52	340.81
江西	215.78	105.64	1.57	101.32	7.25	431.57
贵州	267.83	30.38	4.83	228.94	3.68	535.66
河南	404.60	100.20	3.74	275.99	24.67	809.20
吉林	441.34	104.76	18.52	271.30	46.76	882.68
广西	546.38	70.06	1.60	470.47	4.26	1 092.77
安徽	784.48	320.19	9.69	360.67	93.93	1 568.96
湖南	941.87	261.14	9.41	538.63	132.68	1 883.75
辽宁	1 921.82	906.94	129.96	868.78	16.13	3 843.64
湖北	1 927.76	683.48	64.84	1 130.75	48.69	3 855.52
重庆	2 011.06	489.17	39.72	1 239.75	242.42	4 022.12
福建	2 274.90	642.95	10.65	1 311.92	309.38	4 549.80
天津	2 374.93	374.84	1.89	1 957.43	40.77	4 749.86
陕西	2 832.29	476.83	2.42	2 148.92	204.13	5 664.58
四川	4 248.16	1 219.62	98.88	2 618.31	311.36	8 496.33
山东	5 911.88	2 064.30	168.58	2 636.55	1 042.44	11 820.00
上海	6 571.32	1 369.73	6.84	5 192.15	2.61	13 140.00
浙江	7 037.65	1 667.93	28.05	4 848.00	493.67	14 080.00
江苏	10 820.00	2 941.60	163.58	6 219.96	1 492.96	21 640.00

续表

省份	软件业务	软件产品	信息安全	信息技术服务	嵌入式系统软件	总和
广东	13 630.00	2 667.80	69.37	8 835.95	2 057.33	27 260.00
北京	15 740.00	4 379.67	451.32	10 840.00	61.61	31 470.00

数据来源:国家统计局官网,2000 年和 2010 年公布或统计该类指标。

4)规上工业企业新产品开发角度的比较

从规模以上工业企业新产品形成角度来看,天津市无论是在开发经费、开发项目数上,还是在新产品销售收入上,均与先进省份差距明显。2020 年,天津市新产品开发经费 238.7 亿元、项目数高达 14 449 项,销售收入达到 3 892 亿元。项目平均的开发经费为 165 万元,仅高于浙江省的 132 万元。开发经费排在前 6 位的分别是广东、江苏、浙江、山东、上海、湖南,开发项目数据前 6 位从高到低依次为广东、浙江、江苏、山东、安徽、上海,销售收入从高到低的前 6 位与开发项目数据排序的前 6 位一致,排名前 6 位省份的新产品销售收入均超过了 1 万亿元。见表 3-12。

表 3-12 2020 年各省区市规上工业企业新产品开发数据比较

省份	新产品开发经费(亿元)	新产品开发项目数(项)	项目平均开发经费(万元)	新产品销售收入(亿元)
西藏	1.1	52	217	3.4
海南	21.3	1 018	209	134.7
青海	12.3	308	400	209.5
宁夏	40.7	1 777	229	459.2
甘肃	43.6	1 565	279	578.0
新疆	41.9	1 195	351	633.1
黑龙江	91.5	4 501	203	820.7
贵州	96.0	4 993	192	876.1
云南	115.4	5 532	209	1 216.1
内蒙古	100.8	2 527	399	1 242.5
吉林	178.9	3 741	478	2 240.0
山西	148.1	6 539	226	2 311.1
陕西	306.3	9 810	312	2 494.2
广西	187.2	6 502	288	2 571.3

续表

省份	新产品开发经费(亿元)	新产品开发项目数(项)	项目平均开发经费(万元)	新产品销售收入(亿元)
天津	238.7	14 449	165	3 892.0
辽宁	358.4	14 329	250	4 440.9
四川	487.4	22 133	220	4 969.9
北京	452.3	13 188	343	5 344.9
重庆	397.3	16 907	235	5 880.7
福建	678.8	27 029	251	6 097.5
河北	562.2	20 229	278	7 191.0
江西	467.0	23 138	202	7 221.3
河南	526.3	22 244	237	7 907.5
湖南	751.0	26 253	286	8 387.9
湖北	728.1	20 290	359	9 596.9
上海	868.9	22 755	382	10 160.0
安徽	749.4	32 863	228	12 050.0
山东	1 258.0	59 946	210	17 080.0
浙江	1 765.3	133 346	132	28 300.0
江苏	2 822.4	102 826	274	39 440.0
广东	4 127.1	166 140	248	44 310.0

数据来源:国家统计局官网,2000年和2010年公布或统计该类指标。

(5)基于两大部类理论对主要工业产品产量的比较

首先,从初级生产资料的生产角度来看,原油、原盐、乙烯、纯碱、烧碱、硫酸、焦炭、初级形态的塑料等是基本的、初级的生产资料,在国民经济中发挥着基础性作用,同时也表现出产品内含的技术含量和附加值并不高的特点。数据显示,天津市原油产量为3 242.22万吨,居全国第一位。这些原油除了民用,主要就是化工和工业用途。以液化石油气为例,其工业用途涉及玻璃、陶瓷、金属、纺织、塑胶等行业。原盐产量、乙烯产量分别为195.61万吨和111.82万吨,居全国中等水平,广东、江苏、上海、浙江、辽宁、福建等原盐产量均高于天津市,广东的乙烯产量是天津的3倍多。天津市纯碱产量62.82万吨,位居全国第十位,江苏省排名第一,接近天津市产量的8

倍;烧碱产量 82.32 万吨,居全国第十四位,排名第一的山东则高达 988.61 万吨;硫酸产量为 21.59 万吨,在全国处于低位。天津市并非焦炭的主产地,但产量仍然达到 175.36 万吨,北京从 2000 年的超 400 万吨到已经彻底放弃焦炭生产。初级形态的塑料产量为 339.7 万吨,居全国第十二位,与排名第一和第二的江苏(1 135.6 万吨)、浙江(1 132.52 万吨)差距较大。

其次,考察与建筑、建造等行业紧密相关的材料的生产。见表 3-13,除了水泥产量、平板玻璃产量相对较低,天津的生铁、钢材的产量均较高,在全国处于前六的水平,粗钢的产量位于全国第十六位,但这些产品的产量规模与排名第一的省份差距还比较大,如钢材产量略高于河北的 1/5,平板玻璃的产量不足河北的 1/4,生铁、粗钢的产量不及河北的 1/10。北京基本不再生产钢材、水泥和平板玻璃或者这些产品产量处于低位,上海不生产平板玻璃。钢铁制品的覆盖范围很广,从家里的冰箱、洗衣机,交通的汽车、铁道、桥梁、船只到输电铁塔、住宅、工厂建设等各个方面,需求极大。

表 3-13 2020 年各省区市建筑材料等主要工业产品数据比较 单位:万吨

省份	生铁	粗钢	钢材	水泥	平板玻璃(万重量箱)
西藏	—	—	—	1 085.04	—
海南	—	—	—	1 838.85	424.67
北京	—	—	184.42	286.9	51.73
青海	160.34	193.24	189.11	1 225.79	74.34
宁夏	319.98	466.62	481.99	1 979.94	422.68
贵州	368.63	461.94	741.09	10 820.86	1 648.07
黑龙江	863.13	986.55	878.96	2 409.91	399.14
甘肃	782.29	1 059.17	1 102.65	4 716.73	534.26
重庆	637.84	899.95	1 309.95	6 524.41	1 596.5
新疆	1 158.32	1 306.13	1 420.52	4 030.88	829.9
吉林	1 407.74	1 525.61	1 661.62	2 232.8	1 199.02
上海	1 411.33	1 575.6	1 879.61	398.89	—
陕西	1 232.21	1 521.53	2 019.98	6 809.85	2 222.51
云南	1 873.25	2 233.02	2 640.72	13 130.31	2 459.27

续表

省份	生铁	粗钢	钢材	水泥	平板玻璃(万重量箱)
湖南	2 105.44	2 612.9	2 729.73	11 043.16	4 318.31
内蒙古	2 380.83	3 119.87	2 883.92	3 610.88	1 041.24
江西	2 332.07	2 682.07	3 093.92	10 030.74	488.37
四川	2 136.79	2 792.63	3 437.18	14 517.47	5 902.06
安徽	2 537.32	3 696.69	3 607.46	14 189.26	4 466.23
湖北	2 727.44	3 557.23	3 649.11	9 826.63	9 566.46
浙江	852.84	1 457.03	3 806.68	13 260	4 270.37
福建	1 106.21	2 466.5	3 861.65	9 718.36	5 362.13
河南	2 769.49	3 530.16	4 233.36	11 767.92	1 907.57
广西	1 457.14	3 452.23	4 731.16	12 129.05	2 650.24
广东	2 158.74	3 382.34	4 866.19	17 165.52	10 027.52
天津	2 198.87	2 171.82	5 724.05	551.5	3 152.11
山西	6 089.08	6 637.78	6 181.45	5 616.66	2 252.16
辽宁	7 235.2	7 609.4	7 578.4	5 447.01	4 682.69
山东	7 668.42	7 993.51	11 269.32	15 970.42	7 792.64
江苏	10 022.92	12 108.2	15 004.86	15 275.13	1 757.21
河北	22 903.76	24 976.95	31 320.12	11 859.97	13 728.37

数据来源:国家统计局官网。

再次,考察耐用消费品和日用消费品的产量。以家用洗衣机为例,见表 3-14,2000 年天津的产量是 8.42 万台,到 2021 年增至 15 万台。湖北从无到有,通过产业转移或新建生产企业, 2004 年开始生产, 2021 年产量达到 562.8 万台。安徽从 2020 年的全国三强一跃成为 2021 年全国第一,产量飙升至 2 381.4 万台。

表 3-14　2000—2021 年家用洗衣机主要产地产量比较　　**单位:万吨**

年份(年)	天津	江苏	浙江	安徽	山东	湖北	广东
2000	8.42	127.66	19.79	169.94	280.3	—	320.7
2001	3.85	157.4	21.05	187.76	357.52	—	282.55
2002	19.14	188.52	33.31	205.73	420.55	—	317.27
2003	29.64	243.83	129.98	274.92	499	—	564.89

续表

年份	天津	江苏	浙江	安徽	山东	湖北	广东
2004	28.25	290.94	184.17	325.74	628.68	22.58	942.02
2005	19.3	318.46	228.93	530.42	612.58	20.39	558.64
2006	9.34	408.8	390.55	627.42	1 064.18	42.38	335.97
2007	50.03	494.34	569.85	901.43	681.82	49.27	804.16
2008	59.38	602.91	588.44	1 130.47	596.22	29.03	803.39
2009	53.87	667.06	761.81	1 565.81	825.09	39.51	1 058.47
2010	62.84	782.84	779.67	2 078.91	795.34	134.26	1 457.76
2011	49.4	1 194.8	626.8	3 114	718.5	219.8	1 409.2
2012	51.4	1 103.2	887.2	2 589.1	575	202.4	1 655.0
2013	49.3	1 063.1	939.6	2 973.9	524.4	226.1	1 946.02
2014	45.4	969.7	757.8	2 765.8	610.1	243.5	2 139.86
2015	58.4	844.55	710.54	2 703.18	872.1	286.2	1 523.64
2016	64.29	868.96	797.74	3 058.8	883.42	392.06	1 553.07
2017	53.49	894.95	647.31	3 256.75	821.38	473.74	1 549.87
2018	49.94	956.33	618.28	2 631.08	888.4	488.8	1 598.72
2019	44.59	1 068.08	567.89	2 505.89	732.5	539.85	1 631.42
2020	22.15	1 265.22	592.71	2 437.87	832.37	570.06	2 305.76
2021	15.0	1 372.1	537.3	2 381.4	888.8	562.8	2 091.6

数据来源：国家统计局官网。

以手机为例。智能手机是消费品领域最能代表高附加值的产品/工业品，华为是中国企业的杰出代表。瑞丰投资李丰撰文指出，根据兴业证券数据，从CKD（零部件完全拆解）角度来看，目前全球手机产能约75%在中国。天津曾经是全国的手机生产重镇，在20世纪90年代的产量曾经占到全国1/3左右，拥有摩托罗拉、三星等多家外资品牌。即便进入21世纪后，天津的手机产量也曾经在2006年达到1亿部以上。见表3-15。

但随着外资的退出，天津本地并没有涌现出一些本土品牌来进行替代。到2021年，天津的手机产量已经下降到近乎可以忽略的水平。北京手机产量则经历了快速增长而后波动下滑和恢复到超过1亿台的水平，期间联想、360、小米等自主品牌的更替保证了北京手机产业的延续性。广东在华为、Vivo、OPPO、中兴、魅族、TCL 等自主品牌的引领下，实现了高位更快速度的增长，到 2021 年产量已经达到 6.67 亿部，为国内外市场提供了庞大的供给量。

值得关注的是，重庆、四川、江西、河南的手机产业从无到有，到 2021 年均实现了超过 1 亿部的产量，成为全国手机生产的重镇。此外，上海、江苏、浙江、福建等地手机产量仍然保持在千万部的水平，对当地经济和产业链起到了重要的支撑作用。据光明网报道，2021 年全年国内市场手机总体出货量累计 3.51 亿部，同比增长 13.9%，其中，5G 手机出货量 2.66 亿部，同比增长 63.5%，占同期手机出货量的 75.9%。

表 3-15　2000—2021 年手机主要生产地产量比较　　单位：万部

年份（年）	天津	北京	江西	河南	广东	重庆	四川
2000	1 316	1 550	—	—	1 001	—	—
2001	1 498	2 163	—	—	1 826	—	14
2002	2 851	2 280	—	—	3 159	—	—
2003	3 140	3 330	—	—	5 355	100	—
2004	4 881	3 999	—	—	7 495	168	—
2005	6 310	8 948	—	—	4 184	—	—
2006	10 130	14 068	—	—	6 716	46	—
2007	9 779	22 720	61	—	10 686	329	485
2008	9 005	20 708	139	—	14 174	418	1 303
2009	8 559	21 355	591	—	24 281	375	630
2010	9 108	27 388	1 537	2	48 627	650	817
2011	9 062	25 962	3 240	2 450	59 284	593	744
2012	9 194	19 949	4 440	6 854	57 599	1 096	971
2013	10 336	18 717	5 513	9 721	73 672	3 546	814
2014	9 754	17 984	5 541	12 065	79 563	9 418	411
2015	7 316	9 541	4 195	19 842	83 795	17 605	3 375
2016	4 973	6 924	7 414	25 236	95 230	25 500	4 469
2017	4 474	7 483	3 838	29 658	80 076	23 181	3 178
2018	2 680	9 030	4 649	20 606	80 818	18 868	9 437

续表

年份	天津	北京	江西	河南	广东	重庆	四川
2019	12	8 373	4 898	21 744	70 503	17 432	14 364
2020	7	9 929	5 649	13 625	61 951	13 451	13 320
2021	5	11 625	12 323	15 945	66 965	11 158	13 137

数据来源:国家统计局官网。

以汽车和轿车为例。目前国内的汽车产地主要是广东、上海、吉林、湖北、重庆、广西、安徽、北京等地。天津的产量在2021年为74.0万辆,全国排名第十四位。从区域分布来看,主要集中在长三角、珠三角、中部地区和东北地区、华北的京津冀地区和川渝两地。见表3-16。

表3-16 2000—2021年汽车主要生产地产量比较 **单位:万辆**

年份(年)	天津	北京	河北	上海	安徽	湖北	广东	广西	重庆
2000	10.18	13.71	0.94	25.27	5.74	18.62	3.83	12.78	25.28
2001	5.89	15.27	1.29	29.00	8.90	24.19	5.57	13.65	23.9
2002	9.44	20.45	1.88	39.19	13.62	39.41	6.52	17.23	33.13
2003	17.25	34.91	11.17	58.73	20.63	36.89	18.88	18.06	40.45
2004	22.92	53.9	16.61	55.79	21.94	37.43	27.41	28.47	40.86
2005	32.78	58.7	19.36	48.45	34.25	38.90	40.22	37.67	42.16
2006	41.24	68.37	26.84	68.22	48.95	54.68	55.54	51.84	52.06
2007	45.69	70.67	32.3	82.12	61.06	72.57	78.81	60.48	70.76
2008	54.12	76.61	32.15	80.65	57.14	75.62	88.18	70.16	76.85
2009	60.24	127.06	51.43	125.03	86.34	108.17	113.08	118.45	118.65
2010	73.81	150.26	71.04	169.89	118.87	157.77	134.75	136.61	161.43
2011	75.69	150.46	72.11	191.57	117.03	131.90	150.28	142.35	166.64
2012	63.80	166.16	82.50	202.4	104.18	118.85	138.5	167.3	190.95
2013	55.70	199.95	97.40	226.9	100.65	158.67	199.93	186.9	183.97
2014	51.20	206.30	97.80	247.4	93.4	174.5	216.8	209.2	231.35
2015	52.90	202.40	112.90	243.0	117.0	196.37	239.4	229.4	260.93
2016	52.91	237.95	128.64	260.77	139.12	243.46	280.06	245.30	266.34
2017	83.33	197.04	100.86	291.32	115.83	266.61	318.21	245.18	251.59

续表

地区	天津	北京	河北	上海	安徽	湖北	广东	广西	重庆
2018	86.26	165.26	121.06	297.76	82.43	241.87	321.58	215.05	172.64
2019	104.15	164.02	105.08	274.90	77.62	223.96	311.97	183.03	137.46
2020	94.57	166.01	97.53	264.68	116.07	209.34	313.29	174.49	158.00
2021	74.00	135.50	110.00	283.30	150.30	209.90	338.50	190.10	199.80

数据来源：国家统计局官网。

2020年数据显示，国内轿车产量超过50万辆的省份（市）从高到低依次是广东、上海、吉林、湖北、北京、天津、浙江，产量最高的广东达到172.7万辆，天津与浙江产量相当，分别为53.73万辆和52.35万辆。

3.4.4　基于比较分析的若干结论

（1）天津经济总量的增长速度在过去20年中处于相对落后境地，尤其是2017年以后出现明显的回落，拉低了增长预期。在三次产业结构中，天津的工业增加值比重虽然较大，但规模与北京，尤其是与上海相比仍然有明显不足，更不用提与广东、江浙和山东等省份的工业相比。

（2）以信息技术为代表的战略性新兴产业培育和发展不足，软件和信息技术服务业产值虽然位居全国前列，但在体量和影响力上还远远不足。如果从具体的产品来看，手机产量从曾经的全国领先下降到可有可无，严重影响了全市电子信息产业布局，拉低了天津在全国的地位，对信创产业发展、智能科技产业发展和传统产业改造升级产生不良影响。

（3）产业“一二三”次结构转化为“三二一”次产业结构，但第二产业、第三产业内部结构还需要进一步调整。第二产业中原油、乙烯等品类在全国具有大份额，但大多属于初级制造业层次，技术含量高、附加高的精细化工、绿色化工和新能源、新材料等产品的份额不高不多，严重影响了产业的层次、能级和规模提升。在日用品和耐用品生产中，出现了明显的波动下滑，手机、轿车、汽车产量相对于20年前、10年前均有了明显的下滑。在规模以上工业企业新产品开发方面,虽然新项目数量不少,但开发经费投入不多,催生的新产品不多。

总体来看,在新产业形成(新产品催生、新增注册企业数量)方面,天津市与先进省份拉大了差距,一些省份后发先至,实现了产业形势的逆转。一些省份的产业从无到有,从少到多,从弱到强,在城镇化和房地产业发展的进程中,把握了产业进阶方向,抓住了国际和国内产业转移的机遇,在新的产业催生和引进培育中实现了对天津的赶超。这在手机、汽车和轿车等领域尤为明显,在石油化工领域尤其明显。

3.5 天津新兴产业和未来产业的方向选择

京津冀协同发展国家战略中明确规定了天津市建设“全国先进制造研发基地”的定位,市委、市政府提出了制造业立市的重大战略,明确了以智能科技为首的“1+3+4”的产业布局,着力打造信创产业、集成电路等 12 条重点产业链,为天津面向未来的发展提供了重要的发展方针和行动指南。根据产业经济学的基本原理,结合前期的趋势分析、理论分析、现状分析和比较研究,提出了天津新兴产业和未来产业的方向选择。纵观全球主导产业变迁,从棉纺工业迈向钢铁工业、电力和电器工业、耐用消费品工业以及当前正蓬勃发展的信息产业这 5 个历史阶段(芮明杰, 2016: 210),需求和技术仍然是驱动新兴产业和未来产业形成、发展、壮大的内外部要因。

从消费需求变化与产业链发展阶段的关系来看, 2022 年 10 月 12 日公开发表的峰瑞资本李丰的文章很有启发意义。文章指出,我国的消费需求经历以家用电器为主体的耐用消费品需求阶段;在 2000 年后开启的房地产浪潮中,大宗建筑建材和家居用品产业得到了大发展;党的十八大以来,产业结构有了明显改变,人民更加渴望高品质的生活,因此对产品和服务的品质品牌有了升级的需求,这个阶段的智能手机、餐饮、娱乐、旅游、文化、金融、医疗等产业得到了大的发展,也涌现出类似阿里巴巴、华为、比亚迪、抖音这样适应时代需求的创新型领军企业。如图 3-10 所示。

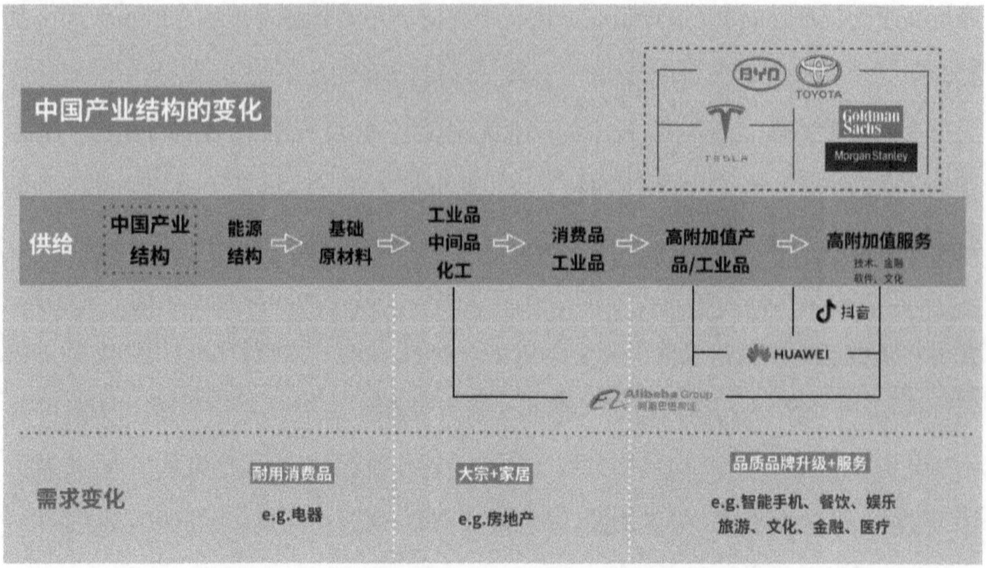

图 3-10　中国消费需求变化与产业链发展阶段示意图

图表来源:李丰:《一张图读懂中国产业链的变化与机会》,见 https://www.sohu.com/a/592 168 048_350 699。

事实上,从产业经济学的角度考虑,我国的产业演替遵循了先期满足市场需求,后期逐步重视技术驱动,再到市场、技术双驱动的转变过程,这也正是追赶先发国家步伐的必由之路。我国幅员辽阔,各省区市之间产业差异较大,基本形成了涵盖李丰所述的整个初级产业到高附加值服务的各个环节。

因此,天津市未来主导产业或细分产业的选择或发展必须优先考虑产业发展的外部需求——市场规模和增长前景,必须优先考虑产业发展的技术条件——可行性、创新性和先进性,从而遴选具有比较优势和竞争优势的产业门类,或者通过技术的应用、应用场景确立自身的比较优势和竞争优势,最终实现产业规模提升、产业结构优化、产业能级提升。

3.5.1　更加聚焦需求牵引

1)大力发展消费经济——面向生活消费的终端产品

消费升级是满足人民美好生活需要的直接体现,是我国由短缺经济转型高质量发展的重大特征性转变，是我国成为超大规模市场和铸就新发展格局的重大国内基础和条件。从历史上看，天津有着与上海、青岛共享的“上青天”美誉，是中国制造业历史上的辉煌明珠。事实上，过去的产业无论是电视、自行车、手表都是面向广大老百姓需求的产业。当前，面对国内超大规模的市场优势，首要围绕广大城乡民众马斯洛需求层次的升级，贴近满足广大人民对高品质产品和服务的向往。建议如下。

（1）大力引育面向消费需求的培育产业主体。加强面向消费升级的产业布局，着力在消费品生产制造领域引育更多的企业主体。突出发挥数字化的作用，充分运用大数据、云计算、人工智能等技术精准挖掘消费者需求，挖掘用户个性化需求，开展个性化定制和柔性生产，加快研发设计和产品迭代进程，大力发展智能家电、智慧家居、适老产品、功能食品、婴童用品、绿色设计产品，通过产品创新、功能创新，提升满足美好生活的品类供给能力。

（2）积极培育满足消费升级需求的高技术含量产业主体。可以看到，过去的工业品类中，原油、乙烯等在天津经济中做出了巨大贡献，但具有更高技术含量的产品种类并没有得到发展。因此，建议以消费升级为导向，以差异化、特色化、品质化为竞争方向，以数字化手段为抓手，聚焦研发设计、生产制造、经营管理、公共服务等关键环节，着力提升消费品工业的创新能力、数字化设计能力、质量管控能力，提升企业现代化管理水平、安全生产保障能力和资源配置效率，提升满足美好需求的质量供给能力。

（3）培育一批耐用品和非耐用品消费品牌。充分抓住天津市建设世界设计之都的历史性契机，将品牌建设与国际消费中心城市和区域商贸中心建设结合起来，打造一批能够代表天津地域和中国文化、中国元素、中国技艺的传统产品、新兴品类，在老百姓日常最需要的生活消费领域打造一批产品品牌、企业品牌和行业品牌。天津市目前在自行车制造、电动车制造领域具有优势，但丢掉了过去的手机、汽车等领域的竞争优势，因此需要在新一轮的新能源汽车、车联网、人工智能、生物医药等领域找回曾经的辉煌。

2)大力发展数字经济——面向智能时代的智慧产业

数字化是网络化、智能化背后的基石,数字经济日益向全领域、深层次、多场景应用演进。可以预见的是,数字经济是今后相当长时期驱动全球经济发展的重要引擎,数字产业化和产业数字化已经成为经济高质量发展的重要支撑。建议如下。

(1)以信创产业、智能科技为引领,做大数字产业化。依托开发区、保税区、高新区和有条件行政区,发挥中央企业重大投资项目和联想天津、华为天津等重大项目带动作用,围绕人工智能、物联网、大数据、5G 通信、网络安全、数字孪生等数字经济新兴技术及未来信息技术领域开展建设,聚焦前端、尖端、高端"硬科技"产业,引入和培育优质数字化创新型企业,打造以信创产业、人工智能为特色的数字产业化集群,建设万亿级"数字经济产业园"。可以探索借鉴北京中关村、成都软件产业发展的经验,大力推进中心城区的软件产业园建设,用好用活存量空间,为中国信创谷找到内生源头活水。强化天津市麒麟、鲲鹏、海光等"芯""魂"企业优势,克服"卡脖子"难题和核心环节缺失危机,形成产业数字化的底层生态,打造自主可控的现代产业发展体系。

(2)推动数字化、智能化与制造业深度融合,做强产业数字化。发挥数据要素功能和效率功能,对制造业的设计研发、生产制造、仓储物流、销售服务等进行全流程、全链条、全要素的改造,重组生产要素、催生新业态新模式,引领发展新方向,优化生产流程、推进降本增效、提升供给质量、创造服务价值,充分发挥数据要素的价值创造作用,实现制造业规模、质量、效益多维提升。从实操上,可以借鉴德国等欧洲国家科教与产业紧密结合的模式,通过"新工科"建设打通高校内部的学科壁垒,通过以人才为主体的产学研流动带动技术与需求的融合,实现习近平总书记讲的研究真问题、真研究问题,推动天津科教产业融通。

(3)围绕数字天津建设,加强数字新基建建设。打造城市新型数字基础设施,建设新基建津云,打通城市各类数据,构建城市级数据大中台,打破数据孤岛,整合分析城市卫生数据、交通数据、产业数据、信用数据、企业数据等,提升政府运行服务效率,真正实现“数字治疫”“数字治城”“数字治堵”；提供云上研发环境，助力行业协同创新，助力优化营商环境，促进精细化治理，让城市更聪明更智慧，使老百姓可以享受到更多便利，更好地触摸城市脉搏、感受城市温度、享受城市服务。

3）大力发展品牌经济——面向专精特新的先进制造业

擎牢制造业立市战旗，大力汇聚先进制造科技创新主体，深入推进以智能科技为首的“1+3+4”现代产业体系和12条重点产业链建设，提高先进制造在全市工业经济中的首位度，打造一批具有千亿和万亿级产能的先进制造业产业集群和新兴支柱产业集群。建议如下。

（1）统筹先进制造产业集群布局，建立梯次培育体系，依托龙头企业、科研院所、行业协会、产业联盟、咨询机构等主体建立产业集群促进组织，围绕本地特色产业链和产业集群建立健全科技创新主体引育的工作机制和模式，探索差异化、市场化、特色化的发展路径，避免同质竞争、内部竞争，尤其要抓好信创、航空航天、生物医药、新能源汽车领域的发展。比如航空产业，目前已形成包括卫星、太空站、直升机、无人机、大飞机、重型火箭为产业核心的“三机一箭一星一站”。民用直升机未来需求可期。

（2）突出发挥园区在引育科技创新主体中的主战场作用，以二次创业、三次创业的革新态度，加快园区发展和管理升级，建立以亩均税收、土地节约集约利用、主导产业发展、开放经济发展和科技创新、节能环保等指标为核心内容的园区综合评价体系，建设好具有引领性示范性的制造园区。开发区、保税区、高新区等要与各区建立梯度布局、利益共享、资源互补、协同并进的共生发展机制。

（3）发挥好龙头企业引育科技创新主体的核心作用，探索政府扶持产业链龙头企业招商引资机制，引导龙头企业吸引上下游企业来天津市投资。优化重点产业链组织建设模式，探索建立链长制基础上的单一链主制或双链主制，遴选或引入具有链接产业链上下游能力的龙头企业担任链主。

（4）强化制造业立市的战略科技力量支撑，谋划建设更多国家级创新平台，抢占科技创新和产业发展制高点。探索产业链首席科学家制度，调动市内外院士和科学家力量，加强应用基础研究，着力攻克一批“卡脖子”关键核心技术、共性技术，做长产业长板、做高产业附加价值，全力打造特色产业链、新兴产业链和优势产业链，打造一批制造业立市的天津品牌，为国际消费中心城市和区域商贸中心城市建设提供高质量的天津供给。

4）大力发展低碳经济——面向双碳目标的绿色产业

能源革命是新时代与数字革命并进的重大产业变革，是全球绿色低碳可持续发展的重大历史趋势。在俄乌冲突持续、全球气候变暖等国际大形势下，坚持降碳、减污、扩绿、增长协同推进，积极稳妥推进碳达峰碳中和工作，加快布局新能源引育科技创新主体，推动产业结构调整，优化能源结构，是时代的机遇和转型的必由路径。建议如下。

（1）针对天津市能源消费强度偏高现象，围绕能源清洁化、原料低碳化、材料功能化、过程高效化、终端智能化、资源循环化，加强新能源、节能环保、电力、钢铁、化工等重点领域和行业的技术革新和新产品开发，重点壮大锂离子电池产业、做强风能产业、优化太阳能产业，抢占氢能产业发展新机遇，加快推进新能源汽车整车在津布局和关键材料、核心零部件开发，推动能源产业与数字化技术的融合发展，形成双碳目标推进和新产业、信息化、智能化并举的以用立业新局面。尤其要借鉴浙江（宁波）经验，大力发展石化产业，推动下游深加工，快速推动天津经济复苏。

（2）加快新能源产业主题园区建设，切实发挥龙头企业作用，进一步完善产业配套，加大产业链招商力度，用好新兴产业用地政策，加大多层标准厂房建设力度，积极推动“工业上楼”，切实提升土地使用效率，努力为项目发展提供载体支撑。

（3）突出发挥在津央企、国家级研发机构作用，突出用好中环半导体、首航节能、力神等龙头企业，高水平布局建设全市新能源产业基地建设，打造一批智能制造一体化新型智慧工厂、能源+数字技术融合发展示范基地。

5）大力发展健康经济——面向生命健康的大健康产业

现代医药、医疗器械、医疗康养、医药流通等领域是生命健康产业的重大方向，是应对人口老龄化、实现人口和人才高质量发展的重要产业支撑，具有广阔的发展空间、较长的产业链条和巨大的增长潜力。建议如下。

（1）充分发挥天津市医药、医学、医院的集聚优势，进一步集聚优质科技创新主体资源，积极引进集聚北京、河北产业资源，深化形成以滨海新区为核心，以武清、北辰、西青、东丽和静海 5 个区域为特色产业集群的格局，进一步巩固高新区、开发区等国家生物医药产业集聚区的产业集群优势，将天津市打造为全国重要的生物医药产业创新基地、具有全球影响力的生物制药研发转化基地。

（2）突出抓好新药、原研药开发，拓植医疗器械开发“绿色通道”，积极抢占仿制药一致性评价先发机遇，促进产业由价值链低端向中高端迈进，形成天津生命健康产业新优势。突出发挥天津医药集团、天士力、红日药业、凯莱英、赛诺医疗、丹娜生物等优秀企业作用，进一步发挥中国医学科学院等中央驻津单位及医科大学、中医药大学和药物研究院、国际生物医药联合研究院等的作用，推进产学研用深度融合，打造一批类似速效救心丸、复方丹参滴丸、血必净注射液的高市占率和知名度单项冠军，提高产业综合竞争力。

3.5.2 更加突出技术驱动

1）大力发展智能科技

全球主要国家都已经将发展人工智能上升为国家级战略，积极抢占人工智能竞争的制高点。中国强调要加强人工智能领域前沿技术布局，支持科学家勇闯人工智能科技前沿的“无人区”。从各国各地区的经验来看，新一代信息技术牵引的数字经济、智能经济、智能制造技术将在未来发挥重要的牵引作用。天津市需要在突出信创产业的“芯”和“魂”，大力发展智能科技的进程中，在人工智能、大数据、区块链、物联网、量子技术、下一代通信技术、超智能社会、传感器、机器人、先进计算技术、脑神经信息、人机交互、网络安全、虚拟和增强现实技术等与未来发展紧密相关的技术（群）中，加大政策引导、聚焦力度，结合天津的产业基础、优势，结合天津的学科基础、优势，拣选具有支撑能力和引领性的领域，重点布局、重点突破，围绕国家战略需求，形成局部先发优势，带动形成产业竞争优势。

要加大对国内外公布的前沿科技发明进行追踪分析力度，抢占跨模态通用可控AIGC、无人车多传感器融合处理系统、知识增强大模型、深度学习通用异构参数服务器架构、基于AI的生物计算平台、面向自动驾驶的车路协同关键技术等方面的技术实现机遇，形成面向未来的应用场景和加速迭代机制。尤其是要关注深度学习、新型算法、基础数据、创新基础设施等在人工智能科技发展中的重要演进趋势，在类脑智能、边缘智能、通用平台与芯片、量子计算等前沿技术领域加快布局，勇闯人工智能科技前沿的“无人区”，为人工智能时代抢抓战略主动。

2）大力发展低碳科技

欧盟已经在应对气候变化方面提出了宏伟目标，尤其是新能源汽车已经成为其明确的战略路径。如何将制造业发展与经济和社会生活的低碳化结合起来，深化天津市在新能源、生物能源、绿色交通、氢能、低碳工业、低成本核能等未来产业技术领域的布局，对天津市抢占“双碳”战略的制高点，具有重要意义。科技部牵头的《科技支撑碳达峰碳中和实施方案（2022—2030年）》，提出了十项具体行动。天津市要面向国家战略，结合天津新能源产业和新能源汽车产业布局，在突出整车战略的基础上，加强前沿和颠覆性低碳技术突破。包括开展新型高效光伏电池技术开发，研究高效薄膜电池等新材料技术和电池新技术；加大绿色氢能技术开发，发挥天津市中国科学院工生所、天津大学等在合成生物学领域的创新平台、人才优势，抢占基于合成生物学、太阳能直接制氢技术的先发优势；加大储能技术前沿开发，研究固态锂、钠离子电池，探索更低成本、更安全、更高效、更长寿的前沿储能技术；开发电力多元高效转换技术，大幅提升能量转换效率，降低损耗。

3）大力发展健康科技

追求健康是人类永恒的主题。要加强在未来医学、生物医药、未来医院、生物信息学、疫苗研发、精准医疗、老龄化、健康食物等领域的未来产业技术开发。从临床实践和国际竞争的前沿来看，类似CRISPR、RNAi、基因疗法等全新分子类型正在扮演越来越重要的角色，有望成为未来创新疗法的中坚力量。其次，针对常见病或罕见病的新技术突破日益增加，为增进人类健康和医药行业发展开辟了更加广阔的空间。对于欠发达地区，食物与淡水科技开发也是重要的内容。

4）大力发展融合科技

融合化是未来技术发展的重要特点，创新的主要源泉将来自科学技术跨领域、跨产业的应用。这对科学研究、学科建设提出了更多的制度变革要求，需要政府在产业技术、基础设施、信息技术、数据等方面打通融合的瓶颈，实现与技术、设施、信息、数据相关的人、财、物的贯通。包括当前教育部倡导的新工科建设、产学研融通、大中小企业融通等，都是未来产业发展对技术、组织等提出的内在要求。尤其是智能科技与传统产业、新兴产业等的广泛融合，以及与此相关的技术开发，将成为未来产业萌芽、成长、兴盛的重要技术条件，也是未来产业创新的机会窗口所在。

3.6　面向新兴产业和未来产业的对策建议

国内外的经验表明，产业涌现的路径，主要就是本土创生、引进和培育。近几年郑州、重庆等地信息产业的崛起表明，产业转移是实现本地产业更快成长的重要途径。北京中关村、武汉光谷、合肥声谷等科技园区和产业的崛起表明，基于技术驱动的产业涌现能够带来持久的产业生命力，能够为科研与产业二者的价值实现搭建一个正反馈循环。就天津现状而言，从引进培育或创生的生命周期看，二者从来都不是孤立的。单纯的引进或单纯的自主化产业形成都不可能实现一个城市或地区的繁荣。引进类产业形成具有周期短、见效快的特点，如果能够实现引进主体与本地产业和其他创新主体的融合，就将迎来快速的发展。例如，合肥引进京东方，解决了前期家电产业的缺屏问题；引进联想，解决了京东方的产能过剩问题且实现了国产替代；引进长鑫存储，解决了产业缺芯问题，最终形成了更加紧密结合的纵向产业集群和横向产业集聚，创造了合肥奇迹。

基于此，将有利于新产业形成的政策归为两类，一是有利于引进的产业政策——

第一类产业政策，另一类是有利于创业从而催生新产品、新产业的政策——第二类产业政策。第一类政策更多偏向为企业主体的产业链、产业环境提供政策支持，让企业在攻克技术难关、产业壁垒，防范外部冲击、资本难题时得到有效援助。第二类政策更多偏向为创业主体、企业家解决新产品创造中的技术难题、风险投资引入、市场进入等问题，归结为 5 个“现”：让企业家涌现、让创意实现、让应用场景出现、让风险资本发现、让市场价值兑现。在解决准入、融资、技术等问题时，两类政策可能会交叉出现。在两类政策之上，可能需要有更宏观的政策规划或指引，让创业者、企业家、经理人能够结合天津的产业布局、科教优势，用好外部长板，做长自身长板，打造自身的竞争优势和比较优势。

3.6.1　加强产业规划引领

中国科学院科技战略院王晓明研究员认为，未来产业包括：新技术的突破；未来的新需求，拉动未来社会新的发展愿景；国家未来增长的新动力；新的产业组织；新的政策等方面。在对新的产业进行规划时必须高度关注未来产业的动向，同时不可忽视产业转移的重要作用。建议围绕现有产业布局和重点建设的产业链，针对市场需求变化和技术驱动力量变化，加强对全球新一轮科技革命和产业变革的战略追踪，把握百年未有之大变局下新兴产业和未来产业涌动的方向，把握以美国为首的逆全球化潮流下产业转移的新方向，把握当代中国各省区市产业新生、转移、发展的动态特征，对产业智能化、低碳化、健康化、融合化的未来走向进行深度研判，并结合天津产业优势、学科优势、人才优势、区位优势，研究制定《天津市面向 2035 年新产业发展规划》，明确天津市新产业涌现的方向、政策需求、技术需求，围绕方向和需求提供强有力的政策支撑或引导。

尤其要加大对收入弹性大、生产率提升快、产业关联度高的行业的遴选力度，推动初级加工向精深高附加值生产、品牌生产转变。要重点对智能社会、技术拐点、平行路线、“卡脖子”难题、精准医疗等领域进行预判和布局，结合市场需求、技术需求的特点提出针对重大导向性的政策举措；要对后工业化进程中服务业发展和工业发展的关系、大学与城市发展的关系、天津和北京的关系进行更深层次的准确判断，提前布局。

3.6.2 发挥龙头企业作用

要加大支柱产业的培育力度，重点通过引进龙头企业或培育骨干企业成长为龙头企业实现产业的能级提升。通常情况下，产业集聚在自然或不自然间必然会涌现出龙头企业，并最终形成围绕龙头企业的产业上下游、纵横向的协同协作关系。天津市曾经引入了摩托罗拉、三星等移动通信和家电等重磅外资企业，拥有央企驻津的众多企业和科研院所，但截至目前来看，天津具有国内重要影响力的链主型企业不多甚至罕见。重庆引入惠普、华硕，成都引进戴尔、英特尔、IBM，郑州引入富士康，合肥引入联想、京东方，成功地将产业链建起来、拢起来，形成了集群效应、协同效应。因此，天津市产业布局和重点产业链中，要进一步遴选龙头领军企业，培育骨干企业，对于不具备龙头的产业链，要加大龙头企业、龙头项目引进力度或自主培育力度，在先进技术研发、产品应用场景方面予以倾向性的支持，加快形成有利于骨干企业成长、龙头企业发挥作用的良好产业生态，增大在国内产业体系中的话语权和主动权。要借鉴合肥和深圳等地的经验，对重大龙头项目，在专业化尽职调查的基础上勇于进行产业投资，对具备上市前景和基础的企业要坚决予以政策扶持，从而形成百鸟归巢、企业归心的集聚态势；对陷入阶段性危机的企业，要深入研判风险后勇于提供支持，通过雪中送炭、亲清两宜为企业发展提供及时有效的服务。

3.6.3 加强招商队伍建设

从合肥经验来看，通过依托国有资本平台“以投带引”，围绕投资全链条打造“引进团队—国资引领—项目落地—股权退出—循环发展”闭环，形成了具有实践价值的操作范式。天津市海河产业基金要学好用好合肥模式，组建新产业发展专班机构，聚焦产业链、创新链重大项目，充分发挥政府基金的带动作用，在尊重市场规则和产业发展规律的前提下，以资本纽带、股权纽带作为突破口和切入点，通过直接投资或组建参与各类投资基金，带动社会资本服务于地方招商引资，形成产业培育的合力。用好产业基金的前提是人才队伍的专业化。要加强投资人才引进培育，打造一支专业过硬、投资方信任的招商队伍。要在前期产业链、创新链、学科链、人才链的基础上，围绕新产业和产业转移大趋势，研究制定《天津市重点产业招商指南》或本辖区、功能区的招商指南，梳理每一个产业，明确产业发展趋势、产业政策、产业链情况、重点目标企业、招商对接平台等信息。要探索建立和优化产业投资平台领导小组，发挥好市委、市政府相关领导的链长作用和龙头企业的链主作用，统筹国家发展和改革委员会、工业和信息化局、科技局、投资促进局等多部门，实现政府部门内部高效协作。发挥好政府、企业、专家学者、第三方机构的作用，为促进资本市场资源要素对接耦合提供专业支撑。

3.6.4　打造天津创业高地

北京市依托中国科学院、清华、北大等科教人才、资源、成果密集的创新主体，孕育了媲美硅谷的中关村科技园区。武汉以华中科技大学激光系为依托，放大了学科、人才的辐射衍生效应，形成了国内驰名的中国光谷。成都注重发挥西部中心城市和天府高校作用，提出了“天府创业，创业都成”的号召。姑且不论北上深广等一线城市，数据资料显示，2010 年以前天津市 A 股上市企业 29 家，成都 34 家，武汉 34 家，合肥 21 家。到 2021 年 10 月 12 日，天津 A 股有 68 家，成都 112 家，武汉 75 家，合肥 74 家；尤其是科创板，天津有 8 家，武汉有 7 家，成都和合肥各有 16 家。建议借鉴北京、成都等地的经验，从产业形成和内生发展角度，编制《“创业天津”2035 行动计划》，在全市范围内掀起主动创业、勇于创业、支持创业的氛围，为吸纳更多高水平创业人才和创新人才、就业提供人才蓄水池。借鉴麻省理工学院和国内先发省份经验，搭建从创意发现到技术研发、产品雏形、商品化转变、产业化运作的创业孵化体系。把孵化载体建设作为创业工作的重要内容，加快建设南开区环天南大、津南海河教育园、西青大学城、滨海新区等创新创业群落。鼓励高校、科研院所向创业者开放工程（技术）研究中心、重点实验室等创新载体和仪器设备、科技人才资源。鼓励高校、园区,围绕人工智能、信息技术、光电芯片、生物技术等为代表的高精尖科技,搭建概念验证中心、硬科技创业平台,通过长期研发、持续积累形成原创技术,提高技术门槛和技术壁垒,形成引领天津高质量创业的全新格局。与此同时,必须加强创业者、风险投资人之间的交流沟通,让创意实现找到前期的资本杠杆,通过内在的预期收入激励推动创业浪潮。

3.6.5 优化城市发展环境

从国际科技园区发展趋势来看,科技园区与城市环境共生融合已经成为新的趋势。天津市滨海新区和各区产业园区建设面临着一个突出的问题:工作和居住环境的错位,交通条件和生活配套条件与工作环境周边不匹配。在近年的园区调研、企业调研和座谈会中发现,交通、生活、娱乐环境直接影响产业的引入、人才的去留。与此同时,中心城区空心化现象严重,大量的空间和载体闲置,造成了巨大的浪费。建议全市统筹空间资源,一方面扩大绿地、公园面积,同时打造更多的创业载体和产业空间。另一方面要加强改善环境和交通条件。力争将地铁延伸至所有行政区政府所在地,将公交延伸到所有产业园区,有条件的话搭建产业园区到地铁的便捷交通路线,改善工作地周边生活娱乐环境,形成人流、物流、信息流畅通的产城融合态势。

3.6.6 加强未来产业研究

习近平总书记 2020 年 4 月在浙江考察时提出,“抓紧布局数字经济、生命健康、新材料等战略性新兴产业、未来产业,大力推进科技创新,着力壮大新增长点、形成发展新动能”。这是习近平总书记第一次在讲话中提到未来产业。在深圳经济特区成立 40 周年庆祝大会上,习近平总书记又一次提到了未来产业。国家“十四五”规划和 2035 年远景目标纲要中也明确提出要谋划未来产业。但产业发展不是单纯的经济事务,还涉及科技、人才、企业、环境、空间等多维要素。天津市目前的研究机构要么以经济为主,要么以工业为主,要么以科技战略为主,要么以城市规划为主,缺乏一个具有综合性和战略前瞻能力的研究机构。建议组建天津市未来产业研究中心、未来技术研究院等新型科研组织，着眼于科学、技术和创新发展的未来、着眼于产业的未来动向，着眼于天津发展的未来，集成科技、经济、教育、产业、规划等多个领域的人才，从系统的角度来研究产业选择、技术选择和政策选择，为更好谋划天津的未来提供智力支持。

第2部分

天津科技创新决策咨询专题

第4章　关于加快天津市科技创新能力建设的调研报告

本章内容源于2019年4月—2020年9月承担完成的天津市政协重点调研课题《关于加强天津市科技创新能力建设的研究》形成的调研报告原文(极个别标题处有删减)。研究报告完成于2019年9月。天津市政协原副主席王治平同志亲自策划并推动了本项研究,市政协医卫文体委员会原主任杨鑫传同志和唐家龙(笔者)一起,以双负责人身份共同牵头承担了本课题。市政协原副秘书长沈奎林同志对课题研究进行了指导,原天津市科学研究所所长李春成研究员、天津工业大学胡玉莹副教授对本调研报告形成有贡献。

调研报告于2019年10月提交天津市委、市政府主要领导后,得到时任市委书记、市长、政协主席等主要领导的高度肯定评价,多位常委、副市长予以批示,要求相关部门落实,时任分管副市长邀请调研报告起草专家进行了专题座谈,市科技局、市工业和信息化局组织推动了任务落实工作,将有关内容纳入《天津市中长期科学技术发展规划2021—2035》和《天津市"十四五"科技创新发展规划》《天津工业"十四五"规划及相关工作》。市科技局邀请唐家龙教授作为科技规划编制专家组成员。

党的十八大以来,习近平总书记四次视察天津,对天津创新发展寄予厚望。市委、市政府高度重视科技创新工作,将创新发展作为建设"五个现代化天津"的首要任务,明确提出了打造全国领先的创新型城市和具有国际影响力的产业创新中心的目标,积极谋划加快科技创新支撑引领新旧动能转换,实现高质量发展。为此,按照市政协的要求,市政协经济社会发展研究咨询委员会组成课题组,采取实地调研、召开座谈会等方式，并搜集整理了北京、上海、深圳等多地的做法和经验，围绕天津市“十四五”和中长期科技创新能力建设进行了深入调查研究，形成以下报告。

4.1 天津市科技创新能力建设的基础和优势

4.1.1 综合科技创新能力位居全国前列

2018年，天津市综合科技创新水平指数达到80.75%，比2017年增长了0.2%，连续16年位居全国第三，其中天津市科技创新环境指数位居全国首位。全社会研发投入492.4亿元，占全市生产总值的比重达到2.62%，较2017年上升了0.15%，研发投入比重在全国省区市中排名第五。

4.1.2 科技创新平台建设取得重要进展

2018年，天津市获批建设国家大型地震工程模拟研究设施，获得12.3亿元中央财政资金支持，实现了历史性突破。国家合成生物技术创新中心、省部共建组分中药国家重点实验室通过专家论证，有望获得科技部批准建设。全市共有国家级重点实验室13个，国家级工程（技术）研究中心12个，国家级基础软件创新中心、中科曙光国家先进计算产业创新中心等一批国家级创新平台已经或拟将落户，国家级院所和国内较高水平研发机构已经超过170家。当前，天津市正加快推进省部共建分离膜与膜过程、食品营养与安全国家重点实验室建设，协调推进“天河三号”百亿亿次超级计算机、血液病和中医针灸2个国家临床医学研究中心等重大创新平台申报。随着重大创新平台的建设推进，天津市基础科学研究和应用技术前沿研究能力将进一步增强。

4.1.3 企业创新能力建设取得明显成效

着力实施科技型企业成长路线图和升级版，推进《天津市创新型企业领军计划》，2018 年国家高新技术企业突破 5 000 家，评价入库国家科技型中小企业 5 648 家，新增市级科技型企业 7 900 家，拥有国家企业技术中心 59 家。2017 年，来自企业的研发投入达到 321 亿元，占全市研发投入的 70%以上；规上企业办研发机构 561 家，研发支出 88.5 亿元。新支持认定 279 项“撒手锏”和重点新产品。汇聚形成了航空航天、装备制造、石油化工、汽车制造、智能科技、生物医药、新能源新材料等七大优势产业，成为中国北方重要的制造研发基地。

4.1.4　高层次科技创新型人才不断汇聚

天津市现有中国科学院和中国工程院两院院士 38 人，国家“万人计划”人才 153 人，“长江学者”159 人，国家杰出青年科学基金获得者 126 人，国家有突出贡献专家 208 人，国家百千万人才工程入选者 129 人。实施 131 创新型人才培养工程、托举人才工程、杰出人才培养工程，累计培养 131 创新型人才第一层次人选 875 名，形成 131 创新型团队 152 支，推荐托举人才 40 名。实施院士后备人才培养计划，遴选天津市杰出人才 39 名，2017 年有两位杰出人才当选两院院士。2018 年“海河英才”行动计划实施以来，截至 2019 年 4 月底，共引进各类人才 16.25 万名，引进两院院士、长江学者、杰出青年科学基金获得者等领军人才 24 人，博士、博士后等青年后备人才 900 余人，吸引了一批学历高、专业技能强的人才。

4.1.5　科技成果创造和转化取得明显成效

知识产权创造量质齐升。2018 年全市授权专利 5.47 万件，有效专利 16.89 万件，同比增长 16.7%，其中有效发明专利 3.21 万件，同比增长 12.1%。全市每万人口发明专利拥有量 20.6 件，居全国第六位。全市完成技术合同登记 11 315 项，技术合同成交额 725.25 亿元，比 2017 年增长 10.1%，技术交易额 553 亿元，增长 11.3%。登记在册的技术转移机构服务企业 16 994 家，组织技术交易活动 1297 次，促成交易额 87.66 亿元。

4.2 天津市科技创新能力存在的差距与原因分析

4.2.1 存在的差距

虽然天津市科技创新能力位居全国前列，具有良好的发展基础和优势，但与党中央的期望和要求、天津的发展定位、国内先进省市等相比，还存在下述多方面的差距。

1)发展聚焦不够

主要表现在两方面。一方面是科技发展战略聚焦不够，在落实国家发展战略过程中与天津的基础、优势结合不紧密，从而导致科技资源配置不集中，学科优势不突出，对产业发展的支撑引领作用不突出；另一方面对科技前沿和新兴产业技术聚焦不够，从而导致新兴学科、交叉学科和新兴产业发展滞后，缺少在全国具有引领性的学科、产业、企业和产品。在2017年教育部公布的双一流高校和学科建设中，南开大学成为全国985高校中没有A+学科的7所高校之一，天津大学仅有一门A+学科。而且，国家支持天南大重点建设的学科主要集中在传统领域。在学科建设和特色产业发展上，不仅与京沪等城市拉大了差距，还与以武汉为代表的中西部城市出现了差距。湖北省重点聚焦光电科技，依托高校院所，发展势头强劲，在特色产业发展上，形成了全国乃至国际知名的“武汉光谷”；在一流学科建设上，华中科技大学成为“建校时间短、发展快”的典范，形成了光学工程、生物医学工程等四大A+学科。

2)创新主体少

企业是技术创新的主体。2018年，中国注册市场主体超过1亿户、企业主体3 470万户。截至2018年年底，天津市场主体108万户左右、企业主体48.58万户，分别约为上海的39.6%、22.7%，北京的50.4%、29.4%。其中企业主体占市场主体的比重为44.8%，对应比例远低于上海的78.4%、北京的76.9%。不仅如此，天津市高水平创新主体数量少、底盘小，科技型上市企业更少。从国家高新技术企业数量来看，全国总量已经突破18万家，而天津市仅有5 038家，位于苏州之后居全国第七位，数量上仅为北京的 20%、深圳的 35%、广州的 46%、上海的 45%。从创业主体来看，2018 年全国创业型公司总量超过 10 万家，北京、广东、上海三地以总和 67 639 家的数量占全国的比例超过 65%，北京高达 29 568 家，天津市仅有 2 500 家，不足北京的 10%。目前天津市主板上市企业 51 家，占全国的比重为 1.4%，如果对应天津全市生产总值占全国 2.09%的比例，天津上市企业至少需要再增加 26 家。

3）主体创新能力不足

主要表现在两方面。一方面是承揽国家重大科技基础设施建设能力不足，北京、上海、合肥依托域内高校、院所获批综合性国家科学中心，谋划在生命科学、量子通信、人工智能与制造等多个新兴和前沿领域打造世界级国家重大科技基础设施群。反观天津市，近年来虽有进步，但围绕前沿科学和创新技术领域的国家级项目很少。另一方面，天津市获得国家科技奖励数目不多，2012—2017 年获奖数量在 12~19 项，2018 年仅获得 8 项。从企业竞争力看，2019 年世界 500 强企业，我国入围 129 家，天津市没有入选企业；2018 年中国科技创新企业 100 强榜单中没有天津企业入选。长城战略所发布的 2018 年独角兽企业共 202 家，其中天津仅有 58 到家和禧云国际 2 家企业入围。2012 年以来，发明专利申请量从 13 750 件上升到 26 661 件，但授权量最高年份也只有 5 844 件，授权比率不超过当年申请量的 22.8%，而北京、河北省同期数据为 46.5%、35.2%。总体来看，天津市既缺少为国家战略需求提供支撑的重大科技成果，也缺少像深圳华为和腾讯、杭州阿里巴巴、青岛海尔这样能够引领一个城市或地区创新发展的领军型企业，更缺少一批成长快、潜力大的瞪羚和独角兽企业。

4）高端人才集聚不足

人才的差距一定程度上反映出一个地区在创新能力上的差距。2018 年，海河英才行动计划的实施在一定程度上缓解了天津市人才供需压力，但仍然没有从根本上解决创新创业高端人才不足的问题。从院士看，天津市有 38 名院士，仅为北京的 4.9%、上海的 20.6%、南京的 46.3%、武汉的 55.1%。国家自然科学基金杰出青年项目获得者素有“小院士”之称，2019 年天津实现了历史性突破，达到 12 人，其中南开 5

人，天大5人，天津医科大学2人；而北京大学22人，清华大学14人，与北航、北师大等高校一共拿到54个名额，还不包括中国科学院在京单位；上海的复旦大学11人，同济5人，与上海交大等高校一共拿下22个名额，不含中国科学院驻沪单位；武汉大学、华中科技大学等高校院所为武汉揽得15个名额，也超过了天津。从青年人才看，国家自然科学基金优秀青年基金天津大学和南开大学分别有8人、5人入选，相比于清华大学和浙江大学各24名、南京大学21名、北京大学和上海交大各19名、中国科学技术大学17名、华中科技大学14名，差距明显。2013—2017年教育部“长江学者”特聘教授入选名单中，北京以167人高居首位，其次是上海51人，湖北38人，江苏25人，四川24人，天津市未进入全国前十之列。

5）全社会研发投入不足

尽管天津市全社会研发投入比重高出全国2.18%的平均水平0.44%，在全国处于较高水平，但投入规模和稳定性还有所不足，与京沪深等主要城市相比差距更加明显。2018年，北京市全社会研发投入占比达到6.16%，投入规模达到1 871亿元，是天津的3.8倍；上海为4.16%，1 359亿元，是天津的2.8倍；深圳为4.2%，突破了1 000亿元，是天津的2倍多。2019年，深圳市政府提出加大基础研究投入力度，确保基础研究投入比例不低于财政科技专项资金的30%，投入总额将超过200亿元；山东省提出省级财政科技支出百亿计划，深入开展“进位赶超”创新行动计划，力争利用3~5年时间，推动主要科技创新指标走在全国前列；重庆提出压缩市区两级财政一般性支出，新增10亿元用于支持科技创新，引导全社会加大研发投入。国家统计局数据显示，全国（不含港澳台）仅天津、河北、内蒙古、辽宁、海南、甘肃6省区市2017年财政科技支出相对于2016年下降，而天津是其中唯一的东部省市。

4.2.2 原因分析

通过调研分析，天津市在科技创新能力建设方面产生上述差距的主要原因有以下几个方面。

1)对科技创新工作的重大意义认识不足

思想观念偏于保守,致使创新工作出现“上热中温下冷”的情况。主要表现在对科技创新特别是原始创新驱动发展的重要性认识不够深刻,对科学技术的理解往往局限在应用层面。对创新模式已由过去孤立的、线性的演化进步成跨界融合、网络化、快速迭代的科技创新模式认知不敏感,协同创新氛围不浓厚。在创新项目范围许可上偏重“法无授权不可为”,一定程度上在制度层面制约了创新欲望的激发,抑制了创新积极性、主动性的发挥,从而使天津市多年来未能在生命科学、纳米复合材料、量子通信等前沿学科领域有所建树。在信息技术快速发展的背景下,没有创造出像淘宝、京东、快钱、闪付、微信、抖音等颠覆传统购物、支付、通信、娱乐方式,没有对一个城市和地区的发展产生巨大带动作用的应用技术成果。

2)顶层设计和创新方向目标引领不够

科技创新工作涉及政府、企业、科研院所、大专院校、社会公众等多个主体,涉及人才、技术、知识产权、政策支持多种要素,需要方向目标设计引领。一方面,科技创新的组织领导工作体系不完善,由市政府主要领导牵头、相关政府部门参加的科技创新组织领导体系,由政府各专业部门牵头、有关大专院校和企业参加的创新任务承接落实体系,以及由专家学者参加的创新方向目标设计研究咨询体系,还没有真正形成。另一方面,创新方向目标引领不够。对创新方向和目标设计研究分析不深,缺乏系统论证和精心设计,存在着重研发轻应用、轻长远、轻基础、轻前沿以及重点不够突出、创新资源要素使用不合理、与产业发展结合度不高等问题,科技创新对产业发展的带动引领支撑作用发挥不足。

3)推动协同创新的力度不够

各创新主体之间、部门之间协同创新的体制机制没有形成,大专院校的学科设置和人才培养方向与产业发展人才需求方向不匹配,科研院所的研究方向定位与企业需求有较大偏差,企业自身研发能力不足,承接成果转化能力较弱,没有建立起高校、院所和企业创新主体之间的市场化合作机制,要素、资源优势没有得到充分发挥。

4)高水平创新平台少、载体空间小

创新既需要大量主体支撑,也离不开高水平的载体和空间。北京中关村依托中国科学院、清华大学、北京大学,形成一区多园统筹发展格局,带动了北京全域的创新发展。当前,中关村自主创新示范区内聚集的国家重点实验室、工程研究中心、国家级企业技术中心等创新平台占全国总量的1/8,形成了电子信息、互联网应用、生物技术、新能源新材料和科技服务业等高新技术产业,国家高新技术企业2.2万家,总收入超过5.8万亿元,成为全国创新创业的引领者。武汉东湖高新区,面积为518.06平方千米,20世纪90年代,通过政府定位引导,以激光技术和激光器等为肇端,形成了产学研联动、上下游共生的光电子产业集群,打造出国内外闻名的武汉光谷。目前已经形成了光电子信息、高端装备制造、节能环保、生物医药等支柱产业竞相发展的产业格局。天津市虽拥有开发区、保税区、高新区等多个创新载体,但这些区域偏重于产业和实体经济,创新资源聚集度低,没有形成大专院校、科研院所、不同产业不同领域的技术创新平台或其他形式的研发机构为主体的创新成果转化体系,与中关村、东湖等先进地区比,在承载能力、主体水平和领域特色等方面有明显差距。

5)政策引领不够

调研发现天津市近期连续出台了一系列鼓励创新、吸引人才的政策,形成了很好的支持带动效应,但与北京中关村、上海张江和武汉东湖等地区比,存在政策优势不足、吸引力不够等方面的问题。如北京中关村出台的"1+6""新四条""新新四条"等,武汉东湖高新区出台的"黄金十条""新黄金十条"等,引领了国家自主创新示范区建设的政策方向。2019年3月,上海发布科技体制机制改革意见"25条",着力促进各类主体创新发展、激发广大科技创新人才活力,走上了加强制度供给引领科技创新的发展路径。这两年,天津市围绕增加知识价值、促进成果转化、增加科研人员获得感也出台了一系列政策,在国内产生了较大影响,但与上述地区比仍然存在着对重点学科和重点产业聚焦不足、超前引领性不强、区域竞争性不强等问题。此外,部分高校、院所和企业还存在落实政策的主动性和适应性不够的问题。

4.3 加强天津市科技创新能力建设的对策建议

天津市当前正处于爬坡过坎、负重前行的关键期，要贯彻落实习近平总书记对天津工作“三个着力”的重要指示和“打造自主创新的重要源头和原始创新的主要策源地”的最新要求，拿出“滚石上山”的勇气和决心，坚守牢牢依靠科技创新实现高质量发展的战略定力，以“十四五”和中长期科技创新规划战略研究和编制为契机，做好科技创新的顶层设计，规划好目标方向、发展重点和实现路径，全面增强科技创新对经济社会发展的支撑引领能力，高水平推进“五个现代化”天津建设，打造新时代中国特色社会主义高质量发展示范高地。为此，提出以下建议。

4.3.1 加强组织领导，完善顶层设计

一是完善由市主要领导担任组长，相关部门参加的组织领导推动体系。二是设立由科技界、产业界、政府机关等各方专家学者组成的科技创新目标设计决策咨询体系。三是构建由主管部门牵头，有关高校、院所、企业参加的任务承担落实体系。

4.3.2 加强规划引领，明确创新方向和重点

以服务服从国家战略和地区发展需要为根本，按照“三个面向”的国家战略部署，结合天津市“五个现代化天津”建设，结合学科、技术、产业的基础与优势，结合“十四五”和中长期科技创新、经济社会发展的需求，明确发展方向和重点，精心设计和制定符合实际、切实可行的发展目标、路径，推动天津市科技创新进入新阶段。

（1）编制实施《天津市高峰高原学科攀登计划（2020—2035 年）》，大幅提升原始创新策源能力。以南开大学、天津大学和具有国内领先优势的高校院所为依托，集中力量瞄准世界科技前沿领域，以世界一流高校和一流学科发展为导向，以世界一流创新平台和人才为支撑，建设形成若干国际上领跑、并跑的科学高峰和高原，为建设世界科技强国做出天津贡献。

（2）编制实施《天津市重大科技创新设施载体平台建设规划（2020—2035年）》，打造国家战略科技力量。抓牢抓实京津冀协同发展战略机遇，加强部市、院地、央地对接合作，深挖部委、国家院所、中央企业、军工集团等科技创新资源，制定《天津市实验室建设行动方案》，打造国家实验室后备梯队，共同建设国家大科学装置、国家制造业创新中心、国家技术创新中心、国家级科研院所，着力建设一批具有全球影响力的国家级科研创新平台。

（3）编制实施《天津市优势学科群和世界级特色产业群协同发展规划（2020—2035年）》，深入推进协同创新融合创新。深化产学研协同创新、军民融合创新、跨界融合创新，大幅提升高校院所应用技术开发能力、企业主体研发能力和新产品、新技术、新模式、新业态开发能力，抢占全球价值链的中高端，引领产业创新发展新方向。推动航空航天、装备制造、石油化工、汽车工业转型升级，智能科技、生物医药、新能源新材料等战略性新兴产业发展壮大，力争在京津冀协同发展和"学科—人才—技术—产业"链接上取得明显突破，打造具有领跑、并跑能力的产业竞争新优势，形成一批万亿级自主可控、安全可靠的世界级产业链和产业集群。

4.3.3 加强创新平台建设，提升承载能力

（1）充分利用现有空间资源，建设一批开放式创新平台。依托滨海新区开发区、保税区、高新区的产业基础优势和于家堡、渤龙湖、空港经济区、五大道、五大院的空间资源优势，建设一批高水平开放式创新平台和都市型、楼宇型科技园区和创新街区，提升对各类创新创业主体的承载能力。

（2）利用大学高校的学科优势，建设一批高水平的成果转化平台。借鉴海淀区依托中国科学院、清华、北大发展中关村科技园区经验，学习武汉光谷的发展建设经验，发挥南开大学、天津大学和市属高校的学科和人才优势，在天大、南大老校区和西青大学城、津南海河教育园采取政府支持、学校承建的方式，深入推动校区、园区、周边社区"三区联动"，建设一批高校科研成果转化孵化和产业化基地。

（3）依托领军企业，建设一批双创平台。借鉴青岛海尔海创汇、威海威高等领军

企业发展经验，充分发挥天津市国企、央企、行业领军企业的创新创业带动作用，开展创新带动创业、创业带动转型升级活动。依托企业内外部资本资源、技术资源、人才资源和市场资源，搭建技术驱动、资本驱动、人才驱动、垂直和水平产业链驱动的多层次众创平台。

4.3.4　加速资源集聚，提升供给能力

1）集聚创新资源

结合天津市产业发展，采取育引结合的方式，深化拓展部市、院市、央地，引进和培育一批背靠知名高校、国家级大院大所、面向经济主战场的科研院所和新型研发机构，力争在若干领域形成具有建设国家实验室的后备梯队。做强学科长板，弥补基础性短板，形成对产业发展的支撑。

2）集聚成果资源

围绕战略性新兴产业发展和优势传统产业转型升级需求，瞄准人工智能技术和智能制造、生物医药、新能源新材料等重点发展领域，充分利用滨海新区各功能区的资源空间优势和已出台的一系列政策优势，加大宣传力度，面向全国高校、科研院所、央企、民企，加大招商引智力度，采取基金引导、空间帮扶（一定时间免租金）等方式吸引一批具有创新性的成果来津转化。

3）集聚人才资源，集聚一流双创人才

习近平总书记指出，全部科技史都证明，谁拥有了一流创新人才、拥有了一流科学家，谁就能在科技创新中占据优势。进一步优化《海河英才行动计划》，提高引进人才针对性，按照基础学科、前沿学科、应用技术领域，瞄准生命科学、新一代信息技术等领域，面向国内外引进一批顶尖人才。

4.3.5　加大创新投入，提升保障能力

1）明确财政科技投入稳定增长机制

越是发展的困难时期，越要坚定依靠科技创新实现高质量发展的信心。市区两

级政府要把科技投入列为公共财政支出重点，在年初预算安排中予以重点保障。市级财政科技支出要切实落到实处，并保证高于其他支出的增长速度和占财政支出较高的比例，保障基础研究的投入额度和支出比例。

2）争取与国家部委成立联合基金

加强与国家自然科学基金委、中国科学院、中国工程院等的部市、院地共建工作，结合天津学科、产业特色，瞄准国际领跑、并跑和“卡脖子”环节，双方共同出资，共建“联合研究基金”，为国家战略需求和经济社会发展做出天津贡献。

3）优化科研基金体系

探索对天南大等部属高校和市属高校及高水平科研院所的“打包”支持模式，在市级科技计划和教育经费中设立高校院所联合基金，有关单位在核定额度内由单位内部自行组织项目申报、评审或采取后补助方式。鼓励高校院所自主设立普惠式科研基金，根据学科特点自主确定资助方式和额度，资助青年科技人才潜心研究。

4）引导企业加大科技投入

借鉴梅琳达·盖茨基金会的运作理念，引入以应用交付为导向的政府科研项目和企业委托项目的组织实施方式，聚焦大型企业和上市公司等各型企业的技术攻关需求，按照“企业出题、能者破题”的方式，推动实施需求引领的科研委托方式。鼓励不同规模、不同性质的企业，多层次加强与学研结合，发挥高校院所在人才资源、科技条件资源、科技成果资源方面的优势，组建一批企业实验室、共建“联合实验室”，降低企业人力成本、科研成本，有效提升企业科技创新能力。

4.3.6 加快政策创新，提升创新活力

1）制定实施引领性和突破性的科技新政

借鉴中关村、张江、东湖等地的科技创新政策典型经验，深入把握新科技革命和产业革命演进规律，坚持实用、好用的政策标准，加快出台有利于“四新经济”涌现、人才培养、学科交叉、跨界融合、产学研用金协同的创新性政策。全方位打开脑袋上的津门，坚持把“法无禁止即可为”作为执政、行政、服务的根本准则，“对该办能办的

事痛痛快快去办”,现场能解决的问题坚决不开会解决。对重点事项,可采取“一事一议”“一体一策”,在土地保障、税收优惠、职称评审、人才引进等方面给予支持。建立政策实施效果评估反馈机制,持续优化增强政策的靶向性、操作性、实效性。

2)切实落实创新主体自主权

以界定明确科技成果产权归属为核心,借鉴深圳清华大学研究院、深圳中科先进院、西安光机所先进经验,以体制外和混合所有制等新型研发机构建设为抓手,推动新一轮现代院所制度建设和开放创新。赋予科技领军人才更大的人财物支配权和技术路线决策权,基于科研规律对岗位聘任、职务职称、采购方式等方面予以全力支持,在绩效工资方面向关键岗位倾斜。打破职称终身制,对非高校类事业单位,取消职称与工资挂钩,进一步确立按贡献分配的机制。优化科研经费管理,纵向项目直接经费中对劳务费不设比例限制,间接经费充分体现人才价值,横向项目经费按照合同约定执行,决策研究类和调研类项目扩大间接费比例,进一步释放科研活力。

3)营造鼓励创新、宽容失败的创新氛围

全面加强对科技创新工作的宣传引导,提升全社会对天津科技创新发展的思想认识、重视程度和推进力度。建立鼓励干事创业的正面激励机制,区别对待领导干部在科技创新活动中的失误、错误和有意识的违法乱纪行为。充分体现组织对科技骨干人才的关心和爱护,建立科技骨干人才与市内各级党政领导沟通交流的“直通车”机制,及时解决人才创新创业中的各种问题。对承担探索性强、风险高的科研项目的科研人员已经履行了勤勉尽责义务仍不能完成该项目的,给予宽容。

第 5 章　重构天津创新体系的建议

本章内容源于 2019 年 10 月—2020 年 9 月笔者作为主执笔承担天津市科技局科技战略规划研究项目《面向 2035、2025 年的科技创新体系建设规划思路研究》（项目编号：19ZLGHZF00030）时受到的启示。撰写报告之时，正值部分领导和学者讨论地方政府创新体系要不要大而全，甚至搞不搞基础研究的问题。

咨询报告于 2020 年 3 月 20 日发表于中共天津市委研究室主编的《决策与参考》2020 年第 52 期，本处使用刊发正文原文。报告得到时任市委副书记阴和俊同志、市委常委于立军同志和分管副市长批示，要求相关部门落实。市科技局分管领导和有关处室与唐家龙教授进行了现场沟通对接，并拟将报告成果纳入《天津市中长期科学技术发展规划（2021—2035）》和《天津市“十四五”科技创新发展规划》。

过去 10 多年来，天津科技创新能力有了显著提升，为经济社会发展做出了突出贡献。但与当前面临的形势和需求相比，还存在着创新能力、技术供给与发展需求不适应之处。当前，天津市正处于滚石上山、攻坚克难的关键时期，对科技创新支出产业转型和孕育新动能提出了更高、更快、更新的要求。迫切需要大力突破原有路径，重塑天津科技创新体系，绽放科技创新支撑天津高质量发展的新机遇和新繁荣。

5.1　当前科技创新体系的三大表现及其原因初探

5.1.1　科技支撑引领创业不足，面向高质量发展的新动能乏力

这表现在两个方面。一是天津市的创业密度严重低于东部发达地区水平，企业数量只有深圳的 1/5 左右，不足上海和北京的 1/4，本土创业者、高校院所引致创业的

人才严重不足。与浙江大学、华中科技等相比，天津市高校衍生企业或上市公司数量在全国处于较大劣势。二是新兴经济发展不足，无论是互联网经济、数字经济还是智能经济，天津市在国内都相对滞后，缺少原生原发的新兴企业。今日头条、新的支付以及新金融等都和天津擦肩而过。

5.1.2　科技支撑引领转型不足，面向价值链高端的新供给不多

一是天津市传统产业中生产部类企业多而生产生活资料部类企业不多，这严重阻碍了向消费型经济生产主体转变，与当前我国社会基本矛盾——人民群众对美好生活的向往——高品质的生活追求不适应。二是天津市在市场容量大、消费需求旺盛的衣食住行和日用消费品等领域深耕不足。例如化工产业向精细化升级不够。在新冠疫情来临时，市内六区的商业因为缺乏网销产品导致税收收入陡降；即便没有疫情，天津市居民网络消费导致的原应属地的消费税收财政收入也大幅流失，尤其值得关注。

5.1.3　科技与资本市场对接不足，面向创新的杠杆利用能力不足

科研是将金钱转化为知识，创新是将知识转化为财富。但当前，天津市科技活动与资本活动不够亲密，一则科技活动与资本逐利的嗅觉不匹配，科技活动的导向、成果与市场需求不一致，二则科技活动的密度和强度不大，缺乏具有市场化意识的成果持有人，创业者或优质创业投资项目不多，创业资本等在津投资搜寻有效项目信息困难，成本较高，从而导致难以形成像硅谷、中关村那样“科学家+工程师+风险投资人”紧密的科技创新生态网络。

究其原因，在于发展导向上缺乏面向全体市民、机构和组织的创业教育、创新教育，没有形成有利于创新、勇于创业的热烈氛围，缺乏活水、活力。一个缺少创业精神、创新气质的城市，难以成为新技术、新产品和新经济的发源地。如何在资源、市场两头在外的情况下，实现天津在价值创造、财富增值、居民增收多方面的共赢，创新性的工作和任务异常艰巨。

5.2 重构科技创新体系的基本思路

面对三个不足,要重点破解创业密度问题、创新导向问题和创新的金融支撑问题,用创意设计和创业人才做多企业主体,用价值链提升和产业再选择做强企业实体,用金融杠杆做大企业群体。要做好“123”个转变。

5.2.1 确立一大导向:将天津打造成全域创业城市

只有扩大了创业群体、企业基数,才能为更高水平的发展提供塔基。天津市注册主体工商数量突破 100 万家,但企业主体占比仅为 50%左右,严重低于平均水平。因此,要通过市委、市政府的决策部署,出台《中共天津市委、天津市政府建设全域创业城市培育新动能的实施意见》,营造“创业第一、企业家老大”的总体氛围,借鉴苏杭地区“无中生有”的梦想小镇发展经验,以高校系、“京商”系(北京人才、北漂人才)、海归系、“众创”系(一般创业者、领军企业如阿里、腾讯等集聚的创业团队)奠定天津创业的“新四军”。要注重从创业开始就引入社会资本的投入,为后续成长、壮大提供持续的金融杠杆支持。

持续推进、久久为功,将高校、院所、区域、领军企业和全市人民引导向基于创业的新天津建设理念之下。打造天津全球创意网络(www.global-Inno-tianjin.org),集全球智慧,建设创意天津,通过高校普遍建设类斯坦福创新设计研究院、创意场景设计实现平台,通过京津冀和域外引进企业主体、创业主体,将天津切实转变为一个创业城市。

5.2.2 均衡两大部类:优化消费和生产的产业结构

经济发展由三驾马车驱动,消费、投资和净出口。中国已经进入了消费驱动引领经济增长、满足消费需求升级的时代,天津市的产业要重构生产资料生产和生活消费资料生产的两大部类,要逐渐向消费型经济体系、健康经济、品质经济转型,更大幅度地向最终消费需求的“短、小、轻、薄、精”和高质高端的生活用终端消费品转变,优化产业部类的结构。科技创新要重点驱动传统产业中的汽车、化工向新能源汽车、精细化工等转型,要重点驱动产业向高品质产品的先进制造转型。这是事关长远的战略选择和调整,对天津的发展、税源都具有重要意义。

5.2.3　构筑三大支撑:创业+创新+服务

做好对创业活动、创新活动和创新创业服务活动的支撑,打造创新创业发展的产业公地。做好创业支撑,要为创意涌现、创业出现、价值实现提供支撑,在创意打磨、产品和服务成型、市场培育和拓展方面为创业者提供有利的条件支撑和营商环境。做好创新支撑,要为研发需求和供给主体搭建平台,缩短科学家、工程师与市场的距离,大力推进研发悬赏揭榜活动、研发外包,以市场为导向重构科研计划体系,推进高校院所企业中的研发组织、人才、资源向市场需求贴近。做好创新创业服务支撑,要厘清创新创业主体的服务需求、政策诉求,解决高校院所在创业、创新、成果转化中的瓶颈问题和后顾之忧,明确界定知识产权归权,明确创业者的财产权,为创新创业提供创意实现、产品迭代、公共检验检测、市场开拓等社会化服务。

5.3　重构科技创新体系的主要任务

5.3.1　建设七大产业创新公地

做好创新、创业和服务支撑,最重要的理念是产业公地理念,最重要的载体是科技园区和孵化转化基地,也包括众创空间。产业公地这一概念最初源起于美国,是指与制造业相关的各种专有技术、产业运作能力和专业化技能构成的网络,是美国再工业化计划的重要内容。哈佛大学管理学教授加里·皮萨诺和威利·施所著的《制造繁荣:美国为什么需要制造业复兴》提出了产业公地概念,他认为创新和制造二者相互依存,“当一个国家失去制造能力时,同时也在失去创新能力”。美国由于制造业的外迁而伤害了自身的创新。事实上,制造和创新的分离,也不利于创业、创新。深圳从加工制造走上了创新和制造相互促进的发展道路,根植于制造业基础上的创新对于定位于“全国先进研发制造基地”的天津而言,意味着制造必须与创新耦合并行。

围绕天津市重点发展的优势产业,坚持长板做长,优势做优,特色做特的发展理念,全方位提高科技研究能力、产业孵化能力、生产制造能力、检验检测服务能力。

建议集成市内国家和市级科技创新平台和京津冀优质创新资源,将重点实验室、工程中心、技术创新中心、产业技术研究院与产业公地区对接,以天津实验室或重点实验室支撑基础研究和前沿技术研究,以技术创新中心支撑关键核心技术突破,以产业技术研究院等支撑科技成果转化,以产业创新联盟支撑合作,围绕产业链布局创新链,着力攻克产业共性技术、“卡脖子”领域和具有进口替代能力的技术和产品。

融入新时代智能科技、数字经济发展浪潮,大力发展从工业互联网、工业设计、知识产权服务、检验测试为代表的科技服务业,优化产业公地建设的基础条件。

要瞄准下一代革命性技术建立产业公地,为新一轮新兴技术产业发展奠定基础。按照前沿和先导技术、发展中技术、成熟技术等区分,构建综合性或阶段性技术研发组织,在战略性、应用性、防御性技术布局中抢占先机。

要注意产业公地中面向生产资料部类和消费资料部类的研发均衡,注重向消费部类的倾斜,逐渐提升生活消费类技术和产品的研发,使天津经济迎来更加持续稳定的市场需求和持久的本地面向全国销售带来的税源优势。

在产业公地建设中,要发挥科教力量的作用,要加大对行业龙头企业的引进,形成科教效能+领军带动的双重优势。武汉的光电子信息产业、郑州的智能手机产业、合肥的“中国声谷”发展经验表明,行业龙头企业带动+研发创新驱动是快速提升产业公地凝聚力、创造力的重要路径。

打造七大(或有选择地建设)专业化产业公地,具体内容如下。

(1)打造航空航天产业千亿级集群发展的产业公地,建设天津航空城。加大民航大学特色学科、专业发展,加强央地共建、资源共享,建设航空航天产业技术研究院、创业孵化基地、检验检测中心等公共技术研发平台。重点区域:空港经济区、东丽区。

(2)打造支撑装备制造产业万亿集群的产业公地,重点区域:滨海新区、北辰区、西青区。

(3)打造支撑石油化工精细化、高端化集群发展的产业公地,重点区域:滨海新区。

(4)打造支撑汽车制造产业万亿集群发展的产业公地,重点区域:滨海新区。

(5)打造支撑智能科技产业千亿集群发展的产业公地,建设智能科技先锋城市。加快人工智能、工业互联网、物联网、新能源等新型基础设施建设,大力推进5G网络部署,加快发展互联制造数字化平台。重点区域:南开区、津南区、滨海新区、西青区。

(6)打造支撑生物医药产业万亿集群发展的产业公地,打造大健康产业高地。要将医与药、医与械的发展结合起来,形成从需求端到供给端的反向反馈机制,增强生物医药产业研发的导向性,重点瞄准健康实时监控、移动医疗、智能诊断、基因编辑、基因治疗、细胞治疗、衰老机理、手术和康复训练机器人、3D打印干细胞器官等方面的技术和产品;高端医疗器械、新药创制、中医药现代化等现代医疗技术和产品。重点区域:滨海新区、南开区、津南区、静海区、武清区。

(7)打造支撑新能源新材料产业万亿集群发展的产业公地。重点瞄准氢燃料电池、新型交通装备、智能物流通道等面向未来能源的新型能源技术,新型功能材料及前沿材料等新材料技术和相关产品。重点区域:滨海新区、南开区、津南区、静海区、武清区。

鉴于天津地域面积不大,每个公地要将龙头行业企业、硬件迭代、检验检测、数据共享服务等基础设施和功能建设配备起来,不宜重复建设,每个公地要根据瞄准的细化产业共建和新建或引入、利用既有的产业技术研究院、检验检测机构。同时,要鼓励和支持公地内的公共研发和服务机构走出天津,服务京津冀,服务全国的同类机构,成为业内的标杆。

要借鉴武汉光谷发展经验，围绕每一公地领域，将天津的科教资源充分挖潜，极限挖潜，打造具有全国乃至世界影响力的万亿级产业集群，打造天津的"智谷""药谷""声谷"，打造天津的"中关村"，以"一谷一村"带动全市相关产业发展。

5.3.2 推进高校院所改革

除基础研究外，着力确立高校学科向产业、市场需求转变的根本导向，深入推进创业教育，普遍设计创新创意设计院，参考斯坦福创新设计研究院、圣地亚哥生物医药产业发展经验，深化校友联系，推进企业家进课程、高校师生自创业、进企业，在高校密集区打造创意实现基地、硬核科技虚拟现实平台、创业投资平台，营造全域高校创业氛围。推动郊区"环大学创新创业圈"建设，由产业集聚区向"创新创业聚集区"转变。围绕津南海河教育园、西青大学城、东丽科研机构密集区、静海健康产业园等科教资源密集区，打造"环大学创新创业圈"和"研发产业聚集区"。

实施"新一轮科研院所改革计划"，充分借鉴学习美国西南研究院、德国科研体系和西安光机所的体制机制创新经验，借鉴江苏省和南京市产业技术研究院的建设经验，在全市层面整合建设一批在国内有较大影响的科研院所，加快推进"章程式管理、机构式资助、第三方评估"的现代科研院所制度建设，推进编制管理、人员聘用、职称评定、薪酬分配等自主权下放。加大市属公益类科研院所稳定支持力度，推动应用类、转制类科研院所向科技集团发展。落实创新激励政策，推动科研院所向市场驱动型的应用研究、技术开发转化、企业孵化主体转变。对建成和在建工程研究中心、技术创新中心和产业技术研究院或新建平台，归类为综合性技术研发平台和专业性研发平台，要确立其宗旨和定位，凡是围绕研发制造基地进行的产品导向、创业导向、工艺改进导向类创新创业活动，开展政府创新平台建设性质的采购服务或研发外包服务，鼓励其参与企业承揽的政府支持科技计划。

扎克伯格曾说："我通常会说，你要想着解决问题，而不是想着去开一家公司，很多人在没有想到解决什么样的问题之前就开了公司。"因此，要坚持解决问题导向的创业驱动、研发驱动，而不是脱离现实的创业和研发，政府资助项目的导向，除基础研究外更应该确立这个导向，避免通用型创业、无迭代型创业，要从系统解决方案、产业技术和产品刚需入手探索创业，成为关键资源或技术内容的供应商，在全域创业中要注意这样的导向。

5.3.3　建设四大平台：创意设计+硬核科技+创业孵化+公共检验检测

围绕创业和创新活动，加强对科学家、工程师创意设计的现实支撑，建设创意设计平台，融合高校创新设计研究院、工业设计中心等功能；建设硬核科技虚拟现实平台，解决从创意到点子实现的难题，实现从点子到样子，形成类珠三角的快速成型和制造能力；建设从产品到商品、产业化的创业孵化平台，实现从样子到金子，为创意实现、价值实现提供启航支撑；建设或引入分领域的专业化公共检验检测平台，为产品和服务进入市场提供准入。最终打造一个多学科、多领域、跨学科、跨领域的创意设计→产品实现→商业化→产业化的创业实现路径，实现从“没有想不到”的全球创意网，到“没有做不到”的硬核支撑，到“没有卖不出”的价值体系。

在条件具备的情况下，要融合创业孵化资源和研发资源、产业园区资源，打造集研发、孵化、转化、服务于一体化的载体平台，使得从技术研发到成果转化、创业孵化等创新创业各个关键环节更加便利有效地对接。

5.3.4　实施五大计划：基础研究+创意实现+创新平台+研发支撑+战略导航

1）优化基础研究计划

面向基础研究，维持现有“争取国家、扩大自家”的思路，加强与国家自然科学基金委、中国科学院、中国工程院等的部市、院地共建工作，结合天津学科、产业特色，瞄准国际领跑、并跑和“卡脖子”环节，双方共同出资，共建“联合研究基金”，为国家战略需求和经济社会发展做出天津贡献。探索对天南大等部属高校和市属高校及高水平科研院所的“打包”支持模式，在市级科技计划和教育经费中设立高校院所联合基金，有关单位在核定额度内由单位内部自行组织项目申报、评审或采取后补助方式。

鼓励高校院所自主设立普惠式科研基金，根据学科特点自主确定资助方式和额度，资助青年科技人才潜心研究。

2）实施创意资助计划

面对创业型团队和个人、初创企业，设立创意扶持计划，从政府采购服务到产品迭代、市场拓展等，为其提供科学原理、技术实现、产品升级方面的科技支撑。

3）实施创新平台发展计划

面对发展壮大中的企业、中小企业的共性技术和关键技术需求，包括“卡脖子”的战略性领域、进口替代等，围绕企业的产品开发、技术升级，发挥国家和市属重点实验室、工程中心、技术创新中心、产研院的作用，企业可以在研发支撑计划中开展研发外包，平台可以面向重大需求揭榜。非基础研究类的实验室、工程中心、技术创新中心不再采用论文和专利的考核形式和一次性资助形式，主要考察其面向企业和社会的公共技术服务、孵化企业、税收贡献等。对非高校类研发组织，要明确其孵化企业、技术服务、价值创造在业务活动中的重要作用。

4）优化研发支撑计划

可沿袭原支撑计划实施路径，但主要面向企业的新产品开发、新领域开拓和价值链升级进行资助。

5）优化战略研究计划

在一般性战略研究项目之外，重点研究制定科技与教育、与产业、与企业发展相结合的战略路径，把握科技未来发展趋势及政策导向，保持对国际国内科技战略、科技竞争、产业竞争的敏感性。

第6章　关于建设环天南大老校区“天津智谷”的建议

本章内容源于2020年4月—2020年9月承担完成的天津市政协重点调研课题《关于建设环天南大老校区高科技园区，培育发展新引擎的对策研究》形成的调研报告原文（极个别标题部分有删减）。研究报告完成于2020年9月。天津市政协原副主席王治平同志亲自策划并推动了本项研究，市政协医卫文体委员会原主任杨鑫传同志和唐家龙（笔者）一起，以双负责人身份共同牵头承担了本课题。市政协原副秘书长沈奎林同志对课题研究进行了指导。天津工业大学胡玉莹副教授、原天津市科学学研究所所长李春成研究员对本调研报告形成有贡献。

调研报告以《关于建设环天南大老校区“天津智谷”培育创新发展新引擎的建议》为名于2020年9月提交给天津市委市政府主要领导后，得到时任市委书记、市长和前任市长等主要领导的肯定，多位常委、副市长予以批示，要求相关部门落实，市科技局等部门组织推动了相关工作，并将报告成果纳入了《天津市科技创新三年行动计划（2020—2022年）》《天津市人民政府关于加快推进天津市大学科技园建设的指导意见》和《天津市大学科技园建设三年行动计划（2021—2023年）》。原市政协科教委副主任连洁同志直接参与了课题研讨和调研工作，并在笔者“中国津谷”的基础上提出了“天津智谷”概念。智谷概念被天津市发展改革委采纳，写入了《天津市国民经济和社会发展第十四个五年规划和二〇三五年远景目标纲要》，但限定于海河教育园区，与研究本意有所区别。

最重要的是，2023年天津市委、市政府决心以高标准建设天开高教科创园，打造教育、科技、人才三位一体的天津样板，与市政协课题立项初衷和课题组的期盼相一致。科创园规划建设的核心区划范围与本研究提出的范围基本一致。

2019年1月17日，习近平总书记到南开大学和滨海新区考察调研时强调，“要加快一流大学和一流学科建设，加强基础研究，力争在原始创新和自主创新上出更多成果”，同时指出“自主创新是推动高质量发展、动能转换的迫切要求和重要支撑，必须创造条件、营造氛围，调动各方面创新积极性，让每一个有创新梦想的人都能专注创新，让每一份创新活力都能充分迸发”。在2020年9月11日召开的科学家座谈会上，习近平总书记强调指出：“要发挥高校在科研中的重要作用，调动各类科研院所的积极性，发挥人才济济、组织有序的优势，形成战略力量。”市委、市政府认真贯彻落实习近平总书记的重要讲话精神，提出要牢牢把握习近平总书记关于创新发展的重要要求，深刻领会抓好原始创新、自主创新和创新能力建设的重大现实意义和深远历史意义，营造鼓励创新创造的良好环境，将天津打造成引领创新发展的新高地。为此，按照市政协主要领导的要求，市政协经济社会发展研究咨询委员会邀请天津大学、南开大学、天津工业大学、南开区组成课题组，市政协有关专委会参加，围绕“建设环天南大老校区‘天津智谷’培育创新发展新引擎”，采取实地考察、专家座谈、国内外经验借鉴等方法，形成以下报告。

6.1 建设环天南大老校区“天津智谷”的重要意义

6.1.1 有利于打造高质量发展新引擎

大学与城市的关系如同鱼与水的关系。大学的人才和成果优势转化为创新创业优势和产业优势，是一座城市实现持续增长的不竭动力源泉。美国硅谷、北京中关村等世界知名高科技园区的发展历程表明，依托大学或环大学建设科技园区，对于孕育、发展和壮大新兴产业具有重要的策源、引领和支撑作用。目前，硅谷拥有16.6万家高新技术企业，提供了56.67万个技术岗位，涌现了英特尔、IBM、SUN、CISCO等引领全球产业潮流的世界级原创企业。2019 年,北京中关村自主创新示范区拥有高新技术企业超过 2.2 万家,实现总收入超过 6.5 万亿元,全市高技术产业实现增加值 8 630 亿元,形成了以人工智能、集成电路、新一代信息技术、生物健康、智能制造和新材料为代表的新兴产业集群。建设环天南大老校区“天津智谷”,有利于充分发挥天南大世界知名大学的品牌优势和天津市的科教优势,打通创新成果同产业对接通道,让更多的科技人、学术人敢于乐于善于做“经济人”、当企业家,实现以用立业,让更多的科研成果由“智”变“金”,为天津市发展提供强大的内生动力。

6.1.2　有利于集聚创新创业人才

习近平总书记指出,人才是创新的根基,创新驱动实质上是人才驱动。随着人工智能、大数据、云计算等广泛运用,业随人走、业以才兴的现象日益普遍。上海环同济知识经济圈通过“城区、园区、校区”三区联动发展,在同济大学周边形成了创意设计、国际工程咨询、环保科技等领域专业化、集群化发展的蓬勃态势。圈内 85%的企业创办者是同济师生。2019 年,环同济知识经济圈总产出达到 460 亿元,成为上海市高质量发展的新增长点。天津市自实施海河英才行动计划以来,已累计引进各类人才逾 27 万人,为创新驱动和高质量发展注入了新动力。但是,由于缺乏类似北京中关村、武汉东湖这样交通便利、配套设施齐全、区位优势明显的高科技园区品牌,也缺乏类似环同济知识经济圈这样依托高校的创新创业载体,所以人才创新创业的带动效应还不够突出。截至 2018 年年底,全国共有 115 家国家级大学科技园,北京和江苏分别有 15 家、上海有 13 家,与兄弟省市相比,天津市仅有天津大学科技园(在滨海新区开发区内)留存其列,依托高校的园区建设明显滞后。调研发现,2019 年南开大学毕业生整体留津率为 18.4%,天津大学毕业生整体留津率为 34.5%,留津率低于长三角和珠三角地区同类高校。近年来,因受创业空间的影响,许多天南大师生或校友的创业项目和人才流失外地。建设环天南大老校区“天津智谷”,有利于调动天南大和周边科研院所乃至全市科研人才的积极性,增强高校和科研院所对创新创业的响应能力,使更多科技成果资源在天津落地生根、开花结果,推动以优势学科为依托的高层次创新创业主体发展,为天津市构筑技术创新高地提供支撑。

6.1.3 有利于营造一流创新创业生态

美国布鲁金斯学会认为,创新创业生态的地理特征正在发生重大改变,硅谷式城郊科技园区的建设发展模式受到挑战,位于城市内部且集聚高端研发机构、孵化器及创业促进机构、高科技企业和创业企业的“创新型城区”正在兴起,呈现出城市园区化态势。即便是法国安蒂波利斯科技新城、美国北卡罗来纳三角园等世界知名高科技园区,目前也已经形成了园区城市化的发展氛围。数据表明,2019 年全球 48%以上的科学园区位于大学园区内或毗邻大学,28%的园区在大学附近 5 千米以内。物理空间的紧凑性、交通的通达性、技术的网络性以及高质量的居住、办公、商业服务等城市配套成为全球新一轮科技园区发展的重要方向。例如,西安市碑林区为进一步发挥域内科技资源最为密集的区位优势,把原区机关办公大楼整体移交作为双创示范基地,打造西安创新设计中心,深化环大学产业带建设。成都市提出依托四川大学、电子科技大学、西南交通大学等在蓉高校打造环高校成果转化区。顺应全球科技园区建设发展的新趋势,建设环天南大老校区“天津智谷”,有利于充分发挥天南大老校区内和周边载体优势、区位优势和成熟的城市配套优势,规避偏远郊区建设创新创业载体的诸多不利因素,打破不利于创新的体制机制束缚,构建创新活力充分涌流、创业潜力有效激发、创造动力竞相迸发的创新创业生态,为天津市发展营造一流创新创业氛围。

6.2 建设环天南大老校区“天津智谷”的优势与条件

6.2.1 区位优势明显

天南大老校区坐落在天津中心城区之一的南开区。南开区是我国历史文化名区、北方文化的重要发祥地。天津大学和南开大学分别是近代中国第一所公立大学和第一所私立大学,传承了伟大的爱国主义精神和科学精神。天南大老校区交通便利,产城配套能力突出,生活环境宜居,区位综合优势明显。距离天津滨海国际机场 20 千米,车程 30 分钟左右,乘坐地铁、公交车、出租车等交通工具能够快速便捷地抵达天津站、天津西站、天津南站。在老校区周边 15 分钟步程或自行车骑行距离内,曾经孕育过全国闻名的鞍山西道电子科贸一条街,除天南大外还拥有一批国家级和市级科研院所、多家孵化载体以及校内外的一批现有或潜在可用的创新创业载体资源,具有较为浓厚的创新创业氛围和基础。

6.2.2　学科优势突出

天津大学和南开大学两所高校均是国家双一流大学建设 A 类高校(全国共 36 所)。2017 年教育部全国第四轮学科评估结果显示,天津大学共有 14 个学科进入 A 类(1 个 A+,4 个 A,9 个 A-),其中化学工程与技术学科进入前 2%(即 A+),在 4 轮国家一级学科评估中蝉联第一。南开大学共有 14 个学科进入 A 类(5 个 A,9 个 A-)。两校化学化工、机械工程、光学工程、物理学、力学、仪器科学与技术、生物学、材料科学与工程、建筑学、环境科学与工程等学科在全国具有较大影响力。

6.2.3　人才聚集度高

天南大共拥有两院院士 28 人,“国家杰出青年科学基金”获得者 108 人,“国家优秀青年科学基金”获得者 93 人,国家“万人计划”领军人才入选者 51 人,青年拔尖人才 24 人。2019 年,天津大学和南开大学为全社会输送应届毕业生共计 15 587 人,其中本科毕业生 7 435 人,硕士毕业生 6 875 人,博士毕业生 1 277 人。南开大学周其林院士团队“高效手性螺环催化剂的发现”荣获 2019 年国家自然科学技术发明一等奖,国际著名试剂公司 Aldrich、Strem、J&K 等已将这些手性螺环配体和催化剂进行商品化生产和销售。天津大学余贻鑫院士团队在智能电网领域深耕逾 10 年,形成的若干关键核心技术及集成系统已经在全国 10 多个省市应用。王静康院士、李鑫钢教授团队在化学工程领域积累深厚,为天津和国家化学工业发展做出了突出贡献。

两校涌现出许多全国知名的杰出企业家校友，在 2019 年最具财富创造力大学排行榜中，南开大学校友总财富达到 1 408 亿元，天津大学校友总财富达到 1 173 亿元，为国家和社会发展做出了突出贡献。

6.2.4 科研成果丰硕

除天津大学、南开大学外，天南大老校区周边还聚集了航天科工集团 8 358 所、中国医学科学院生物医学工程研究所、国家海洋局海水淡化所等 11 家中央驻津科研院所和激光技术研究所、技术物理研究所、市农科院等 20 余家市属科研机构，拥有国家级重点实验室 24 个，国家级工程中心 16 个，天津市重点实验室 40 个，天津市工程中心 25 个，积累了丰富的科研成果。国家专利检索系统数据显示，天南大两校共拥有专利 44 943 件，2015 年以来两校专利申请总量每年达 5 000 件以上。从近 3 年专利申请数据看，天津大学的专利申请主要集中在计算技术、数据处理、物理、机械等领域，南开大学主要集中在化学、光电、生物医药、环境科学等领域。《中国科技成果转化年度报告 2019（高等院校与科研院所篇）》显示，2018 年天津大学“四技”合同金额进入全国高校 100 强，位列第二十一位，合同金额达到 5.92 亿元；南开大学奖励个人现金和股份总金额进入全国高校 100 强，位列第四位，奖励金额达到 1.15 亿元，以转让、许可、作价投资 3 种方式转化科技成果合同金额进入全国前 100 强，位列第十位，金额达到 1.43 亿元。2019 年，南开大学化学院李伟教授的“一种用于合成氯乙烯的抗高温失活的金基催化剂的制备方法”以作价入股方式转让给内蒙古海驰精细化工有限公司，作价 1.05 亿元，创天津市成果转化新高。

6.2.5 载体资源丰富

天南大老校区周边，拥有天津大学 1895 年建筑创意大厦、和通大厦、天津科技广场、环球置地广场、融汇广场等 27 座商务楼宇。在环天南大老校区 3 千米范围内，拥有天津市科技创新发展中心、天津普天创达企业孵化器有限公司、草帽众创空间、九安智慧健康众创空间、玑瑛青年创新创业实践基地、天津大学“搭伙”众创空间等实力较好的创新创业孵化载体，可用面积近 6 万平方米。天津中医药大学和市药物研究院搬迁后楼宇（目前正招租）、8 358 所孵化楼宇、中电科 46 所搬迁后空间（现归一中心医院管理）、市科技创新发展中心搬迁后原北方技术市场楼宇（面积约 4 000 平方米）以及原计算中心改建项目、南开区科技局搬迁后科苑大厦（面积约 6 000 平方米）、天津大学校内正规划拟建设的楼宇，能够为创新创业提供更多载体空间。

6.3　建设环天南大老校区"天津智谷"的对策建议

市委、市政府高度重视天津市高等院校和科研院所创新发展工作。近年来，市委、市政府主要领导同志先后多次深入南开大学、天津大学及有关高校、科研院所调研了解科技创新能力建设情况和科研成果转化、产业化进展。天津市委原书记李鸿忠同志在南开大学、天津大学调研时指出"高水平人才是科技创新的核心和关键。市委、市政府要拿出更多实打实的举措，聚焦高端人才引进，为高校创新发展提供有利条件""大力实施创新驱动，推动高新技术科研成果尽快转化为现实生产力，为天津产业转型升级、经济结构优化提升提供支撑"。为了更好地落实市委的工作要求，发挥高校院所在创新发展中的重要作用，借鉴国内外先进经验做法，现结合天津市实际提出以下具体建议。

6.3.1　启动环天南大老校区"天津智谷"建设工程

抢抓京津冀协同发展、非首都功能疏解和国家为应对疫情启动"新基建"项目的历史性机遇，利用天南大老校区功能及空间用途亟待优化整合、周边天津中医药大学及部分科研院所迁址后原使用空间有待出让或调整改变用途以及域内存在大量在建待建空间的基础和条件，建议依托该地区的区位、资源、人才、空间等优势，以天南大老校区周边 5.7 平方千米为核心区（东至卫津路、西至红旗南路、南至复康路、北至西湖道），西部西营门附近 9.8 平方千米为拓展区，适时启动环天南大老校区"天津智谷"建设，搭建支撑天津创新发展的高水平科技创新平台，为天南大和市属高等院校、科研院所创新发展营造空间和氛围，为承接非首都核心功能尤其是科技创新资源的疏解搭建新平台，为天津转型发展提供新的动能和支撑。

6.3.2 纳入市“十四五”规划，积极争取国家支持

围绕天南大老校区建设“天津智谷”，是为了更好地贯彻落实习近平总书记视察天津时的重要讲话精神，是推动天津市高质量创新发展的重大举措。因此，建议将“天津智谷”建设纳入天津市“十四五”发展规划，列为全市重大工程，举全市之力予以推动。同时，责成政府有关部门对拟规划建设环天南大老校区 5.7 平方千米核心区和 9.8 平方千米的未来拓展区，做好域内空间的控规工作，就空间范围、产业功能定位、土地用途、建设方法、建成后的组织管理模式等开展深入调研。鉴于该区域内涉及多家部委和央企的驻津单位，隶属关系多元复杂，在规划过程中，要注意加强沟通协调，争取国家有关部委、央企的支持，形成上下联动、共建共用的发展格局。以新一代信息技术、智能科技、生物技术等重点建设内容，积极申报国家新基建项目，争取国家的政策支持。

6.3.3 明确发展定位，突出方向引领

建议围绕“创新、创意、创业”，以人工智能、生命健康、新能源新材料、节能环保等战略性新兴产业和现代科技服务业为主要发展方向，形成“专业研发+孵化器+加速器+产业园”的全链条科技创新成果转化和创业孵化体系，将“天津智谷”建设成为原始创新的策源地、高新技术转化的特色园区、国家级双创示范区。

1）发展智能科技产业

充分发挥天南大和域内相关科研院所在数学、软件、电子、信息与通信、计算科学与技术等学科优势和庞大的师生群体优势、杰出企业家校友的组织资源优势，抓住大数据、人工智能和 5G 赋能的先发优势，构建以人工智能产业为核心、以新兴信息技术产业为引领、以新型智能基础设施为支撑的智能科技产业新体系，集中力量突破 CPU、基础软件、应用软件、集成电路、信息安全等细分领域的“卡脖子”关键技术，吸

引一批“互联网+”平台型、生态型领军企业，建设人工智能和新一代信息技术创新基地，打造全国领先的信创产业前沿技术创新和创业企业聚集地，支撑建设国家新一代人工智能创新发展试验区。

2）发展生物医药产业

以天津市成功申报国家合成生物技术创新中心为契机，充分发挥天南大生物技术、化学合成技术、医学药学及中国科学院工业生物技术研究所、中国医学科学院生物医学工程研究所、中国医学科学院血液学研究所等驻津院所和市属高校、医疗机构的科研优势、临床实践优势，聚焦创新药物、精准医疗、移植医学、医疗器械等学科领域，围绕传染病防治疫苗、肿瘤治疗靶向用药、血液病治疗细胞移植技术以及器官移植后抗排异用药等方向，吸引创新型、龙头型、互补型生物制药和医疗器械领域的研发机构、科创企业和人才。打造集科研、教学、预防、临床治疗和成果转化等功能于一体的生物医药产业链。

3）发展新能源新材料产业

依托天南大和中国电子科技集团公司第十八研究所、第四十六研究所等机构的研发实力，发挥天南大化学化工协同创新中心等国家级和市重点实验室、工程中心等创新平台作用，围绕化工新材料、金属新材料、电子信息材料、新能源电池正负极材料、生物医学新材料、环保和膜材料等，加大创新性项目开发力度和产品孵化力度，面向产业前沿和企业需求，持续推进产品创新、技术创新，不断发现和创造新需求，培育一批具有国内国际领先水平的拳头产品，驱动天津精细化工、绿色新材料等产业向价值链高端跃升。

4）发展节能环保产业

以天南大环境科学与工程、化学化工、机械、生物等优势学科和人才为支撑，联合相关驻津和市属科研院所、京冀创新资源，紧紧围绕美丽中国、美丽天津和生态文明建设需求，聚焦水污染防治、大气污染防治、固体废物处理处置与资源化、生态修复、环境监测，加大绿色标准、绿色技术、绿色产品研发力度，加强与创业环保、膜天科技、中材节能等上市企业联合联动，孵育壮大形成一批具有国内市场竞争力的节能环保创业企业、高新技术企业、独角兽企业和具有总包能力的龙头企业，推动产业集群化发展。

5）发展现代科技服务业

围绕天南大老校区及周边密集的科教人才和成果资源，充分发挥天津大学1895建筑创意大厦的聚集效应和示范带动效应，加快"数字化、智能化、网络化"赋能，引育形成科技金融、创意设计、创业孵化、研究开发、技术转移、检验检测、教育培训、知识产权等专业性和综合性的现代服务业态。探索科技与金融深度融合体制机制创新，建设智能金融和科技金融改革示范区。围绕企业生命周期，提供包括物理空间、创业辅导、创业投资、专利代理、科技评估、财税代理咨询、法律事务等专业服务。

6.3.4 科学把握"天津智谷"建设方法路径

鉴于建设"天津智谷"是关系天津市创新发展的重大决策，而且规划涉及的面积大、域内主体多、土地和楼宇使用现状多样复杂，如要完成如此重大的工程，首先必须统一思想，就"天津智谷"建设的重要意义、功能定位、建设的方法和路径等达成共识。

（1）建议"天津智谷"建设采取统一规划、分步实施的方法。因为只有统一规划才能更好地实现功能定位，最大限度地利用好有限空间，保障在建成后满足各类创新主体的发展需要。鉴于拟规划建设区域范围内空间建筑使用现状的多样性和复杂性，建议"天津智谷"建设采取一次规划、分期实施的方法，即按照"先易后难""先调后建"的滚动开发模式。这样做既可以保证实现规划的完整性，也能保证重点建设项目建成后及时投入使用，满足发展需求。

（2）建议"天津智谷"建设采取调整、改造、新建相结合的方法。首先，支持鼓励天南大及周边科研院所以及规划区域内的商业楼宇业主采取调整用途的方法，将现有部分办公、教学、宿舍、商业楼宇调整改造成科研用房。其次，对闲置的老旧宿舍楼、办公楼、教学楼及空地，按照"天津智谷"建设规划建设一批新的研发载体。这样做既可以最大限度地盘活存量资产，减少开发建设投入，又可以在较短的时间内实现腾笼换鸟。

（3）建议采取联动发展的方法。鼓励支持区域内天南大、各驻津科研机构发挥各自优势，按规划确定的片区功能定位参与“天津智谷”建设。加强与教育部、中国航天科工集团、中国医学科学院、国家海洋局等驻津科研机构上级主管部门的沟通，积极争取国家部委和中央企业的参与和支持，将“天津智谷”打造成为多主体联合共建的国家级创新创业聚集区。

（4）建议将“天津智谷”定位于围绕战略性新兴产业发展的研发、转化和孵化基地，致力于孕育具有原创性的企业、技术和产品。推动科教优势转变为现实的、先进的生产力，变“智”为“金”，实现科研价值向经济价值的转变。坚持围绕“创新、创意、创业”，打造京津冀地区重要的原始创新和自主创新策源地。

（5）建议坚持开放共建原则。京津冀协同发展战略是习近平总书记亲自谋划、推动实施的重大国家发展战略。在“天津智谷”规划建设过程中，要充分抓住北京非首都功能疏解的契机，坚持打开脑袋上的“津门”，吸引已列入非首都功能疏解范围的科技型央企、校企、民企，采取与域内主体合作或自主投资开发建设等方式参与“天津智谷”的开发建设。这样做一方面可以引进一批新的投资主体参与“天津智谷”的开发建设，另一方面可以引进一批不同细分领域的领军型龙头企业和大量的高水平科技人才。

6.3.5　加大政策支持，打好政策组合拳

（1）建议将“天津智谷”建设纳入天津市城市空间功能总体规划，责成有关部门研究制定支持“天津智谷”建设的土地政策，鼓励集约用地、多元复合用地，允许调整土地用途，提高建筑用地容积率，提高配套服务设施比例等具体措施。

（2）建议将“天津智谷”建设纳入天津市重点项目建设计划。整合已出台的支持科技创新、楼宇经济发展等方面的政策和已设立的有关专项资金，建立旨在支持“天津智谷”开发建设的专项资金，用于改建、扩建、新建项目的专项补贴，以调动域内主

体和各参建单位的积极性。同时借鉴兄弟省市的经验做法，结合“天津智谷”发展定位，按不同产业细分领域设立支持产业发展的专项基金，以增强区域的吸引力和创新发展的积极性。

（3）建议对在拟建设的“天津智谷”落户的高技术企业和科技人才在企业和个人所得税的征缴比例上给予一定的优惠，同时研究制定科技成果转让收入、作价入股收入以及股权奖励收入可递延缴纳所得税的有关政策，使“天津智谷”成为吸引科技企业、科技成果和科技人才的政策洼地。

（4）建议制定政策支持鼓励高等院校、科研院所以自身科研成果和学科优势为依托创建科技型公司，同时支持各高等院校、科研院所以科研成果为介质吸引社会资本参与共同组建股份制创新企业。为了更好地支持各校办、院所办企业发展，研究制定有关学校、科研院所领导和学科带头人在完成规定的教学科研任务的前提下，允许在创办的科技公司或企业兼职。

6.3.6 强化组织保障

“天津智谷”建设意义重大，影响深远，为确保建设任务顺利完成，建议成立“天津智谷”建设领导小组，由市委、市政府主要领导牵头，分管领导负责，政府有关部门、南开区政府、天津大学、南开大学和域内相关单位参加。同时，成立“天津智谷”建设指挥部，强化部门责任落实。根据工作内容，明确牵头部门，政府各相关部门根据职能参与落实建设任务，并分别研究出台支持“天津智谷”建设的配套政策措施。

第7章　关于全面推进天津市大学科技园建设的建议

本章内容源于2019年10月—2020年9月笔者主执笔承担天津市科技局科技战略规划研究计划项目《面向2035、2025年的科技创新体系建设规划思路研究》（项目编号：19ZLGHZF00030）时受到的启示。

咨询报告在2020年9月11日发表于中共天津市委研究室主编的《决策与参考》2020年第97期，本处使用刊发正文原文。时任常委于立军同志、副市长曹小红同志做了批示，并邀请撰文专家参加大学科技园建设的相关座谈会。市科技局分管领导和有关处室与唐家龙教授进行了座谈，并邀请笔者参与了天津市大学科技园建设专班工作和相关政策文件制定工作。

2023年5月18日，天津市委、市政府隆重举办了天津天开高教科创园开园仪式，将天津市大学科技园建设推向了新的高度。

1951年，全球第一家大学科技园——美国斯坦福大学研究园创立。近70年的历史生动地表明，大学科技园已经成为全球各国经济发展的内生驱动力量。我国大学科技园经过40多年的建设发展，已经成为我国科技体制改革创新的试验基地、科技人员创新创业的核心载体、校企资源融合共享的枢纽平台，是支撑创新驱动发展的重要力量。当前，天津市正处于滚石上山、攻坚克难、谋划"十四五"创新发展的关键时期，虽然科教资源丰富，但由于链接学科与产业的高水平创新平台不足（大学科技园仅天津大学科技园、河北工业大学科技园还在正常运营），科教资源优势没能更好地转化为产业优势。原市委书记李鸿忠同志指出，"必须打通创新成果同产业对接通道，让更多的科技人、学术人敢于乐于善于做‘经济人’、当企业家，实现以用立业，让更多的科研成果由‘智’变‘金’”。因此，要实现逆境突围、逆流而上，天津市必须用好大学科教资源，全面深化推进大学科技园建设，使天津走上一条大学与城市互动、协同、融合发展的内生驱动道路，形成不竭的动力源泉，为天津发展提供新引擎、新动能。

7.1 国家大学科技园建设发展情况

7.1.1 建设发展概况

自 1989 年我国第一所大学科技园——东北大学科学园诞生以来，我国大学科技园已经进入百花齐放、竞相发展的新时期。科技部和教育部于 1999 年启动了国家大学科技园的试点工作，天津大学科技园首批入选并于 2001 年首批通过验收，南开大学科技园第二批通过认定。截至 2018 年底，教育部、科技部分 10 批次认定了 115 所国家大学科技园，国家大学科技园场地面积达到 708.6 万平方米，在孵企业 10 127 家，在孵企业人数达到 12.8 万人，实现营业收入 325 亿元，工业总产值为 130.8 亿元。

7.1.2 空间集聚态势

截至 2018 年数据显示，115 家国家大学科技园分布在 30 个省、自治区、直辖市。总体看，东部地区大学科技园区无论是数量还是发展质量都遥遥领先于中西部地区，空间分布集聚化特征凸显。

2018 年我国东部地区的国家大学科技园有 64 个，占全部数量的 56.14%，场地面积为 392.9 万平方米，孵化基金总额达到 8.25 亿元。东部地区的资金、人才资源、发达的产业与大学科技园发展具有共生关系。这些因素为科技园区孕育和发展提供了良好的外部环境支撑。其中华东、华北地区分布较为密集，仅北京、上海、江苏的国家大学科技园数量占比在 37%以上，北京和江苏拥有国家大学科技园的数量最多（均为 15 家），上海其次（13 家），其他省市的国家大学科技园数量均在 10 家以下，天津目前仅天津大学科技园和河北工业大学科技园名列其中。

东北地区拥有国家大学科技园 14 个，场地面积为 44.45 万平方米，孵化基金总额为 1.45 亿元；中部地区拥有国家大学科技园 12 个，场地面积为 185.12 万平方米，孵化基金总额为 2.62 亿元；西部地区拥有国家大学科技园 24 个，场地面积为 86.1 万平方米，孵化基金总额为 1.11 亿元。

7.1.3　建设发展模式

从参与主体角度来看，国家大学科技园主要有 3 种建设发展模式：大学主导型、政府主导型与产业主导型。大部分国家大学科技园的发展选择的是大学主导型模式，如清华大学科技园、哈尔滨工业大学科技园。武汉光谷的东湖高新科技园属于政府主导型，中关村可视为产业主导型科技园区的典范。

从高校数量和发展模式来看，国家大学科技园发展模式分为一校一园模式、多校一园模式、多校多园和虚拟大学科技园等模式。当前，一校一园的模式较为普遍，北京大学、清华大学、浙江大学等均采用该模式；南京鼓楼、保定、青岛等国家级大学科技园属于多校一园模式；聚集了 63 所国内外知名院校的深圳虚拟大学科技园，属于虚拟大学科技园模式。当然，一校一园模式还存在着内部的区别，例如天津大学、河北工业大学实行一校一园，还采用了一园多点的布局。天津大学科技园在天大老校区周边和天津开发区有发展场所，河北工业大学在天津北辰区，河北保定、邢台、沧州建有分园。

7.2　部分省市大学科技园建设的成效和经验

1999 年以来，科技部、教育部通过试点、认定、评估等方式，先后认定了 10 批次共 115 家国家大学科技园，带动了全国范围内高等院校创办大学科技园的热潮，形成了以建设中的大学科技园、省部级大学科技园和国家大学科技园 3 个层次的大学科技园体系，有力地推动了科教人才和成果资源向市场创新资源转化。为落实国家创新驱动发展战略，更好推动双创工作，科技部、教育部于 2019 年 3 月印发了《关于促进国家大学科技园创新发展的指导意见》（国科发区〔2019〕116 号），2019 年 4 月发布了新版《国家大学科技园管理办法》，掀起了新一轮大学科技园建设的高潮。

7.2.1 上海

上海市委、市政府高度重视大学科技园建设工作。2019 年 1 月，上海市委书记李强调研时指出，大学在城市发展中具有特殊地位和独特作用，大学科技园是上海科创中心建设的重要策源地和承载地，要调动方方面面的积极性、主动性、创造性，全面提升大学科技园的能级和核心竞争力。截至 2019 年，上海市有 13 家国家大学科技园，约占全国总量的 11%。不仅复旦、交大、同济大学科技园荣膺其列，上海财经大学、上海体育学院的科技园也在国家大学科技园之列，体现出上海大学科技园建设具有的专业化、特色化特点。这些国家级大学科技园均成立了有限公司，以市场化方式对大学科技园进行管理运营。

虽然上海的国家大学科技园取得了明显的成效，但仍然没有停止开拓进取的步伐。例如，上海杨浦区政府与同济大学合作打造“环同济知识经济圈”，推动建设创意设计、国际工程咨询、环保科技开发 3 个产业集群，2019 年，环同济知识经济圈总产出 460 亿元，目前正谋划千亿元产业集群。2019 年 8 月，上海市科委与闵行区政府、上海交大，共商合力打造大零号湾全球创新创业集聚区。2020 年 6 月，宝山区与上海大学携手打造环上大科技创新圈，共建环上大科技园，同时，上海加大了市级大学科技园培育力度，2019 年 7 月，上海市科委发布了《关于开展本市大学科技园培育工程的通知》（沪科合〔2019〕19 号），鼓励市内具备较强科研实力的普通高校可自建或联合有关单位共建大学科技园。

7.2.2 北京

为了贯彻落实《中共北京市委北京市人民政府关于增强自主创新能力建设创新

型城市的意见》,北京市科委 2006 年出台了《关于进一步促进大学科技园发展的若干意见》,提出要依托北京地区科技教育优势资源,进一步促进北京地区大学科技园发展。由市科委、市教委和中关村科技园区管委会负责北京市大学科技园建设的指导和“北京市大学科技园”的认定及考核工作,并负责组织“国家大学科技园”的申报、推荐工作。北京市制定了促进大学科技园及园内企业建设和发展的科技投入、税收支持、财政补贴、金融扶持等各项政策,出台了公司注册、户口、税收、财政支持、职称评定以及土地使用等方面的优惠政策。

通过多年的持续推动,大学科技园已经成为北京科创中心建设的重要机构资源,是北京创新体系的重要组成部分。目前,北京市不仅拥有国家大学科技园 15 家,还拥有 16 家北京市级大学科技园。除了清华大学、北京大学、北京航空航天大学等全国知名大学拥有国家大学科技园,北京信息科技大学、中国政法大学、北京服务学院、中国传媒大学、北京电影学院等均创办了大学科技园,中国人民大学文化科技园入围国家级大学科技园,将有学术价值和经济价值的研究成果转化成了现实的生产力。

7.2.3　其他省市

1)重庆市

2018 年,为了在更高层次、更深程度上推进大众创业、万众创新,重庆提出打造环高校创新创业生态圈。重庆市科技局组织多次调研论证后,明确首批在重庆大学、重庆医科大学、重庆邮电大学、重庆文理学院、西南大学、重庆师范大学 6 所高校周边开展创新创业生态圈的建设示范,并逐步在重庆市高校中推广。

2)成都市

自提出“创业天府”行动计划以来,成都的双创氛围越发浓厚,也更加重视以高校院所为依托的创新创业载体建设。成都市提出,支持在蓉高校院所与所在区(市)县利用高校院所周边存量土地和楼宇联合建设创新创业载体,加快建设环电子科技大学、环西南交通大学、环西南财经大学知识经济圈和西南石油大学能源装备产业基地等协同创新试点区。同时,支持在蓉高校新建国家级、省级大学科技园,深化四川大学等4个国家级大学科技园和成都信息工程大学等5个省级大学科技园建设，形成围绕高校院所发展的创业群落。

3)浙江长兴

笔者发现，即便没有大学的浙江省湖州市长兴县也兴建了长兴国家大学科技园。科技园规划用地约0.22平方千米(330亩)，规划建筑总面积约22万平方米，目前已建成10万平方米。科技园已形成“1+2+*N*”的发展格局，即1个总部，2个分部，*N*个大学创新基地和产学研示范基地。长兴县希望通过政府主导、市场化运营，以合作高校为依托，以新能源和节能环保为重点建设国家级孵化基地。目前，大学科技园建设已经取得初步成效。

7.3 全面推进天津市大学科技园建设的若干建议

大学科技园是国家、地方创新体系的重要组成部分，做大做强大学科技园，推动大学科技园新一轮有序发展，对于促进高校创新资源集聚、服务科技成果转移转化，对于区域经济发展，具有双重战略意义。作为全国科技中心城市，天津市有56所普通高等院校，共有国家级重点实验室13个，国家级工程(技术)研究中心12个，国家级院所和国内较高水平研发机构已经超过170家，科教资源丰富，科研实力雄厚。但科教资源、技术、成果与市场结合得不够紧密，导致科研投入产生的学术价值、科研价值不能够向经济价值转变，既影响高校自身的良性发展，也造成区域经济发展缺乏内生的策源力量和驱动力量。国内已经掀起了新一轮大学科技园高质量建设发展的浪潮，没有大学的区域(如浙江长兴县)也在抢抓高校资源。因此，天津市必须增强大学科技园建设的使命感、时代感和紧迫感，建议全面推进大学科技园建设，着力把活跃的学术思想、学术成果、专利技术与现实的需求相结合，紧扣“新技术、新产业、新业态、新模式”发展，转化为驱动经济增长的企业、技术和产品，带动战略性新兴产业孕育发展，带动传统产业向更高品质升级换代，为天津建设成为高水平的全国先进制造研发基地提供强有力的创新创业和孵化转化、产业化载体支撑。

7.3.1　统一思想，提高认识

深入推进创新驱动发展战略的天津，在当前正研究部署的新一轮中长期发展和“十四五”规划工作中，建议将全面推进大学科技园建设工作摆到全市全局创新发展的重要位置，研究出台《中共天津市委天津市人民政府关于促进大学科技园建设的意见》，消除大学科技园发展面临的体制机制障碍，全面增强高校在创新创业创造中的主动性、积极性和创造性，充分发挥自身的科教智力优势，将大学与城市的发展联系起来、协同起来、融通起来，实现产学研深度合作，促进科技创新与产业融合发展，既能够形成现实的生产力，创造可观的经济和社会效益，又能够带动高等院校科研与市场的结合，使高校教学、科研和社会经济发展形成良性的循环与互动，从而形成大学与城市共生发展、繁荣发展、持续发展的崭新局面，为“五个现代化天津”建设和高质量发展提供源源不断的内生动力源泉。

7.3.2　规划引领，全面部署

将全面推进大学科技园建设纳入天津市“十四五”规划，明确大学科技园区建设的空间规划、土地政策、运营管理等重大事宜，着力研究破解当前大学科技园初建、发展面临的现实问题，在大学校区内或周边邻近老师、学生工作和生活的区域，遴选载体空间和地块，精心设计和制定出符合实际、切实可行的大学科技园培育方案、路线，推动天津市大学科技园建设突破历史性低谷，进入引领全市创新创业发展的新阶段。支持天津大学率先优化提升建设国家大学科技园，支持南开大学恢复建设国家大学科技园，要求市属高校全面建设大学科技园，分别编制本校的《大学科技园发展“十四五”规划》《大学科技园建设方案》。

率先建设天南大老校区创新硅谷。围绕环天南大老校区周边，按照市、校共建联建的基本思路，遴选具有学科优势和（或）产业基础或面向经济社会发展未来需求的信息、健康、消费、生物等科技研发领域，重点环大学及科研院所规划建设高科技园区（街区），打造 10 分钟创新创业生态圈，形成一批研究型公司、孵化型平台、众创空间、科技园区、创业型经济，推动创新创业思想集聚、主体集聚、要素集聚、资本集聚，为天津发展打造新引擎、培育新优势。

加快高教区周边大学科技园建设布局。聚焦津南、西青、红桥、静海以及滨海新区等区域的高等学校资源，建设大学科技园区集聚区，大力吸引高校系、“京商”系（北京人才、北漂人才）、海归系、“众创”系（一般创业者、领军企业如阿里、腾讯等集聚的创业团队）作为大学科技园建设发展的创业“新四军”，大力推进创业空间、科技园区，建设一批各具特色的众创空间、孵化器等载体，推动形成一校一园区、一校一基地甚至多基地的发展局面，为创新创业聚集发展创造良好条件，全面提升产业孵育能力为天津形成星星之火、新经济燎原发展提供支撑。

7.3.3 明确功能，突出特色

大学科技园建设要围绕天津市高校的共性特征和个性特征进行分类规划，加强大学科技园区创新创业载体建设，突出大学科技园的资源集成功能、成果转化功能、人才培育功能，通过搭建高水平创新创业载体，推动科技成果供需对接，培育壮大科技型创新创业群体，带动产业转型升级，为全市经济发展提供新动能。同时，要依托各自高校的鲜明特色和优势学科，促进科教智力资源与市场优势创新资源紧密结合，形成综合性、专业化、差异化的大学科技园区发展格局。

7.3.4 制度创新，鼓励创业

按照《中共天津市委天津市人民政府关于促进大学科技园建设的意见》（待拟定），修订出台新版《天津市大学科技园管理办法》，扫清当前市属高校建设大学科技园面临的体制障碍，切实将大学科技园建设的历史使命和高校自身的发展结合起来，全面提升高校人才、成果市场化发展的整体氛围。高校院所要明确，只要能完成教学和（或）科研考核任务，就支持科研人员创办企业，鼓励校领导、杰出人才领办企业，不限制科研人员到校外兼职，甚至让他们离开学校创办公司或者在公司里担任要职。面向“学科一流、人才一流、转化一流、创业一流”，实现科研—资本在市域内的良性价值循环。

7.3.5　三区联动，强化服务

大学所在行政区要围绕辖区内大学科技园建设发展制定专项政策，围绕园区发展的校区共建机制、载体建设需求、创业人才和团队建设需求、科技服务链条建设需求，研究出台区校融合发展计划、载体空间建设规划、设立科研和产业化专项基金、创新创业优才计划，为大学创新创业提供充足可用载体空间和高质量创业支持服务。整合市内外高校资源和社会化服务资源，向大学科技园内入驻企业提供研发中试、检验检测、信息数据、专业咨询和培训等资源和服务，同时在载体、租房、人才等方面也将给予全方位支持、全过程服务，构筑宜学、宜业、宜居的新型创新社区，打造大学校区、科技园区、城市社区"三区联动"的中国北方双创高地。

第 8 章　科技领军人才与产业共生发展研究

本章内容源于 2021 年 9 月—2021 年 11 月笔者承担天津市科协创新智库课题《科技领军人才与产业共生发展研究》(项目编号：TJSKXJCZX2021-6)。研究报告完成于 2021 年 11 月。本研究的提出受到 2020 年 9 月 10 日湖北省武汉市发布的政策文件《院士专家引领十大高端产业发展行动计划(2020—2025)》的启发。

报告认为,创新具有英雄情结。科技领军人才的涌现和产业的涌现如何实现共生,将对经济社会发展和区域发展产生重大作用。一些对世界各国科技园区的研究也发现,领军型企业在园区成长过程中发挥了重大的种子功能,而科技领军人才与产业的交汇正是领军型企业涌现的重要来源,是破解当前科技成果转化难的重要一步。为了迈向更高质量发展,就需要一批能够将科技成果与市场转化应用结合的创新英雄或创业英雄,当然,这也离不开创新生态系统的有力支撑。

科技领军人才是衡量一个国家和地区核心竞争能力的重要指标。习近平总书记在 2015 年 3 月全国两会时指出,"引进一批人才,有时就能盘活一个企业,甚至撬动一个产业"。在中央人才工作会议上,习近平总书记强调,"要打造大批一流科技领军人才和创新团队"。天津市迎来"十四五"崭新开局,面向市委、市政府确定了发展的 12 条产业链,发掘用好科技领军人才,实现人才与产业共生,对于实现天津先进制造研发基地地位、培育壮大新发展引擎、实现天津经济持续健康快速增长具有重大的战略意义。

8.1　开展共生发展研究的意义

发展是第一要务，人才是第一资源，创新是第一动力。世界正处于百年未有之大变局，中国迎来了伟大复兴的新征程，天津正步入一个新旧动能转换的新阶段。科技领军人才作为支撑发展、引领创新的重要复合体，已经成为大变局、新征程、新阶段中的重要变量，在实现科技教育与经济融通发展，形成产业竞争优势中发挥着重要作用。深化科技人才尤其是领军人才与产业共生的研究，对于天津市跨越当前台阶，实现更高水平和更高质量的发展，具有重要现实意义。

8.1.1　有利于形成优质人才聚集生态

"产业跟着人才走"已经成为当前国内招商引资引智的重要新招法。习近平总书记在 2015 年 3 月全国两会时讲，"引进一批人才，有时就能盘活一个企业，甚至撬动一个产业"。天津市当前发展面临着人才短缺甚至流失的现实问题，无论是高校院所还是产业领域无一例外，背后的关键在于人才与产业共生发展的体制机制尚未形成。科技领军人才囿于科技一域，缺乏面向市场发展的理念和观念，与产业结合得不够紧密，产业发展中民营经济不活跃，对技术创新需求不明显，没有形成人才与产业之间的共生机制，导致人才与产业错配，产业与人才错位，没有形成相向融合发展的共生之态，甚至出现由于缺乏领军人才，造成"将熊熊一窝"的不利局面。通过科技领军人才与产业共生，将一个产业的科技领军人才摆在人才工作中的突出位置，围绕领军人才这一中枢性载体，布局平台、载体，汇聚支撑性人才团队，持续培育培养后备人才，对于地区经济社会发展，通过人才撬动产业，实现产业跟（领军）人才走（颜云霞，2019），一般性人才跟产业走，从而打造优质的人才聚集生态。习近平总书记指出，"用一贤人则群贤毕至，见贤思齐就蔚然成风"。科技领军人才与产业共生将有效优化天津市人才聚集生态。

8.1.2 有利于科技教育经济深度融合

科技教育经济深度融合是世界性难题。英国之所以能在第一次工业革命中领先,得益于科技与产业之间的紧密联系,包括月光社等科学家、工程师和企业界人士的定期集会推动了双方的交流互动(中国科学院,2018)。1985年,国家科技体制改革就提出要解决科技、经济“两张皮”的问题,这一话题迄今仍是国家实施创新驱动发展战略的难点和焦点所在,但目前的认识更加深入。必须充分认识到,实施创新驱动战略,教育是基础,科技是关键,人才是根本,产业是落脚点。天津市拥有56所普通高校和170多家国家和市属、企业化运作的大院大所,但科技成果向现实生产力转化的效果并不显著。作为科技第一生产力、创新第一动力的结合点,人才是推动经济社会发展的动力源。但一般性人才目前在实现科技与产业结合时面临着量大面广、影响力小、示范性不足的缺点,难以使科技与产业融合效果显性化、规模扩大化。因此,发挥好科技领军人才在科学技术领域的影响力、号召力及其科技成果、科技团队的优势,有助于更加精准地定位问题,面向产业发展的关键核心技术和共性技术领域,形成聚焦方向,找准着眼点,从而加快天津市科技教育与经济深度融合,形成示范效应。

8.1.3 有利于打造高端产业集聚高地

我国已经进入新的发展阶段。经济增长的三驾马车更多地要依靠国内消费升级的带动。这时迫切需要国内能够提供更多技术含量高、品质领先的产品和服务,满足人民群众对美好生活的向往。但目前,国内(包括天津市)的产业层级还相对较低,甚至很多领域面临着国外“卡脖子”难题。因此,无论是解决外部竞争和威胁问题,还是更高质量发展问题,都必须提高我国的产业技术水平和产品竞争力。所以,习近平总书记讲,要加强创新人才队伍建设,努力实现优势领域、共性技术、关键技术的重大突破,推动中国制造向中国创造转变、中国速度向中国质量转变、中国产品向中国品牌转变。人才队伍建设,根本还要有科技领军人才的引领作用甚至直接拼刺刀,解决核心关键问题，推动技术升级、产品升级、产业升级，形成在市场占据主导地位的产品和服务，形成能够占据产业价值链中高端的拳头产品组合。

8.2　国内外研究现状及简要评述

从理论研究来看，国内将科技领军人才与产业共生结合起来的研究并不多，要么聚焦于科技领军人才，要么聚焦于产业共生。从政策实践来看，将人才与产业发展结合起来，各省市已经开展较为丰富的实践，对于我们从学理上、实践上研究人才与产业共生提供了素材和靶向。由于产业共生是源于产业生态学的一个概念（Chertow，2000），注重从资源综合利用的循环经济视角研究，因此这里对产业共生相关文献不做赘述，仅从人才生态这个视角进行适当的文献回顾。本章内容主要从科技领军人才、人才生态与产业生态和国内政策实践等方面进行评述。

8.2.1　关于科技领军人才和人才生态的相关研究

领军人才是中国语境下出现的概念，但真正赋予它确切内涵的文献还不多。已经有较多的文献对领军人才概念的内涵和外延进行了探讨（韩文玲 等，2011；白杨，2012；李燕，2015；李超平 等，2015）。李燕（2015）认为当前的领军人才定义模糊，科技创新领军人才指在某一特定领域或行业中，通过科技创新引领整个领域或行业发展，并做出突出贡献的精英人才。李超平、江峰（2015）归纳总结了 2004 年以来多位学者的定义，将领军人才概括为：在各行各业、各领域中具备顶尖的知识、技术、学术水平或经验，并能充分发挥团队核心及带头作用，能推动生产力进步或生产关系调整，满足所处时代经济社会发展需求的人才集合体。从研究对象来看，领军人才的外延对象涉及诺贝尔奖获得者（如刘少雪，2012；楼武林、吴殿廷和张艳平，2010）、“两弹一星”专家（如马建光，2010）、国家最高科学技术奖获得者（如李祖超、李蔚然和王天娥，2014）、两院院士（如吴殿廷、刘超、顾淑丹 等，2005）、973 首席科学家（如陈晓剑、李峰和刘天卓，2011）、长江学者（如李峰、吴蝶，2016）、高被引科学家（如喻恺、田原和严媛,2013;邓侨侨、王琪和刘念才,2014;高芳祎,2015)等。

科技领军人才成长特点和规律研究。总体来看,年龄、教育经历、师承、工作经历、留学经历等因素对领军人才成长有着重要影响。年龄是人才成长中的重要因素。赵红州(1979)、梁立明和赵红州(1991)等研究了科研人才创造年龄的一般性特点和规律,门伟莉、张志强(2013)对相关文献进行了综述,指出35~50岁是最佳创造年龄,但仍然存在局部争议。教育经历是关键因素。吴殿廷、李东方、刘超等(2003)指出,对两院院士成长,大学教育,甚至研究生教育和留学经历必不可少。刘牧、储祖望(2006)对中华人民共和国成立后大学毕业的两院院士进行研究后也指出,高等教育对两院院士成才有重要影响。李晓轩、牛珩和冯俊新(2005)解析了优势积累规律,指出具有良好的先天素质,进入名校学习,师从名师,有出国留学经历以及在一流研究机构从事科学研究工作等,是科研人才成长的有效模式。事实上,人才成长是内外因共同作用的结果,良好的外部环境必不可少。李祖超、李蔚然和王天娥(2014)通过对24位国家最高科学技术奖获得者的研究发现,自身努力是最重要的因素,但接受优质教育,获得名师指导等外部因素,对于拔尖创新人才的成长至关重要,个人科研主攻方向与国家和人民的需求一致,更容易取得成功。从成长路径上,现代领军人才的成长大致可以分为基本素质养成、专业能力形成、创新能力激发、领军人才成型四个阶段(刘少雪,2012)。

从前述研究来看,对科技领军人才的相关研究主要聚焦于人才本身或其在科学技术进步上的作用,而少有关注科技领军人才与产业发展的关系,将科学研究、技术发明与经济社会发展联系起来的不多。这也充分体现了我们国家当前科学界(科技界)和产业界融合不够的基本现实,表明科学家、发明家与企业家的身份转换甚至互换的体制机制还没有有效地建立起来。还有很多文献从产学研角度对人才培养进行了研究,但大多与领军人才无涉,因此亦不赘述。

8.2.2 关于人才生态的相关研究

原中国人事科学研究院院长吴江撰文指出,“我国经济社会发展和民生改善比过去任何时候都更加强调创新这个第一动力，也比以往任何时候都更加重视科技创新人才”。因此，他提出要打造更具韧性的创新人才生态系统，这是新的形势和前景下人才工作的重要取向（吴江，2020）。

学者借鉴生态学理论引入了人才生态学概念。陈建俞、沈慧青（2019）对人才生态学的发展现状和脉络进行了梳理。张一方（2001）明确地从人才生态学角度分析了中国获得诺贝尔奖的问题，指出人才培养的基础是普及教育，发展的机制是学术自由，而最高目标是创新。科技领军人才与产业共生的最高目标就是创新。沈邦仪（2003）专门讨论了人才生态学的基本概念问题，指出人才开发与环境系统之间的规律与机理是学科研究的内容。

但直到 2018 年，人才生态的话题才从创新系统研究上升为创新生态研究。通过近年来科技创新领域的实践，无论是学界还是政界、企业界均越发认识到，生态已经成为新发展阶段不能回避且必须高度重视的发展问题。研究认为，无论是国家创新驱动发展总体战略，还是国家自主示范区的具体环节，抑或国际产业竞争、区域人才竞争，都离不开人才生态的构建（张红霞，2019；颜筱铭 等，2018；苟文峰 等，2021；刘兵 等，2020）。

陈建俞、沈慧青（2019）指出，人才生态环境是人才赖以生存与发展的诸多外部环境要素构成的系统，它具有层次性、动态性和复杂性特征。他们对人才生态系统的结构层次、要素构成、条件功能等方面的文献做了系统的回顾总结，对政治、经济、社会、教育、科技等相关因素在人才生态系统中的作用和功能进行了分析。石长慧、樊立宏与何光喜（2019）则从科技创新人才生态系统角度进行探讨，将人才生态系统作为国家创新体系的组织成分，指出人才是知识的生产者、扩散者和应用者。

基于理论的先导，一些学者围绕江苏、浙江、山东、山西等多个省市的人才（生态）环境开展了评价工作（陈建俞 等，2019）。总体来看，人才生态的研究正处于起步之中，但人才生态更多关注于普遍意义上的理论和评价工作，与科技领军人才与产业共生的“人才生态+产业生态”理念有着明显的不同，尤其是将产业与人才同时考虑，突出人才在产业中的作用的相关研究仍然稀缺。

8.2.3 国内政策实践

用好一个学者，盘活一个学科；用好一个专家，盘活一家医院；用好一个人才，撬动一个产业。这既是一种期盼，也正成为国家和国内各个省市政策实践的重要方向。当初轰动全国的人才政策要数无锡的“530”人才计划。2006 年 4 月，无锡市出台《关于引进领军型海外留学归国创业人才计划的实施意见》，简称“530”计划，即 5 年内引进不少于 30 名领军型海外留学归国创业人才，重点是环保、新能源、生物三大先导产业，以及服务外包、文化创意等产业的创业领军人才。从 2006 年开始，构想 5 年内延揽 30 名科技型创业领军人才的无锡“530 计划”，在 5 年内引进了 1 287 名，给创业者的财政补助近 10 亿元。在这个过程中，产业跟着人才走成为鲜活的案例。如，引进李革博士团队创立药明康德，打造了生物医药界的“独角兽”，也引来了各类资本、科创载体、研发机构等创新要素（颜云霞，2019）。

2009 年 4 月，北京市计划用 5~10 年时间，聚集 10 个由战略科学家领衔的研发团队，聚集 50 个左右由科技领军人才领衔的高科技创业团队；引进并有重点地支持 200 名左右高层次人才来京创新创业。

2018 年 3 月 26 日，上海出台《上海加快实施人才高峰工程行动方案》，通过突出市场作用、同行评价，构建用人主体发现、国际同行认可，大数据测评的高峰人才遴选机制，实施“量身定制、一人一策”“高峰人才全权负责制”等政策，惠及光子科学与技术、生命科学与生物医药、集成电路与计算科学、大数据等 13 个科技领域的人才及其家属。

2018 年 5 月 16 日，在第二届世界智能大会上，天津正式对外公布吸引人才的海河英才行动计划，突出面向战略性新兴产业发展需要，在高层次创新人才、急需紧缺专业人才等 8 个方面提出一系列人才创新举措。

2018 年 6 月 6 日，浙江发布一系列高端人才集聚政策，政策高端精准、人尽其才、最优生态，针对国际顶尖人才、产业支撑人才、优秀青年人才定向发出“招贤榜”，同时鼓励高校院所科研人员兼职创业，在部分高校探索试点产教融合，让人才人尽其用。此外，浙江省还要建立完善高层次人才联系服务制度，各级党政领导和人才工作领导小组成员“一对一”联系100名左右高端人才、100个左右人才项目。

2020年8月13日，山东济南推出了产业链“链长制”。事实上，在此之前，浙江、江西、江苏、黑龙江等地均已提出了“链长制”。“链长制”就是由各地领导同志挂帅，每人负责一条产业链，利用地方负责同志的综合协调优势，在更高层面上保障产业链的完整和发展。精准聚焦、聚力攻坚，才能加速培育壮大优势特色产业链，加快推进产业迈向中高端，为实现工业强市蓝图注入强劲动力。

2020年9月10日，湖北省武汉市发布《院士专家引领十大高端产业发展行动计划(2020—2025)》。计划明确由47名院士、37名专家参与产业引领，力求做到院士专家研究领域和产业发展方向精准对应，合理发挥院士专家在建平台、搞攻关、促发展中的重要作用。提出“六个一”的工作举措，即“每个高端产业明确一名包保市领导、建立一个工作专班、制定一个产业规划、设立一支产业基金，建强若干创新平台，谋划若干引爆项目”。

2021年，广东省将链长制、链主制引入产业发展。广东省将处于产业链核心地位，能够协调产业链上各个节点的活动，具有不可替代的作用，可以把整个产业链作为一个有机整体，正常工作的企业作为链主，引领产业链发展。链长重在发挥政府引导作用，链主重在发挥产业市场作用，二者有机融合，形成合力，培育一批控制力和根植性强的链主企业和生态主导型企业，打通研发设计、生产制造、集成服务等产业链条，构建核心技术自主可控的全产业链生态。

8.2.4 简要评述

从文献来源来看，科技领军人才与产业共生的研究相对较少，政策实践较多。充分表明社会和媒体对领军人才的关注较高，学术研究相对于实践发展存在滞后，或者说，国内对科技领军人才作用的重要性，在产业发展中的重要性仍然认识不足。产业跟着人才走已经成为业界共识。知识经济时代地区之间产业的竞争，对知识条件更为敏感,益发是核心技术、产品创意的比拼,从根本上已经成为人才的比拼(颜云霞,2019),尤其是领军人才。江苏省近年来出台系列政策,坚持向创新人才倾斜,给顶尖人才以顶级支持,特别是把人才作用“前置”到产业、项目、工程的谋划之初,对推动产业结构迈向中高端起了积极作用,具有重要的启示意义。美国遏制我国留学人才回国,这是对人才重要属性的直接认可。我们必须以更高的站位、更宽的视野、更实的举措,集聚各方面优秀人才,发挥好领军人才作用,以人才优势实现顺利转型发展、升级发展。

天津当前正大力推进大学科技园建设,天南大、市属高校在主动和被动选择之下,呈现了非常高的效率,目前已经有多个区、多所高校正式挂牌大学科技园,打破了天津市在2020年之前只有天津大学一家本地大学科技园的尴尬局面。但是,如何更好地形成大学科技园建设的示范效应,让更多更好的科技创新成果涌入市场,逐渐让天津成长为一个具有创业基因的城市,增强天津内生的创业基础,还需要更多地挖掘出高校院甚至于领军企业中的科技领军人才的创业先行作用、示范作用。因此,需要我们从理论、经验和实践上加强对国内政策实践和前期研究的归纳总结,尤其是结合天津市实际情况,寻找能够引领天津产业创新突破的新领军者,重新寻回昔日辉煌,铸就人才与产业共生的内生增长基石。

8.3 科技领军人才与产业共生的典型案例

科技领军人才和产业共生有不同的表现。有时,人才在学术领域得到认可进入创业领域,如浙江大学褚建1999年12月任工业控制技术国家重点实验室主任、2005年担任浙江大学副校长,创办了浙江浙大海纳中控自动化有限公司,自动控制领域的国家战略力量,这属于“人才主导型”共生模式;有时,表现为产学研合作下的共生,如红日药业与钟南山院士的合作,天士力与张伯礼院士的合作,这属于“企业主导型”共生模式。“企业主导型”的产学研合作模式已经较为普遍。天津市也涌现出了康希诺、凯莱英等高科技人才成功创业并上市发展的典型案例。这里主要介绍国内外正反两个方面领军人才与产业共生(成败)的“人才主导型”或“创业者主导型”案例,这一模式在创新驱动国家战略和追求科研价值实现的时代背景下,涌现出越来越多的鲜活案例。

8.3.1 反面案例——肖克利与硅谷

这是“人才主导型”模式。

威廉·肖克利是当之无愧的科技领军人才。他是麻省理工学院的固体物理学博士,在贝尔实验室工作期间,因为发明了结型晶体管获得了 1956 年诺贝尔物理学奖。晶体管堪称世界发明,开启电子信息产业革命——第三次工业革命的浪潮。掌握了晶体管的主体发明,肖克利希望实现晶体管的产业化,实现名利双收。1956 年,肖克利离开了贝尔实验室,回到家乡加州圣克拉拉谷,创办了肖克利半导体实验,点燃了美国西部半导体的圣火。当时,晶体管市场迅速发展,产业份额已经超过 10 亿美元,潜力巨大。但只有少数公司可以制造和生产晶体管,贝尔实验室、西屋电气、摩托罗拉、德州仪器、索尼等是市场上的主要竞争者。德州仪器在 1954 年年底推出的第一款便携式的晶体管收音机极大地激发了市场热情。

肖克利希望攻克晶体管生产工艺难关,大幅降低生产成本。肖克利选择回到家乡创业,方便照顾年迈母亲,也是为了利用具有良好的产业和人才基础——1951 年斯坦福大学建立了世界上第一个大学科技园。但由于个性傲慢、管理和商业化能力的不足,过度追求技术和产品的完美,肖克利创业两年就彻底失败。曾经追随他的诺伊斯等 8 位电子领域的青年才俊最终“叛逃”,创办了仙童半导体公司,仙童半导体分裂后新创了英特尔、AMD 等如今在世界信息技术领域声名赫赫的产业领军企业。

启示:领军人才与产业共生,首先要有人才或企业载体作为依托;其次,创业失败是大概率事件,要增强对创业失败的包容性。一个地区能够吸引人才,地缘亲缘和环境因素很重要,需要提供基础的产业环境和人才环境支持。一个人才能够创业成功,除了杰出的专业能力,还需要商业化、市场化能力和团队的支持。肖克利在科学领域的成功,得益于贝尔实验室提供的团队和环境,在创业领域的失败,受制于对商业化本质认识、个体性格独断专行的缺陷,缺乏商业战略能力和市场经营能力、团队组织管理能力,多次否定团队成员关于二极晶体管、集成电路等新方向的开发建议,未能向市场提供任何产品,没有认识到技术先进性与市场需求之间的关系,所以最终被资本抛弃,导致创业失败。

但必须充分认识到肖克利创业失败后衍生出仙童半导体公司,更是衍生出英特尔、AMD 等世界级企业,为硅谷的崛起发挥了巨大的溢出效应。因此,即使是反面的案例,也是通向未来成功的铺垫。

8.3.2 正面案例——邓中翰与中星微

这是“人才主导型”共生模式。

邓中翰 1992 年毕业于中国科学技术大学,后就读于美国加州大学伯克利分校,先后取得物理学硕士、经济学硕士、电子工程与计算机科学博士学位,成为该校建校以来首位横跨理、工和商三学科的学者。1997 年 8 月,他毕业后加入国际商业机器公司(IBM)公司,做高级研究员。1997 年 12 月,获得硅谷风险投资基金支持,创建了美国硅谷半导体公司 Pixim Inc.,领导研制了高端数码成像半导体传感器,公司市值达到了 1.5 亿美元。1999 年 10 月,邓中翰受中国政府之邀,作为留美华人代表归国参加新中国成立五十年大庆典礼,受到国务院原副总理李岚清的接见。在工业和信息化部、财政部、北京市政府的直接支持下,在国家电子信息产业发展基金投资支持下,由邓中翰与杨晓东等组成核心团队领创了中星微电子有限公司,启动并承担了“星光中国芯工程”,并由中星微电子公司负责实施。公司于 2005 年 11 月在美国纳斯达克上市,成为中国首家在美国上市的拥有核心技术和自主知识产权的 IT 企业。2009 年邓中翰当选中国工程院院士,由于成功研制出“世界上第一台 CMOS 单芯片网络摄像机和中国监控视音频编码视频标准”,2020 年 2 月入选美国工程院院士。

启示:具有先进技术和理念的科技领军人才具有不可替代的作用。积极引进海外科技英才,发挥领军人才作用,围绕关键核心技术和产品,加大人才团队建设、政策引领,是科技领军人才与产业共生实现中星微——“星光中国芯工程”的重要条件。

8.3.3 正面案例——李泽湘与大疆无人机

这是“产业主导型”共生模式,更具体地说属于“创业者主导型”的共生案例。清华大学目前正在大力推广导师+学生的创业模式。

大疆无人机缘起于 2011 年香港科技大学的创业大赛项目。港科大博士生汪滔是大疆无人机的主要创始人,其创业成功离不港科大李泽湘教授的支持和资助。李泽湘 1979 年毕业于中南矿冶学院(现中南工业大学),此前在一家校办工厂做过车工。中美建交后,在美国铝业公司的资助下,李泽湘赴美国卡内基·梅隆大学(CMU)留学,获得了电机工程及经济学双学士学位、加州大学伯克利分校数学硕士、电机工程与计算机硕士及博士学位。1989 年毕业后,李泽湘进入麻省理工学院(MIT)人工智慧实验室及纽约大学(NYU)计算机系工作。1992 年, 31 岁的李泽湘受聘香港科技大学,出任电子及计算机工程学系教授,后任自动化技术研究中心主任。

回到香港后,李泽湘发现当时港科大注重发表论文,不注重实践。1998 年,港科大应内地邀请选派教授去深圳参与企业合作。1999 年,深圳市政府、北京大学、香港科技大学三方携手创建深港产学研基地,李泽湘获邀与同事联合创立了后来国内运动控制领域的知名企业——固高科技,并担任董事长。他发现参与项目的学生缺乏产业创新的志向和热情,仅仅为了学分而学习,因此李泽湘摸索出一套全新的“新工科”教育模式,要求学生组团来做项目和实验。为了完成实验,学生不得不在香港和深圳等地奔走购买实验材料,逐渐熟悉了整个产业链和制造体系。

2005 年,汪滔进入香港科技大学后,就对无人机就有着极其浓厚的兴趣,选修了李泽湘的运动控制课程,表现出了超过同侪的学习兴趣、研发能力和动手能力。李泽湘招收汪滔为自己的研究生,允许其逃课去深圳创业,并从最初研发的飞控系统到无人机给予汪滔在技术、市场、战略等方面的重要指导和帮助。李泽湘建议大疆从国外市场入手再转战国内市场,进入消费市场和农业植保等更多应用领域。2006 年大疆创立后,汪滔遵循导师建议,很快在行业中取得重要地位。通过后续的不断迭代,形成了独树一帜的互联化和影像系统,击败了所有国外竞争者,迅速成为全球的巨头企业。2020年，大疆在全球无人机市场上占据了超过80%的市场份额，国内市场份额超过70%，营收超过260亿元，市值超过1 600亿元，稳居全球民用无人机第一位。

李泽湘坚持新工科教育理念，破解了高科技硬件创业中的高成本、低效率难题，通过快速迭代实现了理论和实践的最佳结合，不仅孵化了大疆无人机，迄今为止李泽湘已经孵化了60多家公司了，成活率大概为80%，其中独角兽或准独角兽企业占到了15%。

启示：领军人才与产业共生，需要找到技术与市场的结合点，破解创业中的致命难题，找到人才与产品的结合点，尤其是要借助大湾区的产业条件，实现产品的快速迭代，破解硬件创业的重大难题。大疆的成功，既是创业者汪滔的兴趣和努力所致，也离不开科技领军人才李泽湘的专业支持、产业前瞻眼光和战略谋划。师生共创中老师坚守了学术为基、迭代争先的发展路径，发挥了战略家、参谋者的角色，师生关系为学术与市场找到了一条产学研无缝衔接的合理化道路，为驱动国内的科技成果转化提供了重要的典型引路功能。允许教授开展天使投资，也打开了师生共创共赢的发展道路。

8.3.4 正面案例——袁隆平与隆平高科

这是"人才主导型"模式。

袁隆平，首届国家最高科学技术奖得主、"杂交水稻之父"，致力于杂交水稻技术的研究、应用与推广，发明"三系法"籼型杂交水稻，成功研究出"两系法"杂交水稻，创建了超级杂交稻技术体系，提出并实施"种三产四丰产工程"，即运用超级杂交稻的技术成果，力争用三亩地产出四亩地的粮食，并且该设想在2007年率先在湖南20个县启动实施，已取得非常好的效果。1995年，袁隆平当选为中国工程院院士，之后获得海南省政府高级科技顾问、贵州省农业科学院顾问、陈光标绿色食品产业高级顾问、政协十二届中央委员会常务委员等多项荣誉，被联合国粮农组织聘请为国际发展杂交水稻的首席顾问，曾30次赴国际水稻所开展合作研究和技术交流，10多次赴印度、越南、缅甸、菲律宾、孟加拉国等国指导发展杂交水稻，为解决国内外水稻产量问题做出重大贡献。

1996 年 6 月,由湖南省农业科学院、湖南杂交水稻研究中心、袁隆平院士等发起设立、以科研单位为依托的农业高科技股份有限公司——隆平高科正式成立,公司以杂交水稻为核心,以种业为主营业方向,以农技服务创造价值。公司拥有以袁隆平院士为首的一支专业研发队伍,致力于杂交水稻、杂交辣椒、优质西甜瓜、蔬菜、棉花、玉米、油菜等农作物新品种选育创新, 2001 年经人事部批准,公司设立了博士后科研工作站,并有多项成果获国家科技进步一、二等奖。2003 年隆平高科被农业部(农业农村部)评为中国种业五十强, 2004 年据亚洲太平洋种子协会统计,该公司成为亚洲最大的种子公司之一。在袁隆平院士的带领和公司全体员工的努力下,公司于 2000 年发行 A 股,同时公司于 2006 年完成股权分置改革,成为完全由市场化运作的现代上市公司。

启示:科技领军人才和产业共生发展离不开双方的共同努力,要实现产业共生发展,应充分运用领军人才的科技力量。掌握关键人才团队,将专业团队的知识财富和创新精神与企业领域有力结合,同时注重企业的管理,袁隆平和隆平百科正是在袁隆平及其专业团队的带领下,将科学技术转化为企业生产力,推动了产业资本与知识资本的有机融合,为科技领军人才和产业共生发展树立良好的榜样。

8.4　科技领军人才与产业共生发展的特征和规律分析

8.4.1　特征分析

1)时代经济环境

科技领军人才所处的时代经济环境一般较发达,良好的经济环境能够促进科技领军人才的产生,影响着创新领军人才创新关注的研究领域和专业趋势,而萧条的经济环境导致许多行业萧条和萎缩,对新创造和新产品的需求也会降低,制约着创新领军人才的创新条件和创造机会。对时代经济环境的分析主要体现在研发投入和经济开放度两个方面。

研发投入体现一个区域对科技创新的重视程度，是科技领军人才的“营养血液”，是发挥其知识创新的基础和必备物质条件，吸引和培养科技领军人才，研发经费的投入显得尤为重要。①地方研发经费投入的数量一定程度上影响地区的科研氛围，浓厚的科研氛围有利于创新成果的产生，也更能激发科技领军人才的创新潜力，人才在研究创新上会变得更加积极，促进他们的创新能力和效率，提高科技创新的水平和实力。②研发经费的投入为科技创新提供物质支撑，没有研发经费的支持，再多的科研想法都难以付诸实践，研发经费的不足势必会拖慢研发成果的出现，吴殿廷等（2006）指出，高级科技人才数量与地方经济社会发展密切相关，并通过实证证明院士数量与R&D经费、R&D经费占GDP的比例正向显著相关。为获得研发经费，科研人员会增强其创新成果转化为实际应用的效果，使成果更快更有效地转换为带动区域甚至国家经济增长的科技因素，因此可以提高整个创新体系的效率。因此，科技领军人才一般有高校、政府或企业丰富的经费支持。

经济开放度是指地区经济活动的对外开放程度，地区经济发展水平的提高，离不开国内外经济、贸易活动的交流。①地区可以通过经济活动的对外开放，了解外地产业的状况，进而学习不同地区产业发展的异同点，全面认识产业目前的欠缺之处，这利于创新思维的产生，通过资源的整合，形成全面认知，有利于其发现和锁定创新领域，并且开放会带来地区之间、企业之间、科研机构之间的进一步交流和合作，从而取长补短，这是实现科技成果不可缺少的路径。②“闭关锁国”不利于创新成果的产生，过去我国经济走“引进来，走出去”的途径，不单一地在本国境内发展，贸易开放度、市场开放度有利于自身技术水平的提高，中国技术进步的主要原因就在于将自身经济开放融入世界链条中，杨朝均等（2018）认为开放程度越高的区域，越有利于贸易和要素的流动和深入，而贸易和要素的流动则会对地区的资本、劳动力、技术、产业等产生显著的影响，无论是流入还是流出，都能够活跃地区，创造更加优良的创新环境，利于科技领军人才的产生。

2)产业技术环境

科技领军人才一般具有完备的产业技术环境,高超的技术支持能够促进顶尖人才的开发,技术环境与创新领军人才的成长有着较为密切的关系,一个国家、地区或组织的技术环境推动创新成果的呈现。对产业技术环境的分析主要体现在技术支持和成果激励两个方面。

技术支持是完备的技术设备和良好的技术团队,这是科技领军人才的工作基础,是创新活动顺利进行的坚实后盾。现阶段科学技术日新月异,技术装备更替迅速,旧的技术很快被新的技术代替,要在科学研究上有突破性进展,研究装备和工具也要跟上科技的发展,科技领军人才的创新活动离不开必要的硬件基础。科技领军人才和产业共生发展一般以重点科研开发项目为载体,依托高校、科研机构的技术力量,组建产业领域的优势团队,甚至建立国家级和省级重点科研机构、重点学科和重点实验室、博士后科研流动站和工作站、留学人员创业园和中试基地等平台(苏津津等,2013),团队成员利用完备的技术环境,共同围绕产业发展的需要开展研究,团队成员之间优势互补、相互促进的过程,促进科研成果的出现。

成果激励是指企业对科技领军人才的研究成果设立科技激励机制,体现企业对科技成果的认可。①政府或企业为科技领军人才的研究成果提供物质激励,如资金等,科技成果的涌现离不开激励措施的实施,合理的激励措施既可以为科研人员提供一种精神鼓舞,调动科技领军人才创新的积极性,也能最大限度地激发科技领军人才自身的潜能,努力达到激励政策的最高层次,促进高质量科技成果的产生。②企业为科技领军人才提供成果展示的舞台,任何超前的创新成果都希望得到相关的认可和支持,这为创新领军人才饱含持续创新的科研信心和热情提供动力(曾思蜀 等,2015)。如果科研成果无法得到展示,科技领军人才日夜努力的成果就无法得到认可和支持,对科研人员而言是不公平的,既打击了科技领军人才科研的信心,也不利于科研成果的进一步完善和补充。

3)人才特质因素

科技领军人才自身一般具有较高的综合素质,自身的特质是领军人才区别于普通人才的基础条件,更是科技领军人才区别于普通人才的主体原因,科技领军人才具备较高的知识水平和精神品格。对人才特质的分析主要体现在硬件特质和软件特质两个方面。

(1)硬件方面,高水平的专业造诣、广博的知识体系和多元的思维结构是科技领军人才不可缺少的部分,主要包括丰富的知识结构和高瞻的成就动机两方面。①科技领军人才不仅具有丰富的知识,还善于将各个方面的知识连接起来,形成特有的知识结构。叶忠海(2007)指出,科技领军人才的知识结构往往包含三个层次,内核层由本专业的前沿知识构成,中间层往往由相关学科的综合知识构成,知识结构的外围则是由基础知识、外语知识和计算机知识构成。②科技领军人才首先在自己所处领域中钻研,在钻研中善于聚焦于科技前沿的研究点,在庞大研究领域中锁定自己未来的研究方向,这一研究方向一般具有世界性、科创型、前沿性的特点,是对时代现有研究欠缺的发现,研究成功往往将对该领域产生巨大影响,甚至为整个社会以及国家带来时代性的变化。

(2)软件方面,科技领军人才一般具有强大的心理素质和独特的人格魅力。①科技领军人才要有所成就,就必定具备较强的心理素质,因为在科研的道路上失败是在所难免的,看不到成功希望的迷茫时刻,要想到达成功的彼岸,就必须具备强大的心理素质,具有不惧失败、敢于挑战的精神。缺乏强大心理素质的人往往很难在科研道路上获得成功,任何一次成功实验的背后都可能是由几万次的失败堆积而成的,因此,科技领军人才一般品格坚韧,具有在经历数次困难之后仍然永不服输的精神。②独特的人格魅力,即具有较强的号召力和影响力。宋成一等(2011)指出科技领军人才具有独特的人格魅力,主要是由思想人格、科技创新能力以及领军才能三个因素决定的。科技领军人才要实现“领军”,不仅只是在科研精神上突出,还要有将科研成果转化为团队认可的品质,即具有一定的号召力,可以在研究成果诞生之后,带动一批人从事该领域,使团队成员产生一种心理上的认同感。桂乐政(2010)认为,领军人才应当具备领导的岗位职能,能够为团队制定目标和规划,并处理与其他团队或部门的关系。只有赢得团队成员的一致认同,同时制订相应的计划,才能进一步将研究成果普及至整个领域。

8.4.2 规律分析

科技领军人才的出现不是个别现象,而是具有一定的规律性、普适性、群体性特征,因此,探究科技领军人才的规律具有重要意义。樊香萍(2012)提出,研究分析和揭示科技领军人才的成长规律,是加强科技人才队伍建设,特别是加快高素质创新型科技人才培养的重要前提和必然要求。

1)优势积累有助于成长

优势积累规律是科技领军人才在实践活动中善于发现优势并积累自身优势,以体现人才的创造性和杰出性的过程。清代顾嗣协云:"骏马能历险,犁田不如牛;坚车能载重,渡河不如舟。"人才的成长往往是用其所长的结果,每个人的优势和擅长之处不同,这是由先天资质、后天发掘以及其他因素共同形成的,人各有所长也各有所短,领军人才与常人的不同就在于他们善于扬长避短,做自己擅长的事情。扬长避短对工作效率的提高十分重要,做擅长的领域,有利于提高工作效率,反之,如果用短舍长,不仅不利于工作效率的提高,还会造成工作难以做好的情况。优势积累规律也在一定程度上体现师承效应、最佳年龄效应的效果,一方面,通过学习,将老师以及其他同事长期形成的知识和技能传承下来,是优势积累规律最基本的方法,将已有知识在实践中不断检验,通过关键性的实践活动也能发现优势并积累优势,人才的优势和潜力在实践活动中最能彰显出来,有时候铸剑的过程往往比结果还重要,因为领军人才并非一蹴而就形成的,往往是经过多次的学习和实践,不断积累自身优势和经验,达到一定程度后表现出来的;另一方面,人才学的研究发现,自然科学发明的最佳年龄段一般为 25~45 岁,而社会科学获奖最佳年龄段一般为 35~45 岁,不同的领域最佳年龄段有所不同,甚至会发生迁移或后退的变化(李维平, 2011),但是科技领军人才的成才均具备多个阶段，是多个阶段共同积累的结果，不同阶段接触的知识结构、专业技能以及实践经历不同，会为领军人才的优势积累奠定基础（赵胜利，2016）。

2）实践锻炼有助于成才

实践成才规律是指科技领军人才利用已有的知识结构积极投身科研项目，理论结合实践，在实践中不断探索，积累创新经验，从而成为科技领军人才的过程。实践是检验真理的唯一标准，更是检验知识的有效途径，实践成才规律揭示的是培养与使用、理论与实践、继承与创新发展的关系和探索认知效应，强调科研实践在杰出科技人才成长中实现知识向能力转化的决定性作用。通过相关课题或项目的参与，在不断实践中磨炼自己的创新精神和实践能力，不仅能丰富已有的知识，还能锻炼自己的动手能力和组织管理能力，在实践中检验自身的不足，更好地实现自己的独立创新能力。科研事业历练人才，创新项目的推进成就人才，创新实践是在不断学习、不断思考、不断积累经验的基础上锻炼解决问题的能力、增长才干的关键要素。在不确定性的挑战环境里，需要有冒险精神和创新的勇气与魄力，科技领军人才的素质能力最终要在科技创新实践活动过程中形成和发展、凝结和衡量。因此，科技领军人才的出现，离不开无数的实践累积，在不断的实践中检验知识的适用性，也可以在实践中检验已有知识的不足，在不断完善的同时，促进更完美科技成果的出现。

3）师承团队有助于成长

团队联合规律是指科技领军人才组成或投入创新研究团队中，团队成员互帮互助、取长补短、相互借鉴，逐渐解决漏洞，最大限度地激发个人才能，从而不断提高创新能力，实现团队联合成才的过程。团队联合规律体现共生效应以及师承效应，解释了科技领先人才一般非单独出现，而是聚集在某一群体、地域或其他空间范围内，以团体形式出现的原因，尤其是在现在知识高度融合又高度分化的时刻，科研工作往往需要多种不同学科、不同类型的领军人才联合攻克而成，各学科之间的交叉融合能够更好地解决科研过程中出现的问题，体现具有知识结构体系的重要性。现阶段“师徒型人才链”也十分普及，美国有统计显示，一半以上的诺贝尔奖获得者曾经跟优秀的老师学习过，而且，跟优秀老师学习的人比跟一般老师学习的人获奖时间平均提前

7 年(王通讯， 2006)。师徒合作,徒弟在创作的过程中得到老师的指导,徒弟的发散性思维也可以对老师的创新有一定帮助,师徒互相合作,可以加快科研效率,少走弯路,达到事半功倍的结果。因此,团队成员之间的跨学科交流,可以加强学科之间的渗透、融合,促进知识结构的调整优化,在一定程度上打破学科专业壁垒,实现资源共享,优势互补,因此,团队成员的联合创新,有利于发挥集体的作用,更好地实现科研成果的转化,形成科技领军人才团体。

4)制度环境有助于成长

综合效应规律是指科技领军人才不仅要具备良好的自身素质和优质的团队,还受社会环境的影响,良好的社会环境、社会资源以及发展水平能够决定科技领军人才的创造能力、创造成果能够发挥到何种程度,能否最大程度地发挥科技成果的作用。良好的社会环境包括经济体制、科技体制、教育体制、保障体制等多方面体制的共同协调作用,累积效应规律提出,人才资源、高层次人才资源、领军人才资源是 3 个逐层收缩的金字塔,领军人才居于塔尖,领军人才的生成数量取决于整个人才队伍的基数(宋成一， 2011),即人才资源的水平影响领军人才的数量,两者之间基本呈现正相关的关系,因此不能仅聚焦高层次人才的创造,要放眼队伍的整体,打造整体的资源环境,为科技领军人才的产生创造良好的源泉。浓厚的科研氛围和科研成果的出现离不开资金的支持,马太效应也表明,地区经济发展水平会对地区的科研水平产生影响,一个地区的科研水平越高,领军人才的密集度将会越强,地区经济发展水平一定程度上是科技领军人才科研成果走向社会的传送带,经济发展水平为科研成果的成功提供了丰富的物质支撑,有利于科研成果的顺利转化。

8.5　推动天津领军人才与产业共生的对策建议

8.5.1　面向主导产业发展,积极引进用好科技领军人才

积极用好科技领军人才与产业共生规律和特点,充分发挥海河英才行动计划升

级版“人才+团队”作用，对于有效推进天津市构筑“1+3+4”产业体系，打造信创、高端装备等12条优势产业链，有重大意义。围绕发挥“产业主导型”共生模式作用，积极支持鼓励产业链中细分环节企业，围绕建链、强链、延链、补链引入科技领军人才，深化供给侧结构性改革，推动企业技术升级、产品升级，增强企业市场竞争力，提升价值回报水平。

在领军人才上，探索编制《科技领军人才引领产业链集聚发展行动计划》，组织市内院士、专家等领军人才，大力引进市外类似李泽湘这样的产业+科技+投资人的复合型人才，精准对接12条产业链，在现有产业链专班工作链长的基础上，明确链主企业、领军专家，配备专业化产业基金，建设好产业创新平台，策划一批创业项目和产业价值链提升工程。聚焦细化领域，继续抓好海河英才行动计划，大力引进具有国内外竞争力的科技领军人才+团队来津落地创办、领办企业。

在用人机制上，要构建企业内部人才成长的赛马机制。领军人才不是喊出来的，是在科研和产业中干出来的。企业主体要为人才提供脱颖而出的机制，激发企业创新创造活力。要引入技术、产品研发中的赛马机制和重奖机制，避免论资排辈现象，大胆起用想干事、能干事、能成事的青年人才，赋予人才在干事创业中的自主权，将专业的事交给专业的人干，做好基础和服务工作，为人才提供成长的舞台和空间。

8.5.2 发挥高校院所作用，打造师生共创的热土

当前，天津市正推动大学科技园建设深入发展。从斯坦福大学特曼教授、港科大李泽湘教授推动科技与创业结合、师生创业结合的经验来看，科技领军人才与产业共生的作用益发重要。

在组织体系上，要推动高校人事制度创新。要坚决落实好国家和全市政策，支持高校教师和校局、处级领导创新创业。只要能完成教学和（或）科研考核任务，支持科研人员创办企业，鼓励校领导、杰出人才领办企业，不限制科研人员到校外兼职。甚至让他们离开学校创办公司或者在公司里担任要职。积极探索实行产业副校长、产业教授制度。引进具有丰富海内外研发经验、管理经验的产业人才挂职担任高校

副校长——产业副校长，类似特曼教授、李泽湘教授开展创新创业组织引领活动，带动形成高校产业化新路径，提升全市创业氛围。探索部分工科院系职称晋升预设企业全职研发管理经验的前置要求，贯通业界、学界人才流动渠道。

在教育改革上，要积极推进新工科改革。鼓励和支持南开大学、天津大学等部属高校探索学科发展范式改革，制订市属高校新工科发展计划，根据产业需求、技术发展、学生兴趣、外部资源条件等优化工科专业结构、教育教学方法，探索产学研合作共建研究院所、实验室、实训基地等体制机制，探索跨学科深度融合的新体制新机制，打造科技、教育、经济融合的新发展模式。对新工科培养的创新创业人才可探索“只发证书、不授学位”的模式，着力激发学生的学习兴趣，提升实操能力，契合创业发展和产业发展现实需求。

在学科布局上，要推动学科布局与区域产业发展耦合。根据区域产业发展的轻重资产基础与条件需求，充分发挥高校院所的优势学科、人才资源和智力优势，围绕产业需求，布局学科建设，增强学科链与产业链的匹配度，增强对区域产业的支撑引领和服务能力。面向国家科技前沿、面向经济主战场、面向国家重大需求、面向人民生命健康，加强对关键核心技术、产品尤其是“卡脖子”领域的技术和产品创新，实现大学园区的特色化、专业化、品牌化和高质量发展，形成一批具有学科支撑、高水平人才支撑的隐形冠军、小巨人、独角兽，形成学校、学科与产业的良性互动，构筑科研价值小循环与产业价值大循环，带动区域的特色化、高质量发展。

在产教融合中，要大力建设创新设计院和科创学院、创业学院。除基础研究外，推动高校确立学科向产业、市场需求转变的根本导向，深入推进创业教育，普遍建立创新创意设计研究院，参考斯坦福创新设计研究院、圣地亚哥生物医药产业发展经验，深化校友联系，推进企业家进课程、高校师生自主创业、进企业，在高校密集区打造创意实现基地、硬核科技虚拟现实平台、创业投资平台，营造全域高校创业氛围。着力围绕大学科技园建设，推动大学周边形成高校支持、师生共创的“创新创业聚集区”，打造“环大学创新创业圈”和“研发产业聚集区”。

8.5.3 发挥政府引导作用,打造领军人才创业高地

在创业氛围上,要积极加大引入风险投资力度,与全球重要的风险投资机构、投资人建立伙伴关系,引导关注、支持天津市产业链环节、大学科技园、师生共创等创新创业活动,通过融资杠杆积极帮助推动创意产品化、产品商品化、商品规模化。积极宣传国内外科技领军人才创业成功案例、新工科与产业融合典型经验,全面提升天津市领军型企业、平台型企业、中小企业和高校院所创新创业能级。

在条件支撑上,要搭建实现人才创意快速迭代的平台载体。现代产业技术进步要融入先进的管理理念,建设好公共研发基础设施,为人才技术研发、产品开发、迭代升级提供有利的外部条件。对于竞争性产品,产品成型后快速迭代升级是提升产品性能和占有市场的先决条件,必须学习借鉴珠三角、长三角产业配套的经验,做好配套软硬件的公共支持。

在人才回报上,要实施好安心安居工程,加大对人才的长期回报力度。提升对科技人才的重视度,增强用人主体的人才意识,不仅要主动为领军人才提供人才公寓、交通补贴、购房补贴、子女上学等一系列优惠政策,还要积极推进科技人才尤其是领军人才与资本投入者共富的体制机制,积极引入股权、期权、分红制度,对高层次人才收入给予个人所得税直接减免或返还等优惠政策,使人才与企业形成利益共同体机制,将引人、用人、育人、留人做到实处,真正发挥出企业用人主体的作用,实现科技领军人才与产业共生。

8.5.4 丰富人才评价主体,构建科学公正的人才评价体系

科技领军人才的培养离不开合理的人才评价主体和公平的评价体系,两者的有效结合,不仅能激发科研成果的出现,而且能促进成就科技领军人才,有利于调动人才创新的积极性,真正做到对科技领军人才的尊重和重视。

丰富人才评价主体。改变由政府对科技领军人才一锤定音的传统,在已有基础上加入公益性的事业单位或专业化、业内认可度较高的第三方社团组织承担,加强科

技领军评价的权威化、常规化、公开化和社会化。由政府实施科技领军人才评价过程的规划、组织、协调、控制和服务等职能，为科技领军人才的评价制定基本原则，同时要加入相关专业第三方实施必要的评价和监督，采用科学、公平、透明的评价机制，保障评估过程的公开化和透明化，扩大科技领军人才评审过程的知情范围，最大限度地保证评审过程的公平性。

完善人才评价标准。改变以往单一的“唯学历、唯论文、唯专利”的人才评价体系，走出错误的惯性思维，遵循“客观公正、分类实施、注重创新”的原则，区分自然科学和社会科学的不同，甚至细化专业领域的区别，针对不同领域科技领军人才的工作特点，分类构建人才评价标准。注重科研成果的创造实践，结合科研成果与市场、产业的匹配度和贡献度，丰富人才评价的指标，涵盖科研任务、技术创新、人才培养、素质能力等各个方面，创建符合人才发展规律的多元化人才评价标准。

8.5.5　建立健全保障机制，营造卓越人才创新环境

科技领军人才的出现离不开完备的制度环境，建立科研成果合理的保障机制，建立知识产权保障机制，保障自主创新成果不被侵犯，切实保障人才的合法权益，同时多角度优化科创环境，营造良好的创新氛围。

形成创新学派保护机制。克服“马太效应”的现状，激发人才的原始创新性，建立创新成果的宽容机制，让创新者放下害怕失败的思想包袱，摒弃“不求无功但求无过”的思想意识，保护创新过程中与众不同的声音。保护科技人才的知识产权，无论是新学派还是已有学派，对其创新成果都应该一视同仁，以尊重为起点，以完善为过程，以共同探讨最终成果为目的，使科技成果与人才价值及时得到人民的认可，坚决杜绝“官本位”的情况发生，保障科技领军人才应有的权益。

优化科研创新环境。支持科技人才在国家需求和科学前沿的结合层面开展研究，尊重科学家独特的敏感和创造精神，鼓励他们进行“好奇心驱动的研究”，营造良好宽松的科研环境。学科交叉融合是未来科技创新发展不可避免的新趋势，这势必会导致崭新学科领域的产生，未来科技创新人才思想碰撞的过程，应减少各种不必要

的行政干预，建立科研交流共享机制，鼓励开放交流和知识共享，营造宽松和谐的科研环境。调动科技领军人才的原始创新精神，营造良好的社会氛围，建立科技领军人才不断涌现的社会文化，坚持以人为本的人才理念，坚持尊重知识、尊重劳动、尊重人才、尊重创造。

第 9 章　关于加强天津市科技创新主体引育的对策研究

本章内容源于 2022 年 4 月—2022 年 9 月承担完成的天津市政协重点调研课题《关于加强天津市科技创新主体引育的对策研究》形成的调研报告原文(极个别标题处有删减)。研究报告完成于 2022 年 9 月。天津市政协原副主席王治平同志亲自策划并推动了本项研究,市政协医卫文体委员会原主任杨鑫传同志和唐家龙(笔者)一起,以双负责人身份共同牵头承担了本课题。市政协原科教委主任沈奎林同志对课题研究进行了指导,天津市科学技术发展战略研究院副院长马虎兆研究员、天津工业大学副教授胡玉莹、原天津市科学学研究所所长李春成研究员对本调研报告形成有贡献。

调研报告于 2022 年 9 月提交天津市委、市政府主要领导后,得到时任市委书记的肯定批示,分管副市长予以批示,要求相关部门落实,市科技局等部门组织推动了相关工作。

习近平总书记强调指出,一个地方、一个企业,要突破发展瓶颈、解决深层次矛盾和问题,根本出路在于创新,关键要靠科技力量。市委、市政府认真落实习近平总书记的指示精神,始终把科技创新工作摆在天津发展的核心位置。市第十二次党代会提出要坚持“四个面向”,坚持“以用立业”,持续提升自主创新和原始创新能力,建设高水平创新型城市的工作目标,而实现上述目标,培育壮大科技创新主体是关键。为更好贯彻落实党中央决策部署和市第十二次党代会精神,按照市政协的要求,市政协经济社会发展研究咨询委员会组成课题组,围绕加强天津市科技创新主体引育工作,通过实地考察、专题座谈、专家走访等方式进行深入调研，形成以下报告。

9.1 加强科技创新主体引育的重大意义

党的十八大以来，以习近平同志为核心的党中央把科技创新摆在国家发展全局的核心位置。习近平总书记在辽宁调研时强调，全面建设社会主义现代化强国，实现第二个百年奋斗目标，必须走自主创新之路。要时不我待推进科技自立自强，只争朝夕突破“卡脖子”问题，努力把关键核心技术和装备制造业掌握在我们自己手里。党中央、国务院高度重视科技创新主体建设，《国家创新驱动发展战略纲要》明确提出要壮大创新主体，建设一批世界一流的科研机构、研究型大学和创新型企业，构建起由企业、科研院所、高校和社会组织等主体构成的创新体系，形成对创新驱动发展的有力支撑。国内各省市均高度重视科技创新工作，将创新驱动发展和创新主体建设作为推动高质量发展、提升城市竞争力和发展活力的重要抓手，采取了一系列政策措施推动创新主体引育和创新体系建设。实践表明，创新主体的数量、质量、效益已经成为衡量一个城市科技经济实力和发展潜力的重要表征。因此，破解市第十二次党代会提出的“产业结构还需要进一步优化，自主创新和原始创新能力还不强，新动能培育任重道远，民营经济活力不足”难题，必须加强科技创新主体引育。通过创新主体引育，开辟更多新领域新赛道，催生更多新技术新产业，扩大创新底盘，提升质量效益，将为天津建设创新型城市和社会主义现代化国际大都市提供强有力的支撑。

9.2 天津市科技创新主体引育取得的成效

市第十一次党代会以来，市委、市政府深入贯彻落实习近平总书记对天津工作“三个着力”的重要要求和一系列重要指示批示精神，高度重视科技创新工作，将创新主体引育作为推动天津高质量发展、提升产业能级和制造业立市的重要支撑，采取了一系列政策举措，取得了明显成效。

9.2.1　创新主体引育政策日渐完善

围绕创新发展和主体引育，出台了一批具有引领性和实践性的政策措施，形成了较强的社会影响力和品牌效应。①聚焦产业发展，先后出台实施《天津市新动能引育五年行动计划》《天津市科技创新三年行动计划》《制造强市建设三年行动计划（2021—2023 年）》《天津市产业链高质量发展三年行动方案（2021—2023 年）》。②聚焦人才汇聚，实施“海河英才”行动计划，打造了具有天津特色的引才品牌，累计引进各类人才 42.8 万人，大学本科以上学历人员占 70.6%。③聚焦双创引擎，出台天津市大学科技园建设指导意见和三年行动计划，着力打造高校成果转化“首站”、区域创新创业“核心孵化园”和新兴产业“策源地”，填补了长期以来大学科技园建设管理工作的空白，开启了天津市大学科技园建设的新征程。

9.2.2　创新主体数量结构持续优化

高度重视市场主体在科技创新中的核心作用，开展企业梯次培育，有效提升了创新主体的数量、规模和效益。①市场主体稳步增长。2021 年，天津市各类市场主体达到 151.23 万户，同比增长 8.27%，新登记各类市场主体 26.78 万户，同比增长 4.52%。②科技企业实力日益壮大。实施高新技术企业倍增计划，优化科技型企业梯度培育机制，天津市国家高新技术企业（简称高企）和国家科技型中小企业数量均突破 9 100 家，高企数量比 2016 年增加了近 6 000 家，市级雏鹰企业、市级瞪羚企业分别达到 4 974 家和 378 家，涌现出滴滴货运、北清电力、天鹅到家等 9 家“独角兽”企业，134 家企业入选国家专精特新“小巨人”，国家级企业技术中心增加到 72 家，科技创新主体“底盘”不断壮大，科技企业培育经验得到科技部高度认可。③运用资本市场的能力逐步增强。截至 2022 年 8 月底，天津企业在 A 股主板上市达到 67 家，TCL 中环、凯莱英、三六〇、中科曙光、华海清科、七一二等上市公司总市值 1.27 万亿元。

9.2.3 创新平台和载体加快建设

突出发挥创新载体的引育效能，建设了一批重大科技创新、产业创新和企业孵化平台。①重大科技创新平台建设取得突破性进展。建成大型地震工程模拟研究设施、新一代超级计算机、合成生物学等重大科技基础设施并发挥重要作用，信创等大海河实验室和组分中药国家重点实验室、国家应用数学中心创新平台正加快建设，汇集了一批全国顶级科学家和科研团队。②创新平台体系逐步优化。以天南大和重点企业为依托，在化学化工、医药、精仪等领域拥有 14 家国家重点实验室、38 家国家工程研究中心和国家地方联合工程研究中心、68 家国家级企业技术中心，拥有 200 多家企业实验室、700 多家市级企业技术中心、9 家市级制造业创新中心，现代中药创新中心成为工信部批准的国家地方共建创新中心，为区域发展提供了有力支持。③重大产业创新载体集聚效应逐渐突显。拥有 17 个国家火炬特色产业基地，生物医药、信息安全等先进制造业集群不断壮大，随着中芯国际 12 英寸晶圆生产线项目签约落地和“细胞谷”“北方声谷”“信创谷”等产业主题园区加快建设，初步形成了产业集聚发展态势。④孵化器和各类众创空间快速发展。市级以上科技企业孵化器 86 家，在孵企业 4 300 家，15 家国家级孵化器在科技部考评中达到 A 级，评优数量、优秀率均超过京沪，取得历史最好成绩。市级以上众创空间 206 家，常驻企业和团队 6 200 个，科技型企业“底盘”不断壮大。

9.2.4 创新主体引领支撑效益明显

科技创新主体已经成为拉动天津市经济发展的生力军和支撑天津高质量发展的主体力量。①制造业立市成效初步显现，新旧动能转换加快。2021 年，制造业增加值增长 8.3%，规模以上工业企业利润总额增长 50.7%，信创、高端装备、集成电路等 12 条重点产业链工业增加值增长 9.6%，在链工业企业营业收入、利润总额分别增长 21.0%、57.8%。高技术产业（制造业）增加值比上年增长 15.5%，快于全市规模以上工业 7.3%，占比为 15.5%。工业战略性新兴产业增加值增长 10.3%，快于全市规模以上工业 2.1%，占比为 26.1%。②高技术产业投资增长 38.2%，其中高技术制造业投资增长 22.5%，高技术服务业投资增长 57.5%。新产品产量实现快速增长，服务机器人、新能源汽车、集成电路等产量分别增长 1.7 倍、54.3%和 53.2%。规模以上工业在目录的 403 种产品中，58.8%的产品产量实现增长。

9.3　科技创新和主体引育工作存在的主要差距

9.3.1　区域创新能力还不够强

①从区域层面来看，中国科学院最新发布的《中国区域创新能力评价报告 2021》显示，天津市区域创新能力位居全国第十五位。②从创新创业来看，《2022 年中国城市创新创业竞争力百强榜》显示，天津市竞争力位居百强城市第十四名，创业成果、创业活力、市场空间和创业潜力等维度指标排名分别为第二十三位、第十三位、第十一位和第八位。总排名低于北上广深，也落后于杭州、苏州、成都、南京、武汉、重庆等地。③从创新生态指数看，《2022“中国 100 城”城市创新生态指数报告》显示，天津市排名位列西安之后居第十二位，前十位依次为北京、上海、深圳、苏州、广州、南京、成都、武汉、杭州、重庆，创新主体数量不足是导致天津市排名落后的重要原因。

9.3.2　优质创新主体还不够多

①领军企业不多，重量级创新平台不多。天津市缺乏央企总部或类似华为、比亚迪、宁德时代这样能够担当产业链“链主”的创新型领军企业，缺乏科创中心、科学中心和科学城等核心科技地标。从国务院国资委所属央企看，98 家央企分布情况为，北京 70 家、上海 5.5 家（宝武集团双总部上海、武汉总部各算 0.5 家）、广东 5 家、湖北 2.5 家、河北雄安新区 3 家、黑龙江和辽宁各 2 家，四川和陕西、江西、吉林各 1 家、港澳 4 家，天津没有央企总部。中国科学院驻津院所仅 1 家，国家重点实验室等国字号平台数量不多，缺乏类似上海科学院、北科院这样的科研机构。《2021 中国新经济

企业500强》榜单显示，北京入围的有字节跳动、京东等102家企业，西安有7家入围，天津仅有凯莱英、中环半导体、康希诺、七一二4家入围。②高企规模有待扩大。截至2021年6月，全国高企数量突破29万家，天津7 499家（2021年年底为9 198家），占全国比例为2.56%，远低于北京（35 133家）、深圳（超过2万家）、上海（17 354家）、苏州（11 165家）等城市。③科技上市企业不多。截至2022年8月31日，全国深交所、上交所和科创板A股市场上市企业名录4 787家，剔除金融、房地产、商品零售等非科技企业后企业量为3 597家，天津53家，北京299家，上海266家，深圳294家，广州87家，苏州159家，成都82家，天津的科技类上市企业增速明显低于北上广深、苏州、成都等。

9.3.3 产学研结合还不够紧密

①高校院所与区域经济发展结合不紧密。天津市拥有天津大学、南开大学等56所普通高校、170多家大院大所，科技人才和成果资源丰富，但优势资源利用不充分，人才、设备、成果与本地产业"亲密度"不够，学科和产业发展双向支撑不足，没有建立起"产学研"相互支撑促进的科技成果转化体系。②高校创新创业不活跃，迄今未孵化培育出在全国具有重要影响力的科创企业，缺乏类似麻省理工、斯坦福等大学的创业孵育环境，没有形成类似北京中关村、武汉光谷、合肥声谷的区域双创氛围。《2021中国高校创业投资发展白皮书》显示，高校股权投资高度集中在北京（2 433起，投资金额2 917.2亿元）、上海（2 393起，2 802.9亿元）、深圳（1 624起，14 310.42亿元）三地，天津市投资案例111起，投资金额122.48亿元，投资案例数居全国第十四位。③本地技术转移和吸纳外地转移不多。2021年天津发生专利权转移转让9 707起，本地转移4 309起，吸纳市外2 315起；北京分别为53 214起、35 735起、14 300起；成都分别为9 833起、4 338起、4 006起；南京分别为13 216起、5 809起、6 983起；苏州分别为17 410起、8932起、12 307起；深圳分别为41 123起、22 039起、15 913起。

9.3.4　科技主体引育工作重点不够突出，推动落实机制尚需进一步完善

①引育工作缺乏具体目标方向引领。市第十二次党代会提出，要全力打造科技创新高地，聚焦人工智能、信创、合成生物、现代中医药加大国家高新技术企业引育力度，这为天津市科技创新主体引育工作指明了方向。但截至目前尚没有按照上述重点产业发展方向，对可能引进的科技创新资源进行梳理并编制出相应的推动落实的计划。特别是如何抢抓京津冀协同发展、非首都功能疏解的重大历史机遇期引入更多的央企科技创新资源缺乏针对不同类型主体采用不同引入方式的具体化研究。②引育工作组织推动机制尚需进一步完善。科技创新主体引育工作是一项系统工程，涉及引育方向的确定、引育目标的梳理、引育计划的编制、引育主体（项目）的洽谈衔接，同时还涉及不同类型的科技创新主体来津后的落地空间适配和政策支持等大量组织推动协调工作。而目前尚未建立起由科技主管部门牵头、相关部门参加的科技创新主体引育工作组织推动和协调落实机制，科技创新主体引育工作缺乏有组织、有目标的系统推进。

9.4　加强天津市科技创新主体引育的对策建议

科技创新主体是城市经济持续、健康发展的活力之源。“十四五”期间，要紧紧抓住科技革命和产业变革的机遇期，紧紧围绕“1+3+4”现代产业体系和制造业立市战略，坚持创新驱动发展，紧紧围绕智能科技、先进制造、生命健康三大重点方向，通过持续引进、创办、培育等路径壮大科技创新主体，打造一批世界级创新型产业集群，为落实国家创新驱动发展战略贡献天津之为。

9.4.1　突出科技创新主体引育的重点方向

1）紧紧围绕智能科技引育科技创新主体

智能科技是推动数字技术与实体经济深度融合、赋能传统产业升级，催生新产业

新业态新模式，壮大经济发展新引擎的利器。

（1）坚持以用立业，做强信创产业。抓好国家政策支持重要窗口期，依托中电子、中电科、华为鲲鹏和飞腾、海光、麒麟软件等市内外龙头企业，围绕核心芯片、操作系统、中间件、基础应用等强链补链延链，全方位引进育强各类相关主体，力争率先攻克 EDA、芯片、基础软件领域“卡脖子”难题。拓展党政、行业、社会应用场景，加速国产替代和产品迭代，推动产业横向拓宽、纵向下沉，构建自主可控、安全可靠的信创产业生态体系，打造“中国信创看天津”独有品牌。

（2）坚持创新引路，做强集成电路产业。依托北大、清华、南开、天大等市内外数学、计算科学学科人才优势，发挥中芯国际、华海清科、TCL 中环等龙头企业和专精特新企业带动作用，探索芯片发展新赛道，前瞻布局类脑计算、神经芯片、硅基光电子等战略前沿领域，孵育一批引领未来的高科技企业；加快重点装备和高纯靶材等关键材料研发，推动绝缘栅双极型晶体管、微机电系统等特色工艺突破，优化设计、制造、封测、设备、材料等产业链条，显著提升滨海新区、西青区在该领域的区域带动作用。

（3）坚持项目带动，做大车联网产业。面向车联网应用国家级先导区建设，以“车”“网”“基础设施”为着力点，发挥地方政府和中科慧眼、中汽数据等优势企业作用，推进智能网联汽车基础设施建设，加快引进集聚一批智能网联研发和商业化项目，壮大车载传感器、线控底盘、域控制器、智能座舱等智能网联汽车零部件产业规模，打造自动驾驶软件算法、车载操作系统等软件竞争优势，构建产业生态闭环，打造千亿级车联网产业集群。

2）紧紧围绕先进制造引育科技创新主体

先进制造是衡量一个国家和地区制造业发展水平和综合经济实力的重要标志。

（1）坚持替代进口，做精高端装备。加快通用装备产业发展。充分发挥中国通用集团天津机床公司、中国一重天津公司的作用，引进育强一批配套企业，加强金属切削机床、数控机床、电气设备、工程装备等研发制造，打造中国通用装备北方高地。加快海洋装备产业发展。以保税区临港区域为核心，依托海油工程、博迈科、中船船舶、中交一航局、太重滨海等龙头企业和上百家国家高企，引进育强一批海洋工程装备科研院所和企业，加快关键核心技术创新，开发海洋油气装备、高技术船舶、深海运维保障和装备等海洋高端装备产品，打造国家级海洋装备自主创新型产业集群。加快工业机器人、物流专用机器人的研发制造，形成产业化。用好天南大等高校院所优势，依托新松、辰星自动化、朗誉科技等重点企业，加强产业链相关企业引进培育，补齐专用材料、核心元器件、加工工艺等短板，开发机器人控制软件、核心算法，打破精密部件、机器人切割、打磨等领域的国外垄断，拓展行业应用，打造全国重要的工业机器人产业基地。

（2）坚持自主研发，做强航空航天产业。紧紧抓住非首都功能疏解重大战略机遇，充分利用天津市区位、港口资源和已具备的产业基础等优势，主动对接航天科技、航天科工、航空工业等央企及所属上市企业、科研院所，力争整体引进航天科技集团，及上述央企所属二三级科研院所和科技企业。重点推动航天一院新一代运载火箭、航天五院大型航天器、航天十一院无人机等高科技项目来津发展，同时扩大空客飞机产品品种、规模和配套比例，加强与航空工业集团合作，开展新型无人机、大载重无人直升机等新型号研发，提升航空航天用高性能纤维及复合材料研发生产能力，形成火箭及超大型航天器、卫星装备及应用全产业链。

（3）坚持聚力整车，做强汽车和新能源汽车产业。依托一汽丰田、一汽大众、长城、恒驰、恒天等整车制造企业，发挥中电科十八所、中汽研、中国科学院电动汽车研发中心（天津）等机构作用，加快导入优势车型、电动化车型，培育天津本土新能源整车品牌，引进育强一批关键零部件配套企业，增强动力电池、电机电控、汽车零部件研发制造能力，突破新能源整车和动力总成、氢燃料电池电堆等一批新技术新产品，扩大新能源汽车全国产销规模，将滨海新区建设成为全国重要的新能源汽车产业基地。

（4）坚持重点突破，做强新能源产业。充分挖掘在津央企、国家级研发机构的作用，依托用好首航节能、力神等龙头企业，积极引进整合市内外高端创新资源，引进培育一批创新型企业和研发机构，重点加大固态电池材料、电芯电池系统、储能技术等攻关力度，力争在新一代动力电池技术和产业化方面形成优势，与此同时依托TCL中环在单晶硅材料领域的技术优势，加快高转化率光伏电池组件项目建设实现产业链的延伸。支持明阳风电进一步做大规模，高水平建设新能源产业基地。

（5）坚持高端导向，做强新材料产业。联合中国钢研集团、建材集团及其旗下院所和企业对接，依托天南大和新天钢、荣程、中电科46所等高校院所和龙头企业，围绕特殊钢铁材料、电池材料、石墨烯、增材制造、稀土永磁、纳米材料等先进材料领域，引进育强一批拥有核心技术新材料研发、生产、加工、应用的创新型主体，培育新材料产业集群，打造国内一流新材料产业基地。

（6）坚持上游竞争，做精绿色化工产业。充分发挥南港工业区载体功能，依托天南大化学化工学科人才优势，瞄准巴斯夫、拜耳、陶氏、宝洁等世界级巨头，用好百万吨乙烯、MTO等重大项目基础原料和超千万立原油储备能力、近千万吨LNG接收能力、近百万吨润滑油生产能力，提升特种烯烃衍生物、先进电子、汽车、医用、轻纺化工材料、高端精细及专用化学品研发制造能力，打造具有全球影响力的高附加值化工产业集群。

3）紧紧围绕生命科学引育科技创新主体

生命健康产业是应对人口老龄化和实现人民高质量生活的重要支撑。

（1）坚持原创争先，加快发展生物医药产业。充分发挥天津市医药、医学、医院的集聚优势，用好国家合成生物技术创新中心、国际生物医药联合研究院、中国医学科技创新体系核心天津基地等产业创新平台，抢占仿制药一致性评价先发机遇，开展高端仿制药、首仿药等引进生产，做大医药产业规模，提升原创药开发能力，在生物药领域重点布局抗体药物、蛋白及多肽药物、系统靶点药物等生物制品，推进肿瘤、艾滋病、新冠等新型疫苗研发生产，加快细胞治疗新药开发。在化学药领域推动化学原料药、制剂、仿制药与创新药开发，推进关键药物中间体和高端原料药的研发制造。在医疗器械领域，依托赛象科技、天津大学、市生物医学工程所等，开发恶性肿瘤治疗及心血管治疗等手术机器人；加强与万东、乐普、迈瑞、威高等上市医疗器械公司合作，加快汇聚发展医学诊断、临床使用的超声测量仪等专科诊疗设备、体外诊断设备和医用耗材等研发制造资源，占据产业价值链高端。

（2）坚持深挖传承，做强现代中药产业。依托天士力、红日药业、中新药业等优秀企业和中国医学科学院等驻津单位、医科大学、中医药大学等高校院所，加快建设省部共建组分中药国家重点实验室、中医针灸国家临床医学研究中心、现代中药产业创新中心、现代中医药海河实验室等国家和市级重大创新平台，重点挖掘中华传统中医药验方、秘方和技法，拓展组分中药、中药制剂新产品，推进中药材有效成分提取、分离与纯化技术的产业化，加大重点中药品种和品种群建设，推进中药现代化。

9.4.2 实施科技创新主体引育系列行动

1）实施区域创新协同行动

围绕京津冀协同发展，抓住非首都功能疏解尤其是央企外迁“黄金窗口期”，承接优质创新主体。①进一步加大市主要领导和分管领导对接国家部委、央企、国家级科研机构主要领导的工作力度，深化拓展部市、院市、央地合作，突出用好天津在科教、高考、区位的优势，建设“央企小镇”，破解北京产业、机构、人才资源外迁外溢面临的户籍、子女教育、土地等当前和长远问题，力争汇聚一批“国字号”优质创新创业资源，在航空航天、电子信息、生物医药、节能环保等若干领域引进和培育一批背靠央企的高新技术企业、科研院所，打造具有引领性的新兴产业集群。②各区要开展务实高效精准招商，持续完善北京非首都功能疏解项目产业目录和企业名录，建立清单化项目化推进机制，着力引入央企一二三级总部及增量部分、互联网新经济平台项目以及各类科技型企业，扩大北京在津创业、技术转移和投资额度。突出抓好国家高企引进工作，对整体迁入的国家高企给予具有吸引力的支持。

2）实施全域创业津门行动

编制《“创业天津”2035行动计划》，将创业作为天津市创新驱动、内生发展的原动力和根本出发点。①扩大创业群体。发挥领军型企业、平台型企业、高校院所的作用，推动形成市、城区、镇区的不同类型、不同层次的创业支撑体系，汇聚以高校院所科技人员、海归创业者、连续创业者、青年大学生、草根能人等为代表的创业力量。建设好海外高层次人才创新创业园，支持海外高层次人才来津创新创业，强化对市内外大学生创新创业的政策扶持。②优化拓展创业路径。借鉴麻省理工和国内先进经验，搭建从创意发现到技术研发、产品雏形、商品化转变、产业化运作的创业孵化软硬件支撑体系和政策体系，建设创意设计中心、概念验证中心、成果二次开发平台、孵化器、加速器等软硬件平台，为拓展形成硬科技成果衍生企业、内设部门衍生企业、员工新创企业、学科型创业、师生共同创业等多元创业途径提供支撑。③构筑创业载体。突出发挥高校院所科教优势，将大学科技园建设成为创新创业的航空母舰，加快建设南开区环天南大、津南海河教育园、西青大学城、滨海新区等创新创业群落。突出用好盘活“五大院”“八大里”“五大道”“意风区”“中心商务区”等优质存量资源，为创新主体入驻提供空间支持。借鉴腾讯、海尔等经验，鼓励龙头骨干企业发挥优势搭建创客空间和投资平台。④加强创业风险投资支持。在海河产业基金旗下增设具有地域特色和品牌效应的“海创汇”“津创汇”等创业子基金，基于“孵化加速+投资驱动+场景开放”的创新孵化体系，构建“创业投资+债权融资+上市融资”的多层次创业融资服务体系。

3)实施应用场景引育创新主体行动

①以应用场景开发建设为契机，围绕智慧城市、智慧港口、智慧物流、智慧安防、智慧医疗等应用场景的开发建设，打破行业壁垒，由市有关部门对全市应用场景开发建设资源进行统筹规划，通过赛马制、揭榜挂帅等方法，引入一批有实力的互联网、物联网、云计算、大数据、人工智能核心装备和相关软硬件研发制造企业，并以此推动天津市信息技术产业的发展。②创新应用场景运营模式，通过服务外包或有偿购买服务的方式引入一批科技创新主体。即将非涉密或不涉及地方安全的公共应用场景作为标的物，通过公开招标的方式，以应用场景的开发建设换取一定时间内的场景经营运营权。这样做既减少了天津市对应用场景开发建设的投资支出，还可以引进不同领域有实力的科技创新主体参与开发建设。

4）实施科技企业培育行动

把握科技企业成长规律，为企业发展提供全生命周期、多维度、全链条的政策支持，再铸天津制造辉煌。①更好地发挥龙头企业作用。实施龙头企业培育计划，鼓励龙头企业加强与中小企业专业化协作，在细分领域和细分市场掌握一批关键核心技术和产品，支持大中型企业建设开放式创新中心，参与和承担国家和市级重大科技专项，重点打造十亿、百亿、千亿级企业，力争涌现能够塑造产业生态、引领产业发展的链主型企业。②建立健全“个转企、微成长、小升高、高变强”的梯度培育机制。加强小微企业孵育，鼓励和支持个体户登记注册为小微企业，提升企业主体在市场主体中的比例，提升创新型企业主体比例。继续深化推进“雏鹰—瞪羚—独角兽”高成长企业梯度培育政策。实施国家高企倍增行动、科技企业专利清零和持续创新行动，培育一批真正开展自主研发与产学研结合的创新型企业。建立规模以上工业企业研发投入评价制度，推动国有企业建立研发准备金制度。③培育一批具备进口替代能力的专精特新企业和隐形冠军企业。通过差异化、特色化、持续深耕，结合天津市重点产业发展方向，围绕“卡脖子”难题采取产学研结合的方式攻克一批关键核心技术、材料和零部件，形成独特的竞争优势和稳定的市场占有率。④加大上市企业培育力度，建立完善上市后备企业库，做优上市培育和服务。做好后备资源梯度培育，对首次挂牌企业、拟在境内外上市企业、迁入上市企业等分类分档给予具有竞争力的奖补，尽快实现天津市主板上市企业突破 100 家。

5）实施创新平台建设行动

加大创新平台建设力度，构建从创意发现到产业化的全链条创新平台体系，为主体引育、争创国家区域科技创新中心提供坚强有力的支撑。①规划建设天津海河科学城，汇聚战略科技力量，打造天津科技地标。依托天南大等世界一流高校和国家级科研院所、市内外领军企业，以优化完善海河实验室运营建设体制机制和发展方向、重点为先导，大力汇聚人工智能、新能源、生命科学等领域高端研发机构、人才和创新型企业，打通研发—产业价值实现双向循环通道，形成科学城与大学、产业、城区亲密互动的发展模式，大幅提升天津市创新策源能力和集群发展能力。②强化应用型科研平台支撑，推动学科和企业建设国家重点实验室，加强与工程应用、重点产业链发展融通，建设若干国家和市级产业创新中心、制造业创新中心、技术创新中心和工程中心，更好地发挥清华大学高端装备院、天津中科先进院等新型研发组织作用，创设引进一批以成熟技术项目衍生新企业为主体的产业孵化平台。③建设一批科技成果二次开发平台、硬科技研发实验平台、概念验证中心、公共检验检测服务平台等，依托高校、园区、龙头企业、孵化器、众创空间等，为成果转移转化提供概念验证、孵化转化前再开发和技术熟化服务，破解科研成果与产业化间“断裂”带来的“最初一公里”难题。

9.4.3 加强对科技创新主体引育工作的领导和政策支持

①加强对科技创新主体引育工作的领导。为更好地落实市第十二次党代会提出的建设高水平创新型城市，吸引更多的创新资源向天津市聚集，建议由市政府主要领导挂帅，分管领导具体负责，相关部门参加的科技创新主体引育工作领导小组负责全市科技创新主体引育工作的总体规划和推动协调。②由市科技工作主管部门牵头，有关部门参加，聚焦人工智能、信创、合成生物、现代中医药、航空航天、新能源、新材料等领域对可能引进的创新主体资源进行梳理，编制重点创新主体引育工作推动计划，并定期召开推动协调会检查计划落实情况，以保证天津市科技创新主体引育工作有序开展。③强化引育工作政策支持。制定具有全国引领性的引育政策，包括但不限于切实发挥高校院所创新策源作用，建立学科—产业—区域联动机制，建立高校支撑创新创业的制度和平台体系，在市属高校探索聘任具有产业、投资经验的专职副校（院）长；切实发挥天使投资和产业基金作用，明确政府可以参与创新创业领域投资，为整体引进各类主体、项目落地、企业融资上市等提供支持；切实发挥土地资源载体功能，优化调整土地使用性质，盘活存量用好增量，提高用地效益。

参考文献

[1] CRECENTE F, et al. Climate change policy and entrepreneurial opportunity[J]. Technological Forecasting and Social Change, 2021, 163(1): 120446

[2] CUMMING D, et al. Public policy towards entrepreneurial finance: spillovers and the scale-up gap[J]. Oxford Review of Economic Policy, 2018, 34(4): 652-675

[3] DOUGLAS, et al. Using fuzzy-set qualitative comparative analysis for a finer-grained understanding of entrepreneurship[J].Journal of Business Venturing, 2020, 35: 1-17.

[4] FELAN J T, et al. Economic factors and the Kauffman startup activity index[J]. Journal of Research in Marketing and Entrepreneurship, 2021: 197-210.

[5] FUNK J L. The origins of new industries: the case of the mobile internet[C]// PICMET. Conference: Management of Engineering and Technology. Technology Management for Reshaping the World. Portland International Conference, 2003.

[6] GUERRERO M, et al., Effectiveness of technology transfer policies and legislation in fostering entrepreneurial innovations across continents: an overview[J].Journal of Technology Transfer, 2019, 44(5): 1347-1366.

[7] DOVE J A. Dove. One size fits all? The differential impact of federal regulation on early-stage entrepreneurial activity across US states[J]. Journal of Regulatory Economics, 2023: 1-17.

[8] KLEPPER S, GORT M. Time paths in the diffusion of product innovation [J]. The Economic Journal, 1982, 92(367): 630-653.

[9] PÉREZ C. Technological change and opportunities for development as a moving tar-

get [J]. Cepal Review,2001,75(8):109-130.

[10] REYNOLDS P, BOSMA N, AUTO E, et al. Global entrepreneurship monitor: data collection design and implementation 1998—2003[J]. Small Business Economics. 2005, 24(3): 205-231.

[11] STEVENSON R, et al. Do policy makers take grants for granted? The efficacy of public sponsorship for innovation entrepreneurship[J]. Strategic Entrepreneurship Journal, 2021,15(2):231-253

[12] UTTERBACK J M, ABERNATHY W J. A dynamic model of process and product innovation [J]. Omega, the International Journal of Management Science, 1975, 3(6): 639-656.

[13] VERNON R. International investment and international trade in the product cycle[J]. Quarterly Journal of Economics,1966,80(2):190-207.

[14] 白俊红,张艺璇,卞元超. 创新驱动政策是否提升城市创业活跃度:来自国家创新型城市试点政策的经验证据[J]. 中国工业经济,2022(6):61-78.

[15] 曹兴,罗会华. 技术研发难度、市场竞争强度对新兴产业企业进入数量的影响研究[J]. 科学决策,2020(10):1-18.

[16] 陈军,岳意定. 中国区域产业集聚与产业转移:基于空间经济理论的分析[J]. 系统工程,2013, 31(12): 92-97.

[17] 陈晓平. 论"冯友兰—爱因斯坦问题":从"李约瑟问题"谈起[N]. 中华读书报,2012-10-10(17).

[18] 陈晓怡,王建芳,刘澌,等. 全球未来产业最新发展举措、趋势及其启示[J]. 科技中国,2022(4):69-73.

[19] 陈昭. 路径依赖、众创试验与双向建构:新兴产业监管模式的演化机制与逻辑:基于网约车监管的实证分析[J]. 中国科技论坛,2021(6):161-170.

[20] 杜运周,刘秋辰,程建青. 什么样的营商环境生态产生城市高创业活跃度:基于制度组态的分析[J]. 管理世界. 2020, 36(9): 141-155.

[21] 冯海波,周懿. 税收负担与中小企业创业活跃度:基于省级面板数据的分析[J]. 税务研究,2019(2):68-75.

[22] 高峰,唐家龙. 新兴产业发展规律及启示[J]. 科技进步与对策,2011(1):56-58.

[23] 葛宣冲,郑素兰. 新时代民营企业家精神:欠发达地区乡村生态资本化的"催化剂"[J]. 经济问题,2022(3):46-52,89.

[24] 郭铁成. 新兴产业形成规律和政策选择[J]. 中国科技产业,2010(11):3.

[25] 海尔布隆纳. 经济学统治世界[M]. 唐欣伟,译. 长沙:湖南人民出版社,2013.

[26] 何杰,程进文,韩磊. 新兴产业崛起、产业政策与资本市场的关系:基于中国光伏产业发展沉浮的视角[J]. 证券市场导报,2020(12): 2-7.

[27] 何杰,吴远洪,佘脊. 历史文化因素的差异与交流对民间创业的影响[J]. 中国软科学,2017(4):80-93.

[28] 何淑贞,龚英翔. 创业政策影响大学生创业意愿的机制研究:一个有调节的中介模型[J]. 高教探索,2022(2):113-121.

[29] 贺灿飞. 区域产业发展演化:路径依赖还是路径创造? [J]. 地理研究, 2018, 37(7): 1253-1267.

[30] 黄新煜,师璐,曾志嵘. 基于双创活动视角的高校创业活跃度评价研究:基于广东省 155 所高校的分析(2019—2020)[J]. 中国高校科技,2022(11):80-85.

[31] 贾震涛,郑水平. "武汉·中国光谷"提案诞生的前前后后[J]. 武汉文史资料, 2006(1): 4-10.

[32] 李程骅,黄南. 新产业体系驱动中国城市转型的机制与路径[J]. 天津社会科学, 2014(2):80-87.

[33] 李程骅. 城市空间重组与新产业价值链的功能[J]. 江海学刊,2008(4):219-224.

[34] 李守伟. 中国区域创业活跃度比较研究[J]. 调研世界,2021(5):68-76.

[35] 李文辉,董诗涵,郑舒桐,等. 中国高成长性创业企业的时空格局与区位因素研究[J]. 地理科学. 2023, 43(3): 445-453.

[36] 李晓华,王怡帆. 未来产业的演化机制与产业政策选择[J]. 改革,2021(2):54-68.

[37] 李彦龙，毕钰. 城市创业活跃度：区域差异、动态演变与影响因素[J]. 中国软科学. 2023(5)：99-106.

[38] 刘翠花. 数字经济对产业结构升级和创业增长的影响[J]. 中国人口科学，2022(2)：112-125，128.

[39] 刘乐，盛科荣，张杰，等. 金融网络嵌入对中国城市创业活力的影响研究[J]. 地理科学进展，2022，41(12)：2244-2257.

[40] 刘友金，周健. 变局中开新局：新一轮国际产业转移与中国制造业的未来[J]. 湖南科技大学学报(社会科学版)，2021，24(2)：63-70.

[41] 吕爽，谭军华，刘帅，等. 中国创业活跃度的连续动态测度及时空差异分解[J]. 统计与决策，2022，38(7)：72-76.

[42] 迈克尔·波特. 竞争战略：分析行业和竞争者的技术[M]. 姚宗明，译. 北京：生活·读书·新知三联书店，1988.

[43] 孟宏玮，赵华平. 公共不动产质量结构对中国城市创业质量的影响研究[J]. 城市问题，2022(5)：37-46.

[44] 南北"光谷之争"集体冲动之后的尴尬[J]. 瞭望，2002(20)：17-19.

[45] 聂正楠，侯彩虹，郑华. 战略性新兴产业政策何以导致重复性建设：以卫星导航产业政策为例[J]. 中国科技论坛，2022(1)：73-83.

[46] 潘剑英，王重鸣. 创业指数研究述评与展望[J]. 管理现代化，2014(2)：123-125.

[47] 彭伟，殷悦，沈仪扬，等. 创业生态系统如何影响区域社会创业活跃度：基于模糊集的定性比较分析[J]. 外国经济与管理，2022. 44(9)：121-134.

[48] 钱燕. 风险投资对新兴产业发展的影响研究：新三板生物医药企业的证据[J]. 经济问题，2020(10)：38-45.

[49] 渠慎宁. 未来产业发展的支持性政策及其取向选择[J]. 改革，2022(3)：77-86.

[50] 芮明杰. 产业经济学[M]. 3版. 上海：上海财经大学出版社，2016.

[51] 孙浩进. 中国产业转移中区域福利效应的实证研究[J]. 山东社会科学，2015(1)：148-154.

[52] 孙天阳,杨丹辉. 新兴产业最新研究进展及展望:一个文献综述[J]. 产业经济评论, 2022(1):105-122.

[53] 唐家龙,史玉倩. 提升创业活力与质量,增强天津内源发展动力[J]. 求知, 2023(5): 52-55

[54] 田毕飞,陈紫若. FDI对中国创业的空间外溢效应[J]. 中国工业经济, 2016(8): 40-57.

[55] 田园,王铮. 非正式制度因素对创业的影响作用探讨[J]. 中国软科学, 2016(3): 24-34.

[56] 王佳,刘美玲,谢子远. FDI能促进创新型创业活动吗? [J]. 科研管理. 2021, 42(11): 82-89.

[57] 王子丹,袁永,胡海鹏. 全球新一轮产业转移背景下广东新兴产业创新发展路径[J]. 科技管理研究,2021,41(10):138-143.

[58] 魏下海,汤哲,王临风,等. 社会信任环境是否促进"大众创业"[J]. 产业经济评论,2016(3):48-57.

[59] 肖广岭. 突破"卡脖子"技术与锻造"杀手锏"技术需要战略眼光和系统思维[J]. 国家治理,2021(Z2): 14-17.

[60] 辛伟,任保平. 新时代中国新产业创造机制研究[J]. 上海经济研究, 2021(7): 17-27.

[61] 徐春华,吴易风. 国际产业转移理论:马克思经济学与西方经济学的比较[J]. 经济学动态,2015(6):67-77.

[62] 杨凯瑞,何忍星,钟书华. 政府支持创业发展政策文本量化研究(2003—2017年):来自国务院及16部委的数据分析[J]. 科技进步与对策,2019,36(15): 107-114.

[63] 杨霞,何涛. 基于CPEA指数法的安徽省16市区域创业活跃度测度研究[J]. 皖西学院学报,2020,36(6):73-78.

[64] 叶文平,李新春,陈强远. 流动人口对城市创业活跃度的影响:机制与证据[J]. 经

济研究，2018，53（6）：157-170.

[65] 于潇，徐英东. 人口集聚对创业活跃度的影响：考虑集聚动态的效应与路径[J]. 中国人口·资源与环境，2022. 32（9）：151-163.

[66] 余东华. “十四五”期间我国未来产业的培育与发展研究[J]. 天津社会科学，2020（3）：12-22.

[67] 张超，官建成. 基于政策文本内容分析的政策体系演进研究：以中国创业政策体系为例[J]. 管理评论，2020，32（5）：138-150.

[68] 张慧玉，戴颖，张丹琦，等. 中国“三农”创业政策的历史演进：基于中央一号文件的语料库研究[J]. 南方经济，2021（4）：55-68.

[69] 赵嘉，唐家龙. 美国产业结构演进与现代产业体系发展及其对中国的启示：基于美国 1947—2009 年经济数据的考察[J]. 科学学与科学技术管理，2012，33（1）：141-147.

[70] 赵康杰，李娜. 环境舒适性对中国城市创业活跃度的影响研究[J]. 城市发展研究，2022，29（8）：1-6.

[71] 赵儒煜，王媛玉. 东北经济频发衰退的原因探析：从“产业缺位”到“体制固化”的嬗变[J]. 社会科学战线，2017（2）：48-57.

[72] 赵晓阳，衣长军. 数字经济发展提高了城市创业活跃度吗？[J]. 现代财经（天津财经大学学报），2022，42（11）：19-31.

[73] 中国企业创新创业调查课题组. 中国企业创新创业的特征事实及企业家画像[J]. 产业经济评论，2022（1）：38-57.

[74] 周波，冷伏海，李宏，等. 世界主要国家未来产业发展部署与启示[J]. 中国科学院院刊，2021，36（11）：1337-1347.

[75] 朱满德，赵琴，程国强. 关系网络、企业家精神与新农人创业[J]. 农业经济问题，2023（11）：36-48.

致　谢

在调研和写作中，笔者得到了市委研究室、市科技局、市工业和信息化局、市统计局、市科协、市社科联等有关领导和专家的支持和帮助，得到了南开大学、天津大学和和有关企业、院所有关领导和专家的大力支持和帮助。尤其感谢天津市原副市长、原市政协副主席王治平对决策咨询调研课题的支持和指导。感谢原天津市政协杨鑫传同志、沈奎林同志的支持和指导。感谢原天津市科学学研究李春成所长、天津市科学技术发展战略研究院副院长马虎兆研究员的无私支持和帮助。感谢天津工业大学胡玉莹副教授的大力支持和帮助。前述领导和师友同事直接参与了本书多处内容的讨论、修订工作，对此已经在每一章编者按中做了标注说明。还有很多领导和专家给予了无私的帮助，不再一一列出。

研究得到天津市一系列基金和项目的支持，包括：天津市科技战略规划研究计划项目《面向 2035、2025 年的科技创新体系建设规划思路研究》；天津市政协重点调研课题《关于加强我市科技创新能力建设的研究》《关于建设环天南大老校区高科技园区，培育发展新引擎的对策研究》《关于加强天津市科技创新主体引育的对策研究》；天津市统计科学研究项目重点项目《天津市创业活跃度的演变特征与提升对策研究》；天津市科协课题《科技领军人才与产业共生发展研究》《新阶段制造业立市的产业创新的新方向和新对策》等。天津市“131”创新型人才团队项目（天津工业大学科技创新决策咨询团队）资助出版了本书。

感谢天津大学出版社编辑郭颖老师的专业支持和热情帮助。

书中错误和遗漏在所难免,责任归于笔者。敬请读者批评指正。

最后,祝愿天子渡口巨大的“摩天轮”驱动创新者进、创新者成,津门焕新颜。

天津望海楼南

唐家龙

2024 年 4 月 19 日